交 通 运 输 工 程 学 科 研 究 生 教 材

Road Traffic Operation Reliability Theory and Application

道路交通运行可靠性理论及应用

臧晓冬　张晓明　朴莲花　编著
杨俊恒　罗　强　参编

人民交通出版社股份有限公司
北　京

内 容 提 要

本教材旨在总结和阐述关于道路交通运行可靠性的研究成果，为交通运输工程相关专业的学生提供系统的专业知识。全书共分8章，主要内容包括：绪论、可靠性工程的基本理论、系统可靠性、失效时间分布参数估计、失效时间分布模型检验与参数置信度区间、道路交通运行数据采集和处理、道路交通运行可靠性、道路交通运行可靠度的应用。

本教材既可作为交通运输工程学科研究生教材、交通运输类专业本科生教材，也可供相关领域工程技术人员参考使用。

图书在版编目(CIP)数据

道路交通运行可靠性理论及应用 / 臧晓冬，张晓明，朴莲花编著. — 北京 ：人民交通出版社股份有限公司，2021.7

ISBN 978-7-114-17513-8

Ⅰ.①道… Ⅱ.①臧… ②张… ③朴… Ⅲ.①城市道路—交通运输管理—研究生—教材 Ⅳ.①U491

中国版本图书馆 CIP 数据核字(2021)第144451号

交通运输工程学科研究生教材
Daolu Jiaotong Yunxing Kekaoxing Lilun ji Yingyong

书　　名：道路交通运行可靠性理论及应用
著 作 者：臧晓冬　张晓明　朴莲花
责任编辑：李　晴
责任校对：孙国靖　龙　雪
责任印制：张　凯
出版发行：人民交通出版社股份有限公司
地　　址：(100011)北京市朝阳区安定门外外馆斜街3号
网　　址：http://www.ccpcl.com.cn
销售电话：(010)59757973
总 经 销：人民交通出版社股份有限公司发行部
经　　销：各地新华书店
印　　刷：北京交通印务有限公司
开　　本：787×1092　1/16
印　　张：13.5
字　　数：326千
版　　次：2021年7月　第1版
印　　次：2021年7月　第1次印刷
书　　号：ISBN 978-7-114-17513-8
定　　价：45.00元

前言

随着社会的进步,人们日益关注道路交通网络对于日常和偶发性交通问题的应变能力,可靠的道路交通运行条件成为人们出行决策的重要判据,道路交通运行可靠性理论得到了越来越多的关注。

对于道路交通运输系统运行绩效的评价,国内外开展了大量研究,道路通行能力分析和服务水平评价等成果得到了广泛应用。道路交通运行可靠性作为评价指标之一,也得到了越来越多的重视,研究成果丰硕。

本教材以经典的可靠性理论为基础,在充分介绍可靠性理论的相关模型和算法的基础上,结合道路交通流随机性的特点,阐述了交通流数据的采集技术和数据处理方法,总结了国内外的相关研究成果,形成了道路交通运行可靠性的基本知识体系,并结合案例介绍了道路交通运行可靠性的应用方法。

本教材在章节上按照先讲述可靠性基础理论,再讲述可靠性理论在交通运输领域的应用的脉络进行编排。第 1 章主要结合可靠性理论的发展和交通运行可靠度的应用,阐述可靠性理论的发展历程。第 2 章介绍可靠性工程的基础理论,该章节参考了大量的概率论和数理统计的研究成果。第 3 章介绍系统可靠性的分析方法,该章内容既具有一定的普适性,也适用于交通运输系统。第 4 章和第 5 章介绍失效时间分布的模型参数估计方法和参数检验,此部分内容虽看似与道路交通系统可靠性关系不大,但实质上是其理论的核心,理解了失效时间分布模型,才能更好地理解道路交通运行可靠性理论。第 6 章主要阐述道路交通运行数据采集和处理方法,此内容起到承上启下的作用,只有基于数据支撑,才能开展道路交通运行可靠性的分析。第 7 章主要结合国内外参考文献总结归纳道路交通运行可靠性的研究成果,此章侧重于讲解可靠性基础理论如何与道路交通系统相结合。第 8 章主要给出一些道路交通运行可靠性理论的应用案例,为学生的实际应用提供示例参考。

本教材由广州大学臧晓冬、广州市城市规划勘测设计研究院张晓明、朴莲花编著,广州大学罗强、杨俊恒参与编写。其中,臧晓冬编写第 1 章、第 6 章、第 7 章和第 8 章,张晓明编写第 2 章,朴莲花编写第 3 章,罗强编写第 5 章,杨俊恒编写第 4 章。

本教材的编写参考了大量文献,在此对原作者表示诚挚谢意。由于道路交通运行可靠性理论仍在持续发展,编著者的理解仍待进一步加深,教材中可能会出现错误和疏漏,恳请读者和同行专家批评指正。

编著者

2021 年 1 月

目录

第1章
绪论

1.1 可靠性的基本概念

1.1.1 可靠性的定义

可靠性是产品在规定的条件下和规定的时间内,完成规定功能的能力。可靠性的概率度量称为可靠度。

这里的产品可以指大到一个系统或者设备,也可以指小到一个零件,如家用电器、农业机械、汽车、飞机、建筑结构、武器系统等。随着可靠性工程学的发展,产品的含义甚至可以延伸到人、语言、方法、软件系统等。交通系统一般由硬件和软件构成,硬件包括交通基础设施,软件包括管理系统、控制系统等,因此,交通系统也是一类产品。

产品丧失规定功能称为失效,也称为故障。产品按从发生失效后是否可以通过维修修复到规定功能状态,可分为可修复产品和不可修复产品。对可修复产品,丧失规定的功能称为故障;对不可修复产品,丧失规定的功能称为失效。

可靠性定义中的"三个规定"是可靠性概念的核心。

1)规定的条件

"规定的条件"包括使用时的环境条件和工作条件。产品的可靠性和它所处的条件关系极为密切,同一产品在不同条件下工作会表现出不同的可靠性水平。“规定的条件”有着广泛的内容,一般分为以下几个方面。

(1)环境条件。是指影响产品性能的环境特性。

①气候环境:主要包括温度、湿度、大气压力、气压变化、周围介质的相对移动、降水、辐射等。对于交通系统而言,不同的天气条件导致交通运行环境的变化,其可靠性也相应发生变化。

②生物和化学环境:包括生物作用物质、化学作用物质、机械作用微粒等,如能见度对交通运行会产生影响。

③机械环境:包括冲击在内的非稳态振动、稳态振动、自由跌落、碰撞、摇摆和倾斜、稳态力等。

④电和电磁环境:包括电场、磁场、传输导线的干扰等,其会对交通信号系统产生影响。

(2)动力条件。是指影响产品性能的动力特性,一般分为以下两类。

①电源:主要参数为电源电压和频率、电流等。

②流体源(包括气源和液体源):主要参数为压力、流量等。

(3)负载条件。是指影响性能的负载特性,也包括输入信号的特性。

(4)使用和维护条件。产品的可靠性要在使用中得以实现,在维护中得到提高。

2)规定的时间

“规定的时间”和产品可靠性的关系也极为密切。可靠性定义中的时间是广义的,除时间外,还可以是里程、次数等。

3)规定的功能

“规定的功能”指的是正常工作的性能指标。在衡量一个产品可靠性水平时,一定要给出故障(失效)判据。因此,在规定产品可靠性指标要求时,要对规定条件、规定时间和规定功能给予具体的说明。

可靠性工程(Reliability Engineering)提供理论和实用的工具,从而使部件、元件、产品或系统在规定的环境下、规定的时间内,以给定的置信水平无故障执行其规定的功能。可以规定、预测、设计、试验或演示部件、元件、产品或系统的可靠性性能,可以监视并反馈到有关组织,提高可靠性。对于企业来说,可靠性工程也提供理论和实用工具,使企业以有竞争力的价格水平获得产品或系统的最优可用性(Availability)、可维修性(Maintainability)、安全性(Safety)和质量(Quality)。

1.1.2 狭义可靠性和广义可靠性

可靠性的概念有广义与狭义之分。

狭义可靠性:仅表示产品(或者一个评价系统)在某一稳定时间内发生失效(或者故障)的难易程度。但是事实上,除了一部分元件外,大多数的设备(子系统)和系统都是可以维修的。所以要表示其完成规定功能的能力,还必须考虑其可维修性,即系统失效后能否很快地恢复其功能而继续工作。这样,从维修产品的角度出发,可靠性的含义就应该更广泛一些。

广义可靠性:是指“产品在其整个寿命期限内完成规定功能的能力”。它包括可靠性(即狭义可靠性)与可维修性。广义可靠性的提出对于可修复的产品和不可修复的产品有不同的意义。对于可修复的产品来说,除了要考虑提高其可靠性外,还应考虑其可维修性;而对于不可修复的产品来说,由于不存在维修的问题,只需考虑提高其可靠性即可。

与广义可靠性相对应,不发生故障的可靠度(即狭义可靠度)与排除故障(或失效)的维修度合称为广义可靠度。

需要注意的是,这里所指不可修复是表示系统或其组成单元一旦发生失效,不再修复,系统处于报废状态。不可修复可以是技术上不能够修复,经济上不值得修复,或者一次性使用而不必要进行修复。

可修复是指系统或其组成单元(或零部件)发生故障后,经过修理使系统恢复到正常工作状态。系统发生故障后,一般要寻找故障部位,对其进行修理或更换,一直到最后验证系统确已恢复到正常工作状态,这一系列的工作就称为修复过程。

研究可修复产品的可靠性,不仅包含系统的狭义可靠性,而且还应包括维修因素在内的广义可靠性。绝大多数系统是可修复系统,但对不可修复系统的分析方法是研究可修复系统的基础。

1.1.3 可靠性的分类

产品运行时的可靠性,称为工作可靠性(Operational Reliability),它包含了产品的制造和使用两方面因素,用“固有可靠性”和“使用可靠性”来反映。

固有可靠性(Inherent Reliability):在生产过程中已经确立了的可靠性。它是产品内在的可靠性,是生产厂在模拟实际工作条件的标准环境下,对产品进行检测并给予保证的可靠性。它与产品的材料、设计与制造工艺及检测精度等有关。例如:交通系统中交通基础设施的固有可靠性就是由其建设过程中的设计、施工材料、施工工艺等所决定的。

使用可靠性(Use Reliability):与产品的使用条件密切相关,受到使用环境、操作水平、保养与维修等因素的影响。使用者的素质对使用可靠性影响很大。因为,即便是一个可靠性很好的产品,如果在包装、运输、安装、使用、维修等环节中受到各种不良因素的影响,其可靠性也会降低。比如,运输过程中受到的冲击、使用中环境的变化、操作的失误,都会使产品失效或寿命下降。再比如,交通运行过程中交通管理水平和能力也会对可靠性产生影响。因此,可靠性不仅和产品的设计、制造等有关,而且和产品所涉及的环境、维修、管理等环节也有关。

1.1.4 工程可靠性

可靠性是从工程实践中发展起来的,是在分析设备故障的基础上提出的一种工程理论,进而形成了可靠性学科。按照理论与工程相结合的辩证关系,要发挥可靠性理论和方法的作用,可靠性必须与工程相结合,也正是由于可靠性理论与工程实际的结合,才产生了可靠性技术。

现代系统是一个复杂、综合的系统工程,包括硬件、软件、操作的人和所处的环境等要素。构成系统的设备越复杂、系统规模越大、系统所处的环境越多样,发生系统故障的可能性也就越大,对操作维护人员或者管理人员的要求也就越高,设计制造的难度自然越大,可靠性的问题必然越多,对可靠性技术的要求也就越迫切。由此可见,可靠性与系统工程的关系是相辅相成的。离开了工程,可靠性就没有存在的必要;离开了可靠性,就无法实现系统工程。

工程可靠性(Engineering Reliability)表示系统从工作时刻开始,在规定的条件和时间下,为完成预定功能的能力所进行的设计、研究、制造、试验和使用的科学方法,是一种对所有系统都具有普遍意义的科学技术方法。内容包括从产品设计、研制、生产的实际需要出发,按照可靠性理论和方法开展工程管理、工程设计、阶段评审、试验鉴定和综合评价等可靠性活动,从而用最少的资源使产品达到有关要求,实现降低产品成本、减少维修费用、提高产品安全性的目标。

1.2 可靠性的特点

1)规定条件下的可比性

从上述可靠性的定义看出,一个产品的可靠性受三个“规定”的限制。所以在讨论和评估产品的可靠性时,应明确以上三个“规定”,否则会失去可比性。

2)时间质量指标

一般产品的功能和性能参数,只要产品制成就能测定,在出厂前可进行检验和考核,故一般称为 $t=0$(使用时间为零)的质量。可靠性是指产品在规定时间内保持功能的能力或是保持功能的时间,对它的评定要等产品使用之后或者通过模拟使用试验进行,故称为 $t>0$ 的质量。因此,分析评定一个产品的可靠性有两种方法,一是试验,二是利用现场使用数据的反馈,尤其是后者,是研究交通系统可靠性的主要途径。

3)强调可用性

可靠性主要是强调在规定的使用时间内能否充分发挥其功能,即产品的可用性(可靠性指标之一)。提高可用性可以从两个方面入手:或是保证产品在规定的使用时间内不出故障,少出故障;或是出了故障能迅速修复。其目的都是使设备不可利用的时间降到最低程度,为此需要提高产品的无故障性或可维修性。比如,交通运输系统在交通运行过程中要不断完善交通管理策略,对运行效果较差的路段及时采取针对性的管理措施,以尽快恢复其交通功能。

4)统计、抽样特性

一个产品何时出现故障受许多随机因素的影响,致使最终产品的无故障工作时间也具有随机特性,产品的可靠性观测值很难预料,因此,可以利用概率统计理论估计产品的可靠性。

另外,由于工业产品要经过使用或模拟使用试验后才能评定其可靠性,一般不能对整批产品逐个试验,需要采用抽样和截尾试验的方式。所以,评定和分析产品可靠性时,需要应用到概率统计理论和抽样试验方面的知识。

5)指标体系

一般来说,一个产品的可靠性可采用多种指标来表示。因为可靠性是个综合特性,它综合表现了产品的耐久性、无故障性、可维修性、可用性和经济性,可分别用各种定量指标表示,从而形成一个指标体系。具体一个产品采用什么样的指标,要根据产品的复杂程度和使用特点而定,一般对于可以修理的复杂系统、机器设备,常用可靠度、平均无故障时间(MTBF),平均修复时间(MTTR)、有效寿命、可用度和经济性等指标;对于不能或者不予修理的产品,例如耗损件、元器件等,常用可靠度、可靠寿命、故障率、平均寿命(MTTF)等;对于材料,则采用性能均值和均方偏差等特性作为指标。

1.3 产品失效的原因

产品可能会失效的原因有很多。就实际情况而论,了解失效的潜在原因是防止失效的根本所在。要预知所有这些原因是不切实际的,更重要的是要考虑到所涉及产品的不确定性。在产品设计、开发、制造和服务的过程中,可靠性工程方面的工作是应注重所有预计和没有预计的失效原因,以防止产品发生失效或确保发生失效的概率较小。

产品发生失效的主要原因在于:

(1)设计可能先天不足。比如材料强度可能太弱、消耗功率太大、交通系统设计不合理,等等。每项设计存在的问题都预示着出差错的可能性。设计越复杂,需要解决的问题越困难,出差错的可能性就会越大。

(2)产品可能以某种方式处于超载或者过饱和状态。如果施加的应力超过强度就会发生失效。如果施加的电应力(电压、电流)超过其承受能力,电子元器件就会失效。交通需求过大,超过交通系统的服务能力,交通系统就会发生拥堵和失效。

(3)变异可能导致失效。例如,某结构的强度和荷载值是固定和已知的。如果这个已知的强度总是超过已知的荷载,那么就不会发生失效。不过,大多数情况下,二者都有一些不确定性。零部件的实际强度值是会变化的:有些可能相对大一些,另一些则相对小一些,但大多数会接近平均强度值(期望值)。同样,所加的荷载也将是可变的,只要施加的荷载不超过强度,失效就不会发生。但是,如果荷载和强度分布之间有重叠,而且当一个处于荷载分布高端尾部的荷载值施加到一个处于强度分布尾部的物件上时,在荷载和强度分布之间就会出现重叠或干涉,这时就会发生产品失效。

(4)磨损可能导致失效。材料疲劳、表面之间的磨损、腐蚀、绝缘退化等都可能导致失效。比如,开始时材料强度足以承受所施加的荷载,但随着时间的推移不断发生弱化,强度减弱,平均值下降,并且强度分布扩展得更宽,可能就难以承受荷载。道路路面材料由于损耗造成功能下降等就是这类原因造成失效的例子。

(5)其他与时间相关联的原因导致的失效。如电池的电用尽、软焊接缝承受高温和拉应力引起的塑性变形,以及电子元器件参数值的逐渐漂移,都是这类原因造成失效的例子。

(6)潜在现象导致的失效。这是一种尽管系统的各部分工作正常但该系统仍不能正常工作的情况。例如,阿波罗宇宙飞船驾驶舱中的致命火灾就是这样造成的,当机组人员执行了一个特定的指令序列时,电气发生短路,虽不会造成飞船的爆炸,但造成了驾驶舱火灾,进而导致了飞船的失效。

(7)使用规范不正确、设计或软件编码等错误导致失效;错误的组装或测试导致失效;维修不适当或不正确操作等导致失效。

(8)还有很多其他可能导致失效的原因。如电子系统可能遭受电磁干扰,交通事故导致临时性交通中断等。

1.4 可靠性理论的发展

现代意义上的可靠性研究,始于第二次世界大战期间,主要应用于军事领域。美国在1934年成立电子管开发委员会(VTD),1946年成立电子管专业小组(PET)和航空无线电组(ARINC),研究武器系统和通信系统的可靠性问题。1952年成立电子设备可靠性咨询小组(AGREE),该小组是由美国国防部成立的一个由军方、工业领域和学术领域三方共同组成的,在可靠性设计、试验及管理的程序及方法上,推动并确定了美国可靠性工程发展方向的组织。AGREE在1955年开始制订和实施从设计、试验、生产到交付、储存和使用的全面的可靠性计划,并在1957年发表了《军用电子设备可靠性》的研究报告,从9个方面全面阐述可靠性的设计、试验、管理的程序和方法,成为可靠性发展的奠基性文件。这个组织的成立和这份报告的出现,是可靠性学科发展的重要里程碑。

进入20世纪60年代,可靠性的发展进入一个新的阶段。其研究已经从电子、航空、宇航、核能等尖端工业部门扩展到电机与电力系统、机械设备、动力、土木建筑、冶金、化工等部门。在这十年中,美国先后开发出战斗机、坦克、导弹、宇宙飞船等装备,都是按照1957年AGREE报告中提出的、被美国国防部和国家航空航天局认可的一整套可靠性设计、试验、管理的程序和方法进行设计开发的。此设计、试验、管理程序和方法在新产品的研制中得到广泛应用并发展、检验,逐渐形成一套比较完善的可靠性设计、试验和管理标准。此时,已经形成了针对不同产品制定的较完善的可靠性大纲,并定量规定了可靠性要求,可进行可靠性分配和预测。在理论上,有了故障模式及影响分析(FMEA)和故障树分析(FTA)。在设计理念上,采用了余度设计,并进行可靠性试验、验收试验和老练试验。在管理上,对产品进行可靠性评审,使装备可靠性明显提升。美国的可靠性研究使其在军事、宇航领域装备可靠性大幅度提高。在这十年期间,许多其他工业发达国家也相继对可靠性理论、试验和管理方法进行研究,并推动可靠性分析向前迈进。

20世纪70年代,可靠性理论与实践的发展进入了成熟的应用阶段,世界各国都在可靠性方面有所应用。

我国从20世纪60—70年代,首先在电子工业和国防工业领域开始进行可靠性的研究和普及工作,继而在机械工业等其他领域也逐渐推广应用。可靠性理论应用于道路交通系统源于道路管理者和道路参与者对可靠的交通系统的期望。众所周知,无论是交通出行还是交通运行状态都会受到诸多不确定性因素的影响,为了研究这种不确定性,可靠性理论发挥了很大作用。道路交通系统的可靠度研究从节点、路段、路网连通可靠度,发展到行程时间可靠度和路网容量可靠度,再到畅通可靠度的研究,并应用可靠度指标评价交通事故期间道路网可靠程度,研究的范围从孤立的节点和路段到大型交通网络系统,研究的深度和广度不断增加。

连通可靠度最早是由日本的Mine和Kawai于1982年提出的。它反映的是交通网络节点两两间保持连通的概率。连通可靠度求解过程中,一般只研究路段或节点的0、1两种状态,即连通或不连通。而且连通可靠度分析假设两点间只要有一条路径连通,系统则可视为连通可靠。因该指标没有考虑路网容量限制的问题,即当路网处于连通状态时,即认为路段或路网能够满足所有的交通需求的情况,这与日常交通路网的实际情况是不符的。所以,连通可靠度对日常路网运行状态的评价不太适用。但对当地震等灾害发生的极端条件下的路网运行状态，其评价或预测结果还是可以满足精度要求的。计算网络连通可靠度的算法有很多种，其差别主要在于计算的效率方面。但总的来说，多数算法在大规模路网连通可靠度的研究中都难以令人满意，原因在于：对于一个复杂的路网系统来说，同一路段的状态变量会在结构函数表达式中出现多次，要获得系统可靠度的值，必须确定结构函数中所包含的所有路径并将其不交化，而这需要耗费大量的运算时间和内存。

运行时间可靠度是 Asakura 和 Kashiwadani 于 1991 年提出的概念。运行时间可靠度是路网可靠性的另一种测度方法。运行时间可靠度可定义为：在规定的时间内，车辆能从起点 O 到达讫点 D 的概率。在通常的流量变化的情况下，这种方法对于路网运行状况的评价很有效。Asakura 于 1996 年提出，在研究运行时间可靠度时应考虑由于道路条件的恶化而导致的容量的下降。他认为运行时间可靠度是阻塞状态运行时间与畅通状态运行时间之比的函数。当它们的比值接近于 1 时，说明路网的流量接近于其通行能力；当这个值趋于无穷大时，说明某段路发生严重的堵塞而不能到达目的地。这一特殊情况与连通可靠度是一致的。根据这一定义计算的可靠度可作为标准来确定服务水平。由于不同学者对运行时间的计算方法以及考虑的影响因素不同，因此，运行时间可靠度的计算方法不一。例如：Bell 等于 1999 年提出用灵敏度分析方法来估计由于交通需求的变化导致的运行时间的变化，其中路径流量估计（The Path Flow Estimator，PFE）采用了基于 Logit 的 SUE 平衡分配方法模型。William H. K. Lam 等于 1999 年在 Bell 之后提出了计算运行时间可靠度的交通流模拟器（Traffic Flow Equilibrium，TFS）模型。

路网容量可靠度的概念是美国犹他州立大学 Anthony Chen 等提出的。其含义是：在一定服务水平下，路网容量能满足交通需求的概率。它既考虑了路网容量限制问题，又考虑了出行者的路线选择行为，弥补了连通可靠度的一些缺陷。容量可靠度能用来评价交通条件恶化情况下，路网容量满足一定需求水平的概率，可用于说明现在的路网对于预期的需求是否足够。但是容量可靠度的计算是基于系统模拟基础上的，主要是从路网角度进行宏观评价，体现不出道路单元的可靠度与系统可靠度的显性关系。其次，反映路网潜在能力的路网容量存储系数依赖于路段的通行能力，而实际通行能力由于受众多影响因素的影响是不断变化的。因此需要大量的实测数据来估计其分布曲线，而实际通行能力的实测数据很难得到。此外，在容量可靠度计算中，驾驶员的路线选择行为是建立在驾驶员对路况条件全面了解的假定上的。这种假定对于规律性的交通拥挤（如高峰期间、瓶颈路段）也许是合适的，但对于偶发性的交通事件（如交通事故、车辆抛锚等）则需要用随机模型来分析驾驶员的路线选择行为。

国内对道路交通系统可靠度的研究也取得很大进展。武汉理工大学朱顺应等提出了用交通网络的可靠度来评价交通路网。交通网络的可靠度是对交通网络应变能力大小的一种度量，它是从网络一节点到另一节点在一定服务水平以上的通达概率。该方法采用了饱和度（V/C）确定法来确定路段的可靠度，然后按照串-并联系统可靠度理论，计算出交通网络的可靠度。北京工业大学陈艳艳建立了道路单元畅通服务水平的概率测度指标——畅通可靠度，在此基础上给出了单元畅通可靠度和路网系统畅通可靠度的计算方法。对于道路单元提出了基于供需随机性分析的方法、基于统计数据的方法及基于模糊估计的 3 种可靠度评价方法。基于供需随机性分析的方法，其思路是通过求解道路通行能力满足需求的概率求得畅通可靠度。该方法要求得到通行能力及交通需求的随机分布。基于统计数据的方法，其思路是通过计算一定时期内高峰时段某道路单元畅通的次数占总观测次数的比例近似求得畅通可靠度。基于模糊估计的方法则是通过驾驶员或管理者由经验给出的道路运行状态的语言描述,进而建立语言描述与畅通可靠度的关系。而路网系统可靠度,则是在单元畅通可靠度评估的基础上,以车辆在两点间能以预定的服务水平之上行驶作为两点间畅通可靠的标准,并利用连通可靠度的解析算法进行求解,同时借助合理路径筛选,以减少系统分析的工作量,从而可利用求导的方法计算单元概率重要度,即单元可靠度变化对系统可靠度变化的影响程度。

随着社会的进步,人们对交通网络处理日常和偶发性交通问题的应变能力提出了更高的要求,因此,建立和完善道路交通系统可靠性理论非常重要,随着智慧交通技术的发展,该理论将会发挥更大的作用。

第 2 章

可靠性工程的基本理论

可靠性理论在工程上的应用，为预测、评价产品或系统的可靠性性能提供了理论基础，为提高企业的管理水平提供了技术手段，为评价和提升交通系统运行质量提供了技术支撑。随着可靠性工程的应用范围越来越广，有必要对其基本理论进行系统性的阐述。

2.1 可靠度和失效率函数

2.1.1 可靠度与可靠度估计值

可靠度是在规定时间内、规定条件下，产品正常运转或者服务正常的概率。可靠度可以用来衡量系统在规定时间内完成规定功能的能力。

假设有 n_0 个相同的组件，在某一个试验条件下进行测试。在时间 $(t-\Delta t, t)$ 内，有 $n_f(t)$ 个组件失效，$n_s(t)$ 个组件正常工作，并且 $n_f(t)+n_s(t)=n_0$。可靠度表示正常工作的累计概率函数，在时刻 t，可靠度 $R(t)$ 表示为

$$R(t)=\frac{n_s(t)}{n_s(t)+n_f(t)}=\frac{n_s(t)}{n_0} \tag{2-1}$$

换言之，如果 T 是表示失效时间的随机变量，那么时刻 t 的可靠度函数可表示为

$$R(t) = P(T > t) \tag{2-2}$$

由于失效率的累积分布函数 $F(t)$（其实质为“不可靠度”）是 $R(t)$ 的补集，即

$$R(t) + F(t) = 1 \tag{2-3}$$

如果失效时间 T 存在概率密度函数 $f(t)$，那么式(2-3)可以写为

$$R(t) = 1 - F(t) = 1 - \int_0^t f(\zeta)\mathrm{d}\zeta \tag{2-4}$$

将式(2-4)对 t 求导，得到

$$\frac{\mathrm{d}R(t)}{\mathrm{d}t} = -f(t) \tag{2-5}$$

如果失效时间分布是参数为 λ 的指数分布，那么其概率密度函数为

$$f(t) = \lambda \mathrm{e}^{-\lambda t} \tag{2-6}$$

则其可靠度函数为

$$R(t) = 1 - \int_0^t \lambda \mathrm{e}^{-\lambda\zeta}\mathrm{d}\zeta = \mathrm{e}^{-\lambda t} \tag{2-7}$$

由式(2-7)，可以用一个组件的可靠度函数表示其在时间段 $[t_1, t_2]$ 内出现失效的概率：

$$R(t_1) - R(t_2) = \int_{t_1}^{t_2} f(t)\mathrm{d}t \tag{2-8}$$

在 $[t_1, t_2]$ 区间内定义失效率为在此区间内发生失效的效率，并且在 t_1 之前失效没有发生。失效率可以表示为

$$\text{失效率} = \frac{R(t_1) - R(t_2)}{(t_2 - t_1)R(t_1)} \tag{2-9}$$

如果用 t 代替 t_1，用 $t + \Delta t$ 代替 t_2，那么式(2-9)可以重写为

$$\text{失效率} = \frac{R(t) - R(t + \Delta t)}{\Delta t R(t)} \tag{2-10}$$

式(2-10)中，当 Δt 趋近于0时，失效率的极限称为危险函数或失效率函数（本教材统称为失效率函数），失效率函数可表示为

$$h(t) = \lim_{\Delta t \to 0} \frac{R(t) - R(t + \Delta t)}{\Delta t R(t)} = \frac{1}{R(t)}\left[-\frac{\mathrm{d}}{\mathrm{d}t}R(t)\right] \tag{2-11}$$

或者

$$h(t) = \frac{f(t)}{R(t)} \tag{2-12}$$

由式(2-5)和式(2-11)，可以得出

$$R(t) = \mathrm{e}^{\left[-\int_0^t h(\zeta)\mathrm{d}\zeta\right]} \tag{2-13}$$

$$R(t) = 1 - \int_0^t f(\zeta)\mathrm{d}\zeta \tag{2-14}$$

式(2-5)、式(2-12)、式(2-13)和式(2-14)是关于 $f(t)$、$F(t)$、$R(t)$ 和 $h(t)$ 的重要公式。

2.1.2 可靠度估计值

(1)对于不可修复产品，可靠度的估计值是指直到规定的时间区间终了为止，能完成规定功能的产品数 $n_s(t)$ 与在该时间区间开始时投入工作的产品数 n 之比，即

$$\hat{R}(t)=\frac{n_s(t)}{n}=1-\frac{n_f(t)}{n} \tag{2-15}$$

式中：$n_f(t)$——在规定的时间区间内未完成规定功能的产品数，即失效数。

（2）对于可修复产品，可靠度估计值是指一个或多个产品的无故障工作时间达到或超过规定时间的次数与观测时间内无故障工作的总次数之比，即

$$\hat{R}(t)=\frac{n_s(t)}{n}=1-\frac{n_f(t)}{n} \tag{2-16}$$

式中：$n_s(t)$——无故障工作时间达到或超过规定时间的次数；

$n_f(t)$——无故障工作时间未达到规定时间的次数；

n——观测时间内无故障工作的总次数，若每个产品的最后一次无故障工作时间未超过规定时间，则不予以计入。

上述可靠度 $R(t)$ 的时间 t 是由 0 算起的，实际使用中常需要知道工作过程中某一段时间执行任务的可靠度，即需要知道已经工作 t_1 后再继续工作 t_2 的可靠度。

从时刻 t_1 工作到时刻 t_1+t_2 的条件可靠度为任务可靠度，记为 $R(t_1+t_2|t_1)$。由条件概率可知：

$$R(t_1+t_2|t_1)=P(T>t_1+t_2|T>t_1)=\frac{R(t_1+t_2)}{R(t_1)} \tag{2-17}$$

下面给出例子，来阐述如何从失效数据中估计失效率和可靠度。

【例 2-1】 假设通过可靠性试验估计违法抓拍系统闪光灯的平均寿命，这项可靠性试验对 200 个设备进行了测试。以 1000h 为间隔统计失效情况，如表 2-1 所示。

规定时间段的失效数 表 2-1

时间间隔(h)	失 效 数
0 ~ 1000	100
1001 ~ 2000	40
2001 ~ 3000	20
3001 ~ 4000	15
4001 ~ 5000	10
5001 ~ 6000	8
6001 ~ 7000	7
总数	200

从数据中估计出失效密度函数 $f_e(t)$、失效率函数 $h_e(t)$、累积失效函数 $F_e(t)$ 和可靠度 $R_e(t)$，画出函数的图像，并对失效率函数进行评价。

解：用下列公式来估计 $f_e(t)$、$h_e(t)$、$R_e(t)$ 和 $F_e(t)$。

$$f_e(t)=\frac{n_f(t)}{n_0\Delta t} \tag{2-18}$$

$$h_e(t)=\frac{n_f(t)}{n_s(t)\Delta t} \tag{2-19}$$

$$R_e(t)=\frac{f_e(t)}{h_e(t)}=\frac{n_s(t)}{n_0} \tag{2-20}$$

$$F_e(t)=1-R_e(t) \tag{2-21}$$

上述公式中，$n_s(t)$为Δt内正常工作的灯泡数；$n_f(t)$为Δt内失效的灯泡数。计算结果记录在表2-2和表2-3中，作图结果为图2-1和图2-2。

$f_e(t)$和$h_e(t)$的计算结果 表2-2

时间(h)	失效密度$f_e(t)$($\times 10^{-4}$)	失效率$h_e(t)$($\times 10^{-4}$)
0~1000	$\frac{100}{200\times 10^3}=5.0$	$\frac{100}{200\times 10^3}=5.0$
1001~2000	$\frac{40}{200\times 10^3}=2.0$	$\frac{40}{100\times 10^3}=4.0$
2001~3000	$\frac{20}{200\times 10^3}=1.0$	$\frac{20}{60\times 10^3}=3.33$
3001~4000	$\frac{15}{200\times 10^3}=0.75$	$\frac{15}{40\times 10^3}=3.75$
4001~5000	$\frac{10}{200\times 10^3}=0.5$	$\frac{10}{25\times 10^3}=4.0$
5001~6000	$\frac{8}{200\times 10^3}=0.4$	$\frac{8}{15\times 10^3}=5.3$
6001~7000	$\frac{7}{200\times 10^3}=0.35$	$\frac{7}{7\times 10^3}=10.0$

$R_e(t)$和$F_e(t)$的计算结果 表2-3

时间间隔(h)	可靠度$R_e(t)=\frac{f_e(t)}{h_e(t)}$	不可靠度$F_e(t)=1-R_e(t)$
0~1000	$\frac{5.0}{5.0}=1.000$	0.000
1001~2000	$\frac{2.0}{4.0}=0.500$	0.500
2001~3000	$\frac{1.0}{3.33}=0.300$	0.700
3001~4000	$\frac{0.75}{3.75}=0.200$	0.800
4001~5000	$\frac{0.5}{4.0}=0.125$	0.875
5001~6000	$\frac{0.4}{5.3}=0.075$	0.925
6001~7000	$\frac{0.35}{10.0}=0.035$	0.965

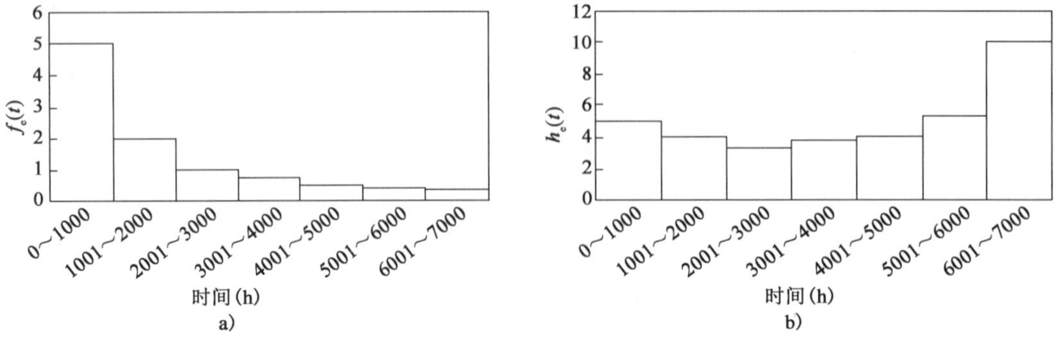

图2-1 $f_e(t)$和$h_e(t)$关于时间t的柱状图

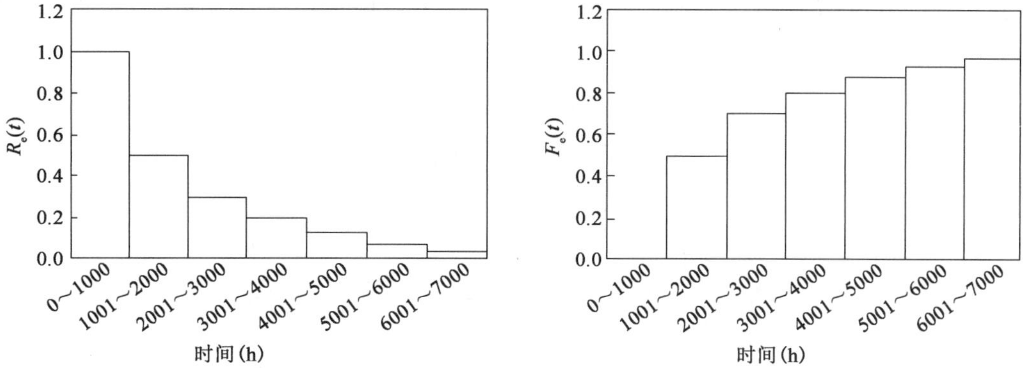

图 2-2 $R_e(t)$ 和 $F_e(t)$ 关于时间 t 的柱状图

从图 2-1 可以看出,失效率在 6000h 之前是基本保持稳定的,之后随时间 t 线性增长。因此 $h_e(t)$ 近似可以表示为

$$h_e(t) = \begin{cases} \lambda_0 & 0 \leqslant t \leqslant 6000 \\ \lambda_1 t & t > 6000 \end{cases} \tag{2-22}$$

这里,λ_0 和 λ_1 是常数。

上述例子表明,失效率函数在一定时间内是常数,之后会随时间呈线性增长。其他情况中,失效率函数可能会递减、恒定或递增,函数递减或递增的速率可能随时间呈常数、线性、多项式或指数变化。

2.2 失效率函数

失效率函数 $h(t)$,是失效只发生在时间段 $t \sim (t+\mathrm{d}t)$ 间的条件概率,在时刻 t 之前没有出现失效。其表达式为

$$h(t) = \frac{f(t)}{R(t)} \tag{2-23}$$

累积失效率函数 $H(t)$ 是失效发生在时间段 $0 \sim t$ 内的条件概率。它表示在时间段 $0 \sim t$ 内出现失效的总数:

$$H(t) = \int_0^t h(\zeta)\mathrm{d}\zeta \tag{2-24}$$

失效率被看作瞬时失效率。失效率的表达式对系统的设计者、工程师和维修团队都十分重要。这一表达式对于估计故障前时间(或两个故障发生间隔)、维修对策所需团队人数、系统可靠性和保修费用都具有十分重要的意义,它也可以用来研究系统的失效随时间的变化。

如式(2-23)所示,失效率是一个关于时间的函数。通常,失效率函数是如图 2-3 所示的浴盆形函数。分析其原因在于一开始,由于产品不合格、制造缺陷、设计错误或装配瑕疵,比如对于交通系统而言,可能由于初期交通运行系统处于调试或者试运行阶段,样本有很高的失效率,这段范围称为“早期失效区”。随着失效组件被移除或者系统运行越来越顺畅,失效率也开始下降,在早期失效阶段末尾,失效率会逐渐趋于常数并保持相对稳定,称为“常值失效

区”。在常值失效区(T_1 ~ T_2),失效一般是不可预测的,且由于器件会因所加负载的变化而随机失效(实际负载有可能比设计负载高或低),故此区间也称为偶然失效区。

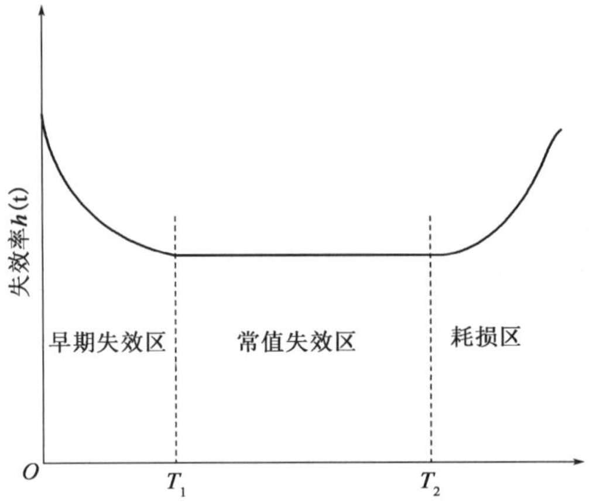

图 2-3　一般失效率曲线

失效率曲线的最后一个区域是耗损区,从时刻 T_2 开始。耗损区开始的标志是,失效率开始比常值失效区出现显著上升,并且失效的发生不再是随机的,而是与器件的使用时间和损耗程度有关。在这一阶段,失效率迅速上升直至使用寿命(设计寿命)结束。为了降低耗损区大量失效所造成的影响,使用者应该进行阶段性的维修保养或考虑更换产品。

并不是所有的器件都表现出这种浴盆形失效率曲线。大多数电子器件和电动器件不会出现耗损区。一些机械器件不会出现常值失效区,但是从早期失效区到耗损区会有一个逐渐的过渡。对于不同器件,每个阶段的长度也不同。浴盆形曲线各阶段间的转换时间估计一直是研究者十分感兴趣的问题,这个问题被称为转折点估计。其中一种方法是令前一阶段结束时的失效率与后一阶段开始时的失效率相等。下面描述能表现出一个或几个阶段的失效时间分布。

2.2.1　恒定失效率

恒定失效率函数 $h(t)$ 的表达式为

$$h(t) = \lambda \tag{2-25}$$

式中,λ 是常数。失效时间的概率密度函数 $f(t)$ 可以由式(2-23)得到

$$f(t) = h(t)\exp\left[-\int_0^t h(\zeta)\mathrm{d}\zeta\right] \tag{2-26}$$

或

$$f(t) = \lambda \mathrm{e}^{-\lambda t} \tag{2-27}$$

$$F(t) = \int_0^t \lambda \mathrm{e}^{-\lambda\zeta}\mathrm{d}\zeta = 1 - \mathrm{e}^{-\lambda t} \tag{2-28}$$

可靠度函数 $R(t)$ 为

$$R(t) = 1 - F(t) = \mathrm{e}^{-\lambda t} \tag{2-29}$$

$h(t)$ 和 $f(t)$、$F(t)$ 和 $R(t)$ 随时间推移的变化曲线分别如图 2-4、图 2-5 所示。在 $t = \frac{1}{\lambda}$ 点,$f\left(\frac{1}{\lambda}\right) = \frac{\lambda}{\mathrm{e}}$,$F\left(\frac{1}{\lambda}\right) = 1 - \frac{1}{\mathrm{e}} = 0.632$,$R\left(\frac{1}{\lambda}\right) = \frac{1}{\mathrm{e}} = 0.368$ 。这是一个重要的结果,因为它

表明了产品在其估计平均故障前时间 $1/\lambda$ 出现失效的概率为 0.632。同时可注意到,恒定失效模型中,失效时间是呈指数分布的。

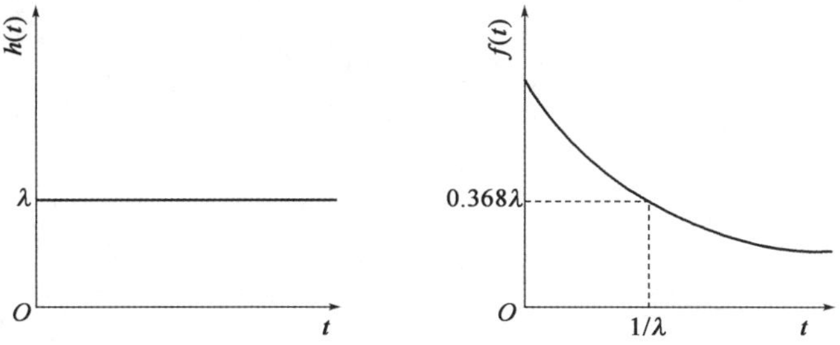

图 2-4 $h(t)$ 和 $f(t)$ 随时间推移的变化曲线

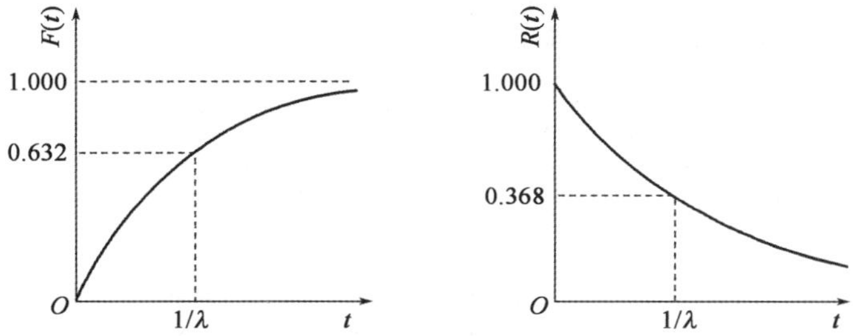

图 2-5 $F(t)$ 和 $R(t)$ 随时间推移的变化曲线

【例 2-2】 对交通机电系统的电容器进行工作寿命试验,发现它们呈现出每小时 3×10^{-8} 个失效的恒定失效率(交替使用)。那么 1×10^{4} h 之后电容器的可靠度是多少呢?

解:由式(2-25)~式(2-29)可得

$$h(t)=3\times10^{-8}\ (\text{失效率})$$

$$R(T>1\times10^{4})=e^{-(3\times10^{-8}\times10^{4})}=0.99970$$

2.2.2 线性增长失效率

当失效率呈线性增长时,失效率函数表达式为

$$h(t)=\lambda t \tag{2-30}$$

式中,λ 是常数。失效时间的概率密度函数 $f(t)$ 是一个瑞利分布,表达式为

$$f(t)=\lambda t e^{-\frac{\lambda t^2}{2}} \tag{2-31}$$

于是

$$F(t)=1-e^{-\frac{\lambda t^2}{2}} \tag{2-32}$$

可靠度函数 $R(t)$ 是

$$R(t)=e^{-\frac{\lambda t^2}{2}} \tag{2-33}$$

$h(t)$ 和 $f(t)$、$R(t)$ 和 $F(t)$ 随时间推移的变化图形如图 2-6 和图 2-7 所示。需要注意的是,线性增长失效率的失效时间分布是一个瑞利分布。其均值(期望值)和方差分别为 $\sqrt{\frac{\pi}{2\lambda}}$,$\frac{2}{\lambda}\left(1-\frac{\pi}{4}\right)$。

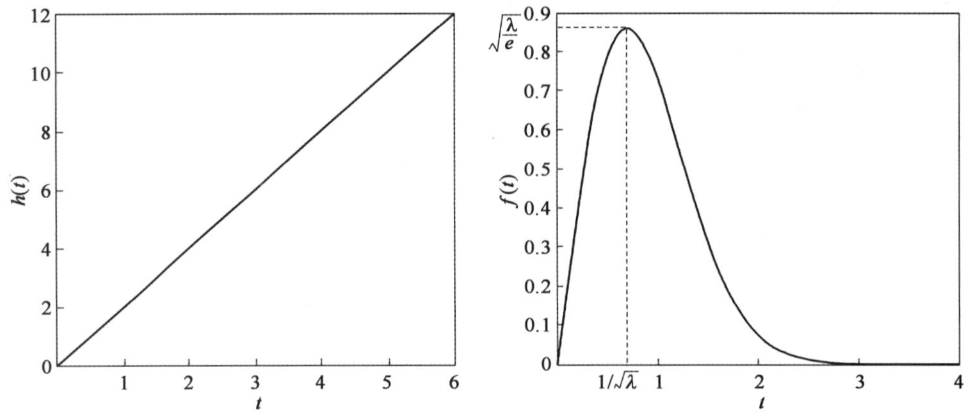

图 2-6　$h(t)$ 和 $f(t)$ 随时间推移的变化曲线

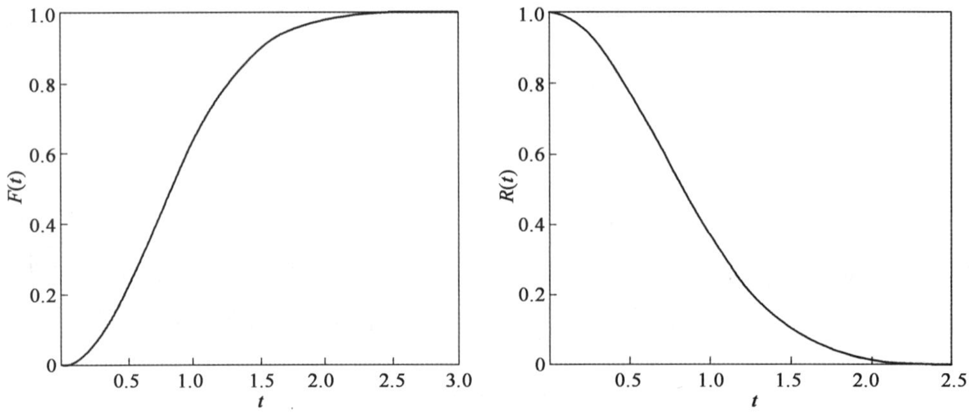

图 2-7　$F(t)$ 和 $R(t)$ 随时间推移的变化曲线

【例 2-3】 交通系统某结构的失效率是随时间呈线性增长的,其表达式为

$$h(t) = 0.50 \times 10^{-8} t \quad (t\text{ 的单位为小时})$$

请确定该结构一年后的可靠度。

解: 由式(2-33),可以得到一年后的可靠度为

$$R(8760) = e^{-\frac{0.5}{2}\times 10^{-8}\times 8760^2} = 0.825$$

2.2.3 线性下降失效率

线性下降失效率函数的表达式为

$$h(t) = a - bt \tag{2-34}$$

并且

$$a \geqslant bt \tag{2-35}$$

式中, a 和 b 为常数。和线性递增失效率函数相同,也可以得到 $f(t)$、$R(t)$ 和 $F(t)$ 的表达式。服从这种失效率函数的失效模型和可靠度取决于 a 和 b 的取值。

2.2.4 威布尔分布模型

威布尔模型是一种非线性的模型，常用于失效率函数不随时间呈线性变化的情况，这种条件下的一种典型的失效率函数表达式为

$$h(t) = \frac{\gamma}{\theta}\left(\frac{t}{\theta}\right)^{\gamma-1} \tag{2-36}$$

则失效时间的概率密度函数 $f(t)$ 为

$$f(t) = \frac{\gamma}{\theta}\left(\frac{t}{\theta}\right)^{\gamma-1} e^{-\left(\frac{t}{\theta}\right)^{\gamma}} \quad t > 0 \tag{2-37}$$

式中，θ 和 γ 是正数，分别称为特征寿命和分布形状参数。当 $\gamma = 1$ 时，$f(t)$ 变为指数密度函数；当 $\gamma = 2$ 时，密度函数为瑞利分布。

如果 γ 选择合适的取值，威布尔模型的概率密度函数和正态分布非常接近，Makino (1994)曾经用平均失效率，把威布尔分布向正态分布逼近，得到两者相近时 $\gamma = 3.43927$。这一取值非常接近平均数和中位数威布尔分布相等时的 $\gamma = 3.43938$。γ 变化时，威布尔分布的概率密度函数取值如图 2-8 所示。威布尔分布的分布函数 $F(t)$ 和可靠度函数 $R(t)$ 分别由式(2-39)和式(2-40)给出。

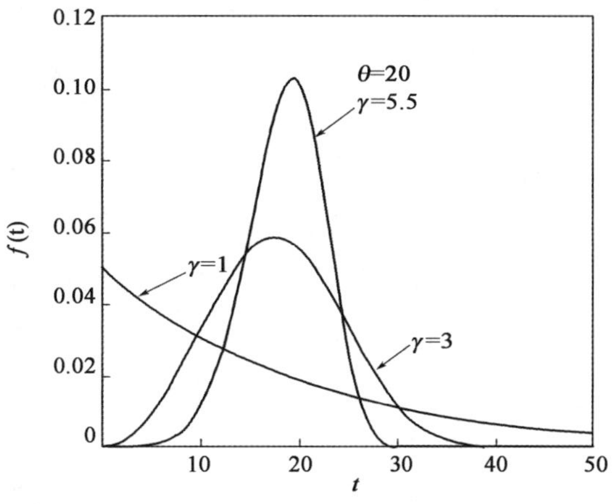

图 2-8 γ 变化时的威布尔分布的概率密度函数

$$F(t) = \int_0^t \frac{\gamma}{\theta}\left(\frac{\zeta}{\theta}\right)^{\gamma-1} e^{-\left(\frac{\zeta}{\theta}\right)^{\gamma}} d\zeta \tag{2-38}$$

或

$$F(t) = 1 - e^{-\left(\frac{t}{\theta}\right)^{\gamma}} \quad t > 0 \tag{2-39}$$

$$R(t) = e^{-\left(\frac{t}{\theta}\right)^{\gamma}} \quad t > 0 \tag{2-40}$$

威布尔分布广泛用于可靠度的建模，而其他的方法如指数分布、瑞利分布和正态分布都是威布尔分布的特殊形式。对于威布尔分布，失效率函数为

$$h(t) = \frac{f(t)}{1 - F(t)} = \frac{\gamma}{\theta}\left(\frac{t}{\theta}\right)^{\gamma-1} \tag{2-41}$$

当 $\gamma > 1$ 时，失效率单调上升，且无上界，可以对应浴盆形曲线的耗损区；当 $\gamma = 1$ 时，失效率变为常数，可以对应常值失效区；$\gamma < 1$ 时，失效率随时间递减，可以对应早期失效区。这就使得威布尔模型可以描述实际中的许多失效数据。威布尔分布的均值和方差分别为

$$\mathrm{E}(T) = \theta\Gamma\left(1 + \frac{1}{\gamma}\right) \tag{2-42}$$

$$\mathrm{Var}(T) = \theta^2\left\{\Gamma\left(1 + \frac{2}{\gamma}\right) - \left[\Gamma\left(1 + \frac{1}{\gamma}\right)\right]^2\right\} \tag{2-43}$$

这里,T 为故障前时间,$\Gamma(n)$ 是伽马函数,其表达式为

$$\Gamma(n) = \int_0^{\infty} x^{n-1} e^{-x} dx \tag{2-44}$$

且

$$\int_0^{\infty} x^{n-1} e^{-x/\theta} dx = \Gamma(n)\theta^n \tag{2-45}$$

2.2.5 混合威布尔模型

混合威布尔模型适用于组件或产品存在一种或多种失效模型的情况,其表达式为

$$f(t) = p\frac{\gamma_1}{\theta_1}\left(\frac{t}{\theta_1}\right)^{\gamma_1-1} e^{-\left(\frac{t}{\theta_1}\right)^{\gamma_1}} + (1-p)\frac{\gamma_2}{\theta_2}\left(\frac{t}{\theta_2}\right)^{\gamma_2-1} e^{-\left(\frac{t}{\theta_2}\right)^{\gamma_2}} \tag{2-46}$$

式中,θ_1、$\theta_2 > 0$。

权重 $p(0 \leqslant p \leqslant 1)$ 是分析对象以第一种模式失效的概率,$1-p$ 是以第二种模式失效的概率。如果一种产品的失效模式多于两种,那么,式(2-46)给出的模型可以扩展到包含所有的失效模式及其概率,$\sum_{i=1}^{n} p_i = 1$,其中 p_i 表示产品以第 i 种模式失效的概率,n 表示失效模式的总数。

Kao(1959)提出,当灾难性失效发生的概率等于磨损失效的概率时,时间 t_e 满足下式:

$$1 - e^{-\left(\frac{t_e}{\theta_1}\right)^{\gamma_1}} = 1 - e^{-\left(\frac{t_e}{\theta_2}\right)^{\gamma_2}} \tag{2-47}$$

可以得出

$$t_e = \left(\frac{\theta_2^{\gamma_2}}{\theta_1^{\gamma_1}}\right)^{\frac{1}{\gamma_2-\gamma_1}} = \exp\left(\frac{\gamma_2 \ln\theta_2 - \gamma_1 \ln\theta_1}{\gamma_2 - \gamma_1}\right) \tag{2-48}$$

混合威布尔模型的可靠度表达式为

$$R(t) = 1 - p\left[1 - e^{-\left(\frac{t}{\theta_1}\right)^{\gamma_1}}\right] - (1-p)\left[1 - e^{-\left(\frac{t}{\theta_2}\right)^{\gamma_2}}\right] \tag{2-49}$$

显然,如果第二种失效模式在第一种失效模式出现一段时间后(如 δ 后)出现,那么,式(2-46)和式(2-49)将改写为

$$f_d(t) = p\frac{\gamma_1}{\theta_1}\left(\frac{t}{\theta_1}\right)^{\gamma_1-1} e^{-\left(\frac{t}{\theta_1}\right)^{\gamma_1}} + (1-p)\frac{\gamma_2}{\theta_2}\left(\frac{t-\delta}{\theta_2}\right)^{\gamma_2-1} e^{-\left(\frac{t-\delta}{\theta_2}\right)^{\gamma_2}} \tag{2-50}$$

$$R_d(t) = 1 - p\left[1 - e^{-\left(\frac{t}{\theta_1}\right)^{\gamma_1}}\right] - (1-p)\left[1 - e^{-\left(\frac{t-\delta}{\theta_2}\right)^{\gamma_2}}\right] \tag{2-51}$$

式中,下标 d 表示延迟。

2.2.6 指数模型(极值分布)

极值分布和威布尔分布紧密相关,它适用于失效率函数初始是常数,然后随时间推移迅速上升的情况。

极值分布用于描述产品或器件在正常使用条件下正常工作,但在遇到极端条件时由次要因素(如过热或断裂)引起的失效。也就是说,更关心的是这种失效分布的尾部。其失效率函数、失效时间密度函数和可靠度函数分别为

$$h(t) = b\mathrm{e}^{\alpha t} \tag{2-52}$$

$$f(t) = b\mathrm{e}^{\alpha t}\mathrm{e}^{-\int_0^t h(\zeta)\mathrm{d}\zeta} \tag{2-53}$$

也即

$$f(t) = b\mathrm{e}^{\alpha t}\mathrm{e}^{-\frac{b}{\alpha}(\mathrm{e}^{\alpha t}-1)} \tag{2-54}$$

$$R(t) = \mathrm{e}^{-\frac{b}{\alpha}(\mathrm{e}^{\alpha t}-1)} \tag{2-55}$$

式中,b 是常数,e^{α} 表明单位时间内失效率的增长。例如,一个器件的失效率每年增长10%,那么 $h(t) = b(1.1)^t$,$\alpha = \ln(1.1) = 0.0953$。式(2-54)给出的 $f(t)$ 也称为Gompertz分布。

当 α、b 取不同值时,极值分布的失效率函数和可靠度函数的变化情况如图2-9所示。一些电子器件服从这种失效分布,一些机械部件在施加高应力的情况下也呈现这种失效分布。

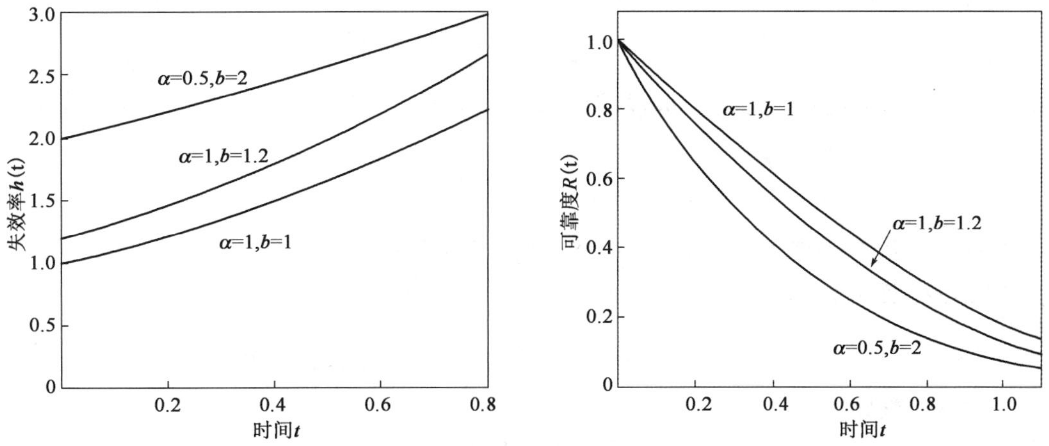

图2-9 $h(t)$ 和 $R(t)$ 的变化曲线

【例2-4】 假设某设备的失效时间服从极值分布。失效率为每小时增加15%。设 $b = 0.01$,计算 $t = 10\mathrm{h}$ 时设备的可靠度。

解:由于失效率每小时增长15%,那么

$$\alpha = \ln(1.15) = 0.1397$$

将 α 和 b 代入式(2-55),可得到

$$R(10) = \mathrm{e}^{-\frac{0.01}{0.1397}(\mathrm{e}^{0.1397\times 10}-1)} = 0.8042$$

2.2.7 正态分布模型

实践中,很多器件的失效时间服从正态分布。和其他连续的概率分布不同,正态分布的可靠度函数和失效率函数都没有封闭表达式。器件寿命的累积分布函数为

$$F(t) = P(T \leqslant t) = \int_{-\infty}^{t} \frac{1}{\sigma\sqrt{2\pi}} \exp\left[-\frac{1}{2}\left(\frac{\tau-\mu}{\sigma}\right)^2\right] \mathrm{d}\tau \tag{2-56}$$

$$R(t) = 1 - F(t) \tag{2-57}$$

式中，μ 和 σ 是分布的均值和标准偏差。与其他分布不同的是，累积分布的积分无法得到封闭形式。不过，标准正态分布（$\sigma = 1, \mu = 0$）可以用来估计任何正态分布的概率。标准正态分布的概率密度函数为

$$\phi(z) = \frac{1}{\sqrt{2\pi}} \exp\left(-\frac{z^2}{2}\right) \quad -\infty < z < \infty \tag{2-58}$$

其中

$$z = \frac{\tau - \mu}{\sigma} \tag{2-59}$$

累积分布函数为

$$\Phi(\tau) = \int_{-\infty}^{\tau} \frac{1}{\sqrt{2\pi}} \exp\left(-\frac{z^2}{2}\right) \mathrm{d}z \tag{2-60}$$

因此，当一个器件的失效时间 T 服从均值为 μ 、标准差为 σ 的正态分布时，可通过式(2-61)计算出器件随时间变化的失效概率(即器件的不可靠度)。

$$P(T \leqslant t) = P\left(\frac{T-\mu}{\sigma} \leqslant \frac{t-\mu}{\sigma}\right) = \Phi\left(\frac{t-\mu}{\sigma}\right) \tag{2-61}$$

式(2-61)右边的值可以通过查询标准正态分布表得到。正态分布的失效率函数 $h(t)$ 为

$$h(t) = \frac{f(t)}{R(t)} = \frac{\phi\left(\frac{t-\mu}{\sigma}\right)/\sigma}{R(t)} \tag{2-62}$$

正态分布的失效率函数是随时间单调递增的，现说明如下：

由式(2-62)及 $R(t) = 1 - F(t)$ 可得

$$h(t) = \frac{f(t)}{1 - F(t)} \tag{2-63}$$

对式(2-63)求导数，得

$$h'(t) = \frac{(1-F)f' + f^2}{(1-F)^2} \tag{2-64}$$

上式的分母对所有 t 都是非负的，为保证公式有意义，分母必须大于零。下面只需证明分子也大于或等于零，即

$$(1-F)f' + f^2 \geqslant 0 \tag{2-65}$$

将式(2-65)改写为

$$R(t)\frac{\mathrm{d}}{\mathrm{d}t}f(t) + f^2(t) \geqslant 0 \tag{2-66}$$

由正态分布的概率密度函数

$$f(t) = \frac{1}{\sqrt{2\pi\sigma^2}} \mathrm{e}^{-\frac{(t-\mu)^2}{2\sigma^2}} \quad -\infty < t < \infty \tag{2-67}$$

其微分形式为

$$\frac{\mathrm{d}}{\mathrm{d}t}f(t) = \frac{1}{\sqrt{2\pi\sigma^2}} \frac{\mathrm{d}}{\mathrm{d}t} \mathrm{e}^{-\frac{(t-\mu)^2}{2\sigma^2}} = \frac{1}{\sqrt{2\pi\sigma^2}} \frac{-(t-\mu)}{\sigma^2} \mathrm{e}^{-\frac{(t-\mu)^2}{2\sigma^2}} = \frac{-(t-\mu)}{\sigma^2} f(t) \tag{2-68}$$

将式(2-68)代入式(2-66),得

$$f(t)\left[\frac{-(t-\mu)}{\sigma^2}R(t)+f(t)\right]\geqslant 0 \tag{2-69}$$

因为$f(t)\geqslant 0$,$R(t)=\int_t^\infty f(x)\mathrm{d}x$,且

$$\frac{t-\mu}{\sigma^2}\int_t^\infty f(x)\mathrm{d}x\leqslant\int_t^\infty\frac{x-\mu}{\sigma^2}f(x)\mathrm{d}x=\int_t^\infty -\mathrm{d}f(x)=f(t) \tag{2-70}$$

可得

$$f(t)\geqslant\frac{t-\mu}{\sigma^2}\int_t^\infty f(x)\mathrm{d}x \tag{2-71}$$

因此

$$f(t)\left[f(x)-\frac{(t-\mu)}{\sigma^2}\int_t^\infty f(x)\mathrm{d}x\right]\geqslant 0 \tag{2-72}$$

至此,可证正态分布的失效率函数是随时间单调递增的。

为说明正态分布特性,举例说明如下:假设$\mu=20$,则$f(t)$、$F(t)$、$R(t)$和$h(t)$的图像如图2-10所示。

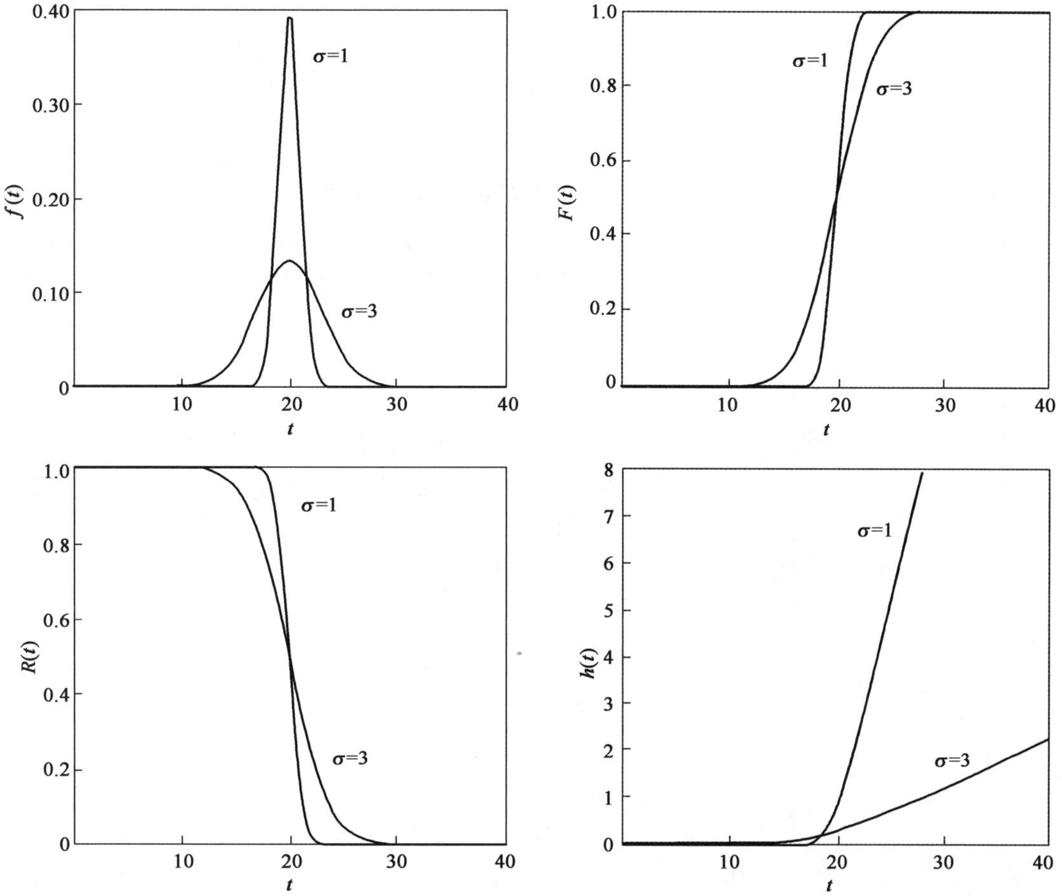

图2-10 正态分布模型的$f(t)$、$F(t)$、$R(t)$和$h(t)$图像

【例 2-5】 假设某种连续交通调查设备的工作失效时间服从 $\mu=40000$ 和 $\sigma=2000$ 的正态分布。计算 $t=38000\text{h}$ 时的可靠度函数和失效率函数。

解: 可靠度函数为

$$R(t)=P\left(z>\frac{t-\mu}{\sigma}\right)$$

则

$$R(38000)=P\left(z>\frac{38000-40000}{2000}\right)=P\left(z>-1.0\right)=\Phi(1.0)=0.8413$$

失效率的值为

$$\begin{aligned}h(38000)&=\frac{f(38000)}{R(38000)}=\frac{\phi\left(\frac{38000-40000}{2000}\right)/2000}{R(38000)}\\&=\frac{\phi(-1.0)}{2000\times0.8413}=\frac{0.2420}{2000\times0.8413}\\&=0.0001438\end{aligned}$$

2.2.8 对数正态分布模型

对数正态分布的概率密度函数为

$$f(t)=\frac{1}{\sigma t\sqrt{2\pi}}\exp\left[-\frac{1}{2}\left(\frac{\ln t-\mu}{\sigma}\right)^2\right]\quad -\infty<\mu<\infty,\sigma>0,t>0 \tag{2-73}$$

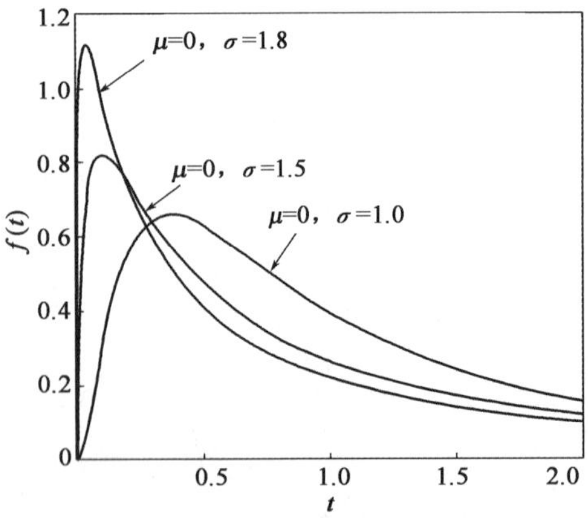

图 2-11 在 μ 和 σ 不同取值时对数正态分布的概率密度函数

图 2-11 示出了 μ 和 σ 在不同取值时对数正态分布的概率密度函数。

如果定义随机变量 X,令 $X=\ln T$,T 服从对数正态分布,那么 X 服从均值为 μ、标准差为 σ 的正态分布:

$$\mathrm{E}(X)=\mathrm{E}[\ln(T)]=\mu \tag{2-74}$$

$$\mathrm{Var}(X)=\mathrm{Var}[\ln(T)]=\sigma^2 \tag{2-75}$$

因为 $T=\mathrm{e}^X$,则对数正态分布的均值可以推导如下:

由

$$\mathrm{E}(T)=\mathrm{E}(\mathrm{e}^X)=\int_{-\infty}^{\infty}\frac{1}{\sigma\sqrt{2\pi}}\exp\left[x-\frac{1}{2}\left(\frac{x-\mu}{\sigma}\right)^2\right]\mathrm{d}x \tag{2-76}$$

可得

$$\mathrm{E}(T)=\exp\left(\mu+\frac{\sigma^2}{2}\right)\int_{-\infty}^{\infty}\frac{1}{\sigma\sqrt{2\pi}}\exp\left\{-\frac{1}{2\sigma^2}[x-(\mu+\sigma^2)]^2\right\}\mathrm{d}x \tag{2-77}$$

因此,对数正态分布的均值为

$$\mathrm{E}(T)=\exp\left(\mu+\frac{\sigma^2}{2}\right) \tag{2-78}$$

其二阶矩可表示为

$$E(T^2) = E(e^{2X}) = \exp\left[2\left(\mu + \frac{\sigma^2}{2}\right)\right] \tag{2-79}$$

对数正态分布的方差为

$$\mathrm{Var}(T) = e^{2\mu+\sigma^2}(e^{\sigma^2} - 1) \tag{2-80}$$

对数正态分布函数为

$$F(t) = \int_0^t \frac{1}{\tau\sigma\sqrt{2\pi}}\exp\left[-\frac{1}{2}\left(\frac{\ln\tau - \mu}{\sigma}\right)^2\right]d\tau \tag{2-81}$$

或者

$$F(t) = P(T \leqslant t) = P\left(z \leqslant \frac{\ln t - \mu}{\sigma}\right) \tag{2-82}$$

相应的可靠度函数为

$$R(t) = P(T > t) = P\left(z > \frac{\ln t - \mu}{\sigma}\right) \tag{2-83}$$

由可靠度函数和失效密度函数可得失效率函数为

$$h(t) = \frac{f(t)}{R(t)} = \frac{\phi\left(\frac{\ln t - \mu}{\sigma}\right)}{t\sigma R(t)} \tag{2-84}$$

图 2-12 示出了在 μ 和 σ 不同取值时对数正态分布的可靠度函数和失效率函数的图像。

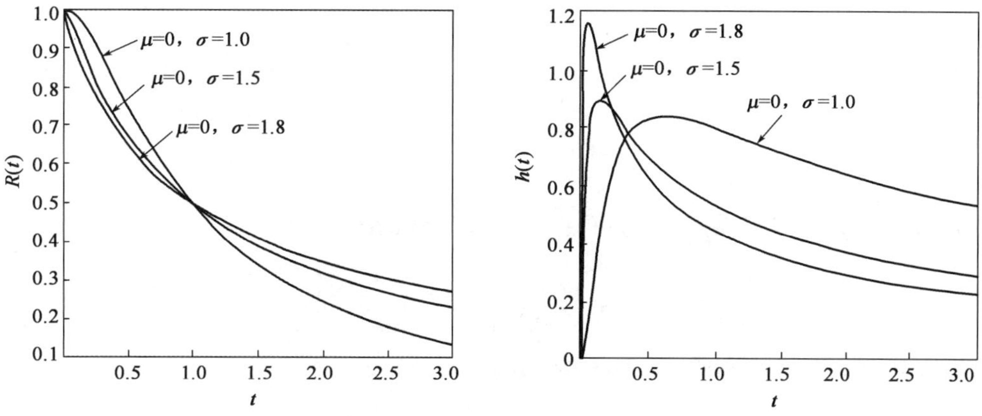

图 2-12 对数正态分布模型的 $R(t)$ 和 $h(t)$

【例 2-6】 交通调查设备一个器件的失效时间服从 $\mu = 6$、$\sigma = 2$ 的对数正态分布。试计算 200 个单位时间时器件的可靠度和失效率。

解：

$$R(200) = P\left(z > \frac{\ln 200 - 6}{2}\right) = P(z > -0.350) = 0.6386$$

失效率函数为

$$h(200) = \frac{\phi\left(\frac{\ln 200 - 6}{2}\right)}{200 \times 2 \times 0.6386}$$

$$= \frac{\phi(-0.350)}{200 \times 2 \times 0.6386} = \frac{0.3752}{200 \times 2 \times 0.6386}$$

$$= 0.00147\text{（即单位时间失效数）}$$

2.2.9 伽马分布模型

和威布尔分布类似，伽马分布可以表示较大范围的失效率函数，包括减失效率函数、常数失效率函数及增失效率函数。这种分布模型适用于描述器件失效分为 n 个阶段发生的情况，或者一个系统的 n 个独立的子器件失效导致整体失效的情况。

伽马分布由两个参数决定：形状参数 γ 和尺度参数 θ。当 $0 < \gamma < 1$ 时，失效率在时间 0 到正无穷上从无穷大单调递降至 $1/\theta$；当 $\gamma > 1$ 时，失效率从 0 单调递增至无穷大；当 $\gamma = 1$ 时，失效率恒等于 $1/\theta$。

伽马分布的概率密度函数为

$$f(t) = \frac{t^{\gamma-1}}{\theta^{\gamma}\Gamma(\gamma)}e^{-\frac{t}{\theta}} \tag{2-85}$$

$\gamma > 1$ 时，密度函数在 $t = \theta(\gamma - 1)$ 时刻有一个极大值。累积分布函数 $F(t)$ 为

$$F(t) = \int_0^t \frac{t^{\gamma-1}}{\theta^{\gamma}\Gamma(\gamma)}e^{-\frac{\tau}{\theta}}d\tau \tag{2-86}$$

令 $\tau/\theta = \mu$，得到

$$F(t) = \frac{1}{\Gamma(\gamma)}\int_0^{t/\theta} \mu^{\gamma-1}e^{-\mu}d\mu \tag{2-87}$$

或

$$F(t) = I\left(\frac{t}{\theta}, \gamma\right) \tag{2-88}$$

其中，$I\left(\frac{t}{\theta}, \gamma\right)$ 称为不完全伽马函数。可靠度函数 $R(t)$ 为

$$R(t) = \int_t^{\infty} \frac{1}{\theta\Gamma(\gamma)}\left(\frac{\tau}{\theta}\right)^{\gamma-1}e^{-\frac{\tau}{\theta}}d\tau \tag{2-89}$$

当形状参数 γ 为整数 n 时，伽马分布变为 Erlang 分布。这种情况下，累积分布函数可写为

$$F(t) = 1 - e^{-\frac{t}{\theta}}\sum_{k=0}^{n-1}\frac{\left(\frac{t}{\theta}\right)^k}{k!} \tag{2-90}$$

可靠度函数为

$$R(t) = e^{-\frac{t}{\theta}}\sum_{k=0}^{n-1}\frac{\left(\frac{t}{\theta}\right)^k}{k!} \tag{2-91}$$

当形状参数 γ 为整数 n 时，可获得失效率函数的计算公式为

$$h(t)=\frac{\frac{1}{\theta}\left(\frac{t^{n-1}}{\theta}\right)}{(n-1)!\sum_{k=0}^{n-1}\frac{\left(\frac{t}{\theta}\right)^{k}}{k!}} \tag{2-92}$$

图 2-13 ~ 图 2-15 分别给出了 γ 不同取值、$\theta = 20$ 时伽马分布的概率密度函数、可靠度函数和失效率函数的图像。

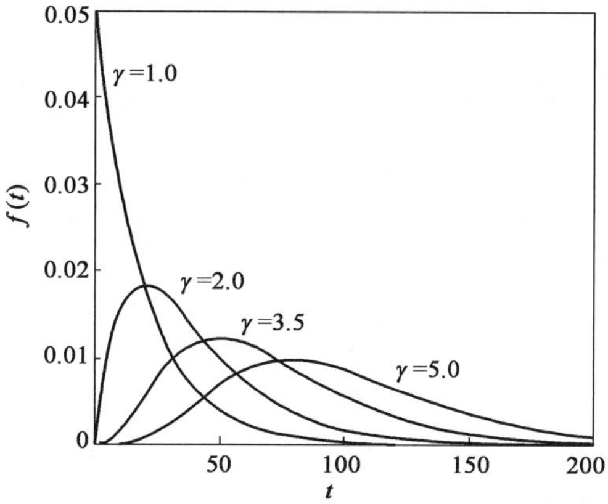

图 2-13　γ 不同取值、$\theta=20$ 时伽马分布的概率密度函数

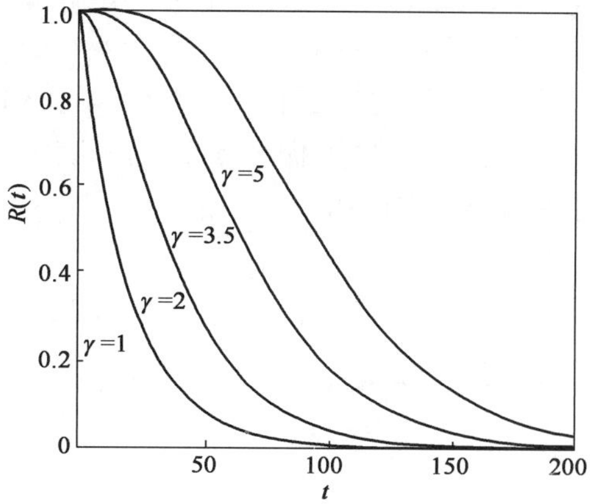

图 2-14　γ 不同取值、$\theta = 20$ 时伽马分布的可靠度函数

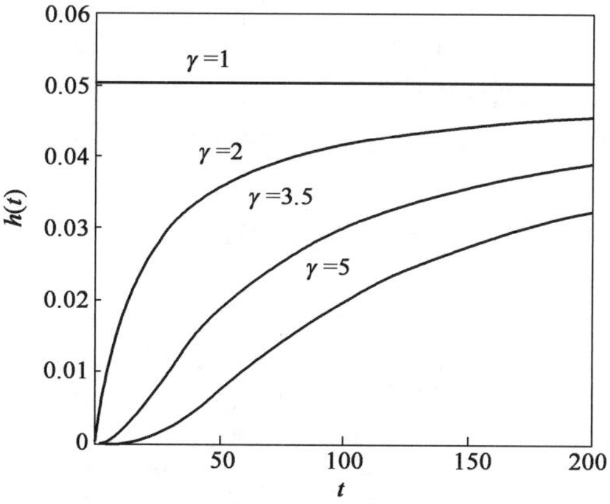

图 2-15　γ 不同取值、$\theta = 20$ 时伽马分布的失效率函数

伽马分布的均值和方差分别为

$$\begin{aligned}E(T) &= \int_{-\infty}^{\infty} tf(t)\,dt \\ &= \int_{0}^{\infty} tt^{\gamma-1}\frac{1}{\Gamma(\gamma)\theta^{\gamma}}e^{-\frac{t}{\theta}}dt \\ &= \frac{1}{\Gamma(\gamma)\theta^{\gamma}}\int_{0}^{\infty} t^{\gamma}e^{-\frac{t}{\theta}}dt\end{aligned} \tag{2-93}$$

或

$$E(T) = \frac{1}{\Gamma(\gamma)\theta^{\gamma}}\Gamma(\gamma+1)\theta^{\gamma+1} = \gamma\theta \tag{2-94}$$

方差的计算需要用到 $E(T^2) = \gamma(\gamma+1)\theta^2$，则方差的公式为

$$\mathrm{Var}(T) = \gamma(\gamma+1)\theta^2 - \gamma^2\theta^2 = \gamma\theta^2 \tag{2-95}$$

【例 2-7】 某路侧交通流检测器的电池寿命 T_1 服从均值为 120h 的指数分布。主电池有两个相同的备份电池，其平均寿命分别为 T_2 和 T_3。当主电池失效时，第一个备用电池为系统提供必要的电流。当第一个备用电池失效时，第二个备用电池会为系统供电。也就是说，这两个备用电池按顺序独立提供电流。试计算这一检测系统在 $t = 280$h 时的可靠度函数和失效率函数。这个系统的平均寿命是多少？

解：由于每个电池的寿命独立服从均值为 120h 的指数分布，整个检测系统的寿命分布服从 $\gamma = 3$、$\theta = 120$ 的伽马分布。由式(2-91)得到：

第 280h 的可靠度

$$R(280) = \mathrm{e}^{-\frac{280}{120}} \sum_{k=2}^{2} \frac{\left(\frac{280}{120}\right)^k}{k!} = 0.58723$$

第 280h 的失效率

$$h(280) = \frac{\frac{1}{120}\left(\frac{280}{120}\right)^2}{2!(6.055)} = 0.003746(\text{每小时失效数})$$

系统的平均寿命为

$$\text{Meanlife(平均寿命)} = \gamma\theta = 360\text{h}$$

上述结果也可以用 Erlang 分布计算得出：Erlang 分布是 n 个相同的服从参数为 λ 的指数分布的器件概率分布的卷积。由于 T_1、T_2 和 T_3 相等，因此可用 n 个器件的 Erlang 分布来表示

$$f_n(t) = \frac{\lambda^n \mathrm{e}^{-t} t^{n-1}}{(n-1)!}$$

和

$$F_n(t) = 1 - \sum_{i=0}^{n-1} \frac{\mathrm{e}^{-\lambda t}(\lambda t)^i}{i!}$$

Erlang 分布的可靠度函数为

$$R_n(t) = \sum_{i=0}^{n-1} \frac{\mathrm{e}^{-\lambda t}(\lambda t)^i}{i!}$$

用上述方法计算的可靠度函数和失效率函数与用伽马分布计算的结果是相同的。

2.2.10 Log-logistic 分布

如果 $T > 0$ 是某系统失效时间的随机变量，t 表示其中的一个时刻。用 $Y = \lg T$ 表示失效时间的对数(Kalbafleisch 和 Prentice,2002)。设 $Y = \alpha + \sigma W$，则关于 W 的 Logistic 分布的概率密度函数为

$$f(W) = \frac{\mathrm{e}^W}{(1+\mathrm{e}^W)^2} \tag{2-96}$$

Logistic 密度函数是对称的，其均值为 0，方差为 $\pi^2/3$，尾部比正态分布密度函数稍低(Kalbafleisch 和 Prentice,2002)。失效时间 t 的概率密度函数为

$$f(t) = \lambda p (\lambda t)^{p-1} [1 + (\lambda t)^p]^{-2} \tag{2-97}$$

式中，$\lambda = e^{-\alpha}$;$p = 1/\sigma$。

Log-logistic 分布模型的可靠度函数和失效率函数为

$$R(t) = \frac{1}{1 + (\lambda t)^p} \tag{2-98}$$

$$h(t) = \frac{\lambda p (\lambda t)^{p-1}}{1 + (\lambda t)^p} \tag{2-99}$$

Log-logistic 分布模型和威布尔分布、指数分布模型有相同的优点，它们的 $R(t)$ 和 $h(t)$ 表达式都很简单。

式(2-99)的图形如图 2-17 所示，可以看出，失效率函数在 $p = 1$ 时单调递减。如果 $p > 1$，失效率从 0 开始递增，在 $t = (p-1)^{1/p}/\lambda$，处取极大值，然后随时间递减。如果 $p < 1$，失效率单调递减。图 2-16 和图 2-17 示出了 p 不同取值、$\lambda = 20$ 时可靠度函数和失效率函数的图像。

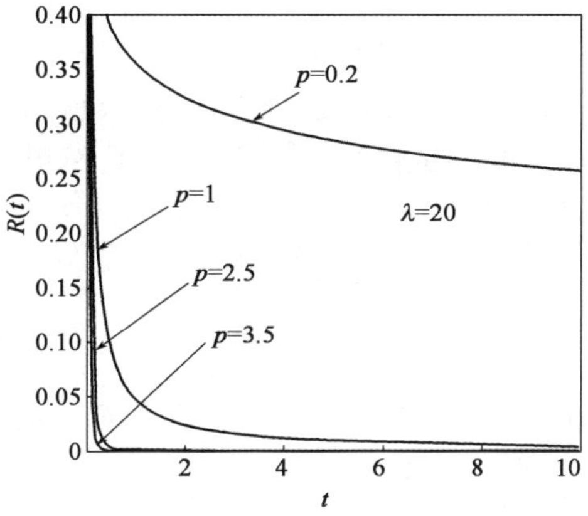

图 2-16 Log-logistic 的可靠度函数

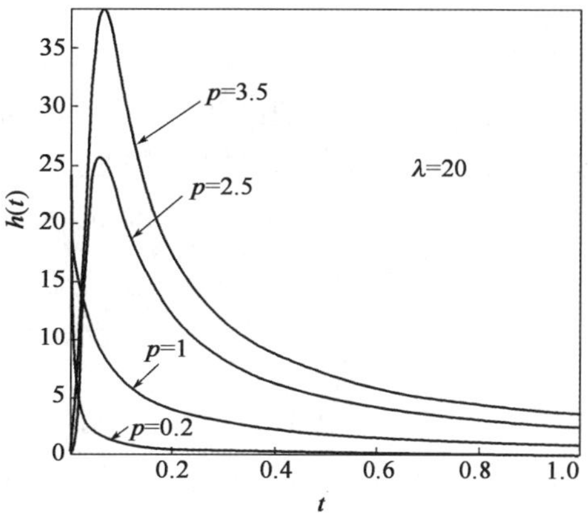

图 2-17 Log-logistic 的失效率函数

2.2.11 贝塔分布模型

目前为止，所讨论的失效率函数模型都是从零到正无穷的非零函数。实际上，一些产品或组件的寿命可能是限制在一个时间段中的。在这种情况下，贝塔模型最适合描述产品在(0,1)区间内的可靠度。很明显，任何有限区间都可以转化到(0,1)区间。

其他分布函数都可以描述三种形式的失效率函数——递减、恒定和递增的失效率，贝塔模型的两个参数也使其可以灵活描述上述失效率的特性。贝塔模型的概率密度函数的标准形式为

$$f(t) = \begin{cases} \dfrac{\Gamma(\alpha+\beta)}{\Gamma(\alpha)\Gamma(\beta)} t^{\alpha-1}(1-t)^{\beta-1} & 0 < t < 1 \\ 0 & \text{其他} \end{cases} \tag{2-100}$$

式中，参数 α 和 β 是正数。根据概率的性质：

$$\int_0^1 f(t)\,\mathrm{d}t = 1 \tag{2-101}$$

可得

$$\int_0^1 t^{\alpha-1}(1-t)^{\beta-1}\mathrm{d}t = \frac{\Gamma(\alpha)\Gamma(\beta)}{\Gamma(\alpha+\beta)} \tag{2-102}$$

式中,参数 α 和 β 是正数。

一般情况下,累积分布函数和失效率函数没有解析表达式。但是,如果 α 和 β 是正整数,用二项式展开的方法可以得到 $F(t)$,进而得到 $h(t)$ 。$F(t)$ 是关于 t 的多项式,t 的阶数在一般情况下是从 0 ~ $(\alpha+\beta-1)$ 的正实数。

贝塔分布的均值和方差分别为

$$\text{Mean(均值)} = \frac{\alpha}{\alpha+\beta} \tag{2-103}$$

$$\text{Var(方差)} = \frac{\alpha\beta}{(\alpha+\beta)^2(\alpha+\beta+1)} \tag{2-104}$$

2.2.12 逆高斯分布模型

逆高斯分布用于早期失效发生率较高的情况。其失效率先递增后递减,并最终趋于一个非零值。从效果上看,逆高斯分布适用于描述浴盆曲线的前两个阶段。除最终失效率趋近于零之外,对数正态分布都可以代替逆高斯分布(Watson 和 Wells,1961)。但是,从自然规律基础上证明对数正态分布是十分困难的(Chikara 和 Folks,1977)。逆高斯分布有两个参数 μ 和 λ 。其概率密度函数为

$$f(t;\mu,\lambda) = \sqrt{\lambda/2\pi t^3}\exp[-\lambda(t-\mu)^2/2\mu^2 t] \quad t>0 \tag{2-105}$$

式中,μ 和 λ 为正数,分别称为分布的均值和形状参数。方差为μ^3/λ ,概率密度函数为单峰且倾斜的。可靠度函数 $R(t)$ 和失效率函数 $h(t)$ 分别见式(2-106)和式(2-107):

$$R(t) = \Phi\left(\sqrt{\frac{\lambda}{t}}\left(1-\frac{t}{\mu}\right)\right) - \mathrm{e}^{\frac{2\lambda}{\mu}}\Phi\left(-\sqrt{\frac{\lambda}{t}}\left(1+\frac{t}{\mu}\right)\right) \tag{2-106}$$

$$h(t) = \frac{\sqrt{\lambda/2\pi t^3}\exp[-\lambda(t-\mu)^2/2\mu^2 t]}{\Phi\left(\sqrt{\lambda/t}(1-t/\mu)\right) - \mathrm{e}^{2\lambda/\mu}\Phi\left(-\sqrt{\lambda/t}(1+t/\mu)\right)} \tag{2-107}$$

式中,Φ 表示标准正态分布的累积分布函数。

逆高斯分布的可靠度函数如图 2-18 所示。

如图 2-19 所示,失效率不是对所有的 μ 和 λ 都是单调的。但是,对某些参数值,失效率有可能是单调的。值得注意的是,对数正态分布的失效率是趋于零的,但逆高斯分布的 $h(t)$ 趋于一个非零值。失效率先上升后下降在实践中并不常见,人们希望能够找出失效率的最大值,以此来判断系统在最坏条件下的性能及失效发生时间。$h(t)$ 的最大值可以通过 $\lg h(t)$ 对 t 求微分得到,如式(2-108)所示。

$$\frac{\mathrm{d}}{\mathrm{d}t}\lg h(t) = \frac{\mathrm{d}}{\mathrm{d}t}\lg f(t) + \frac{f(t)}{R(t)} = -\frac{\lambda}{2\mu^2} - \frac{3}{2t} + \frac{\lambda}{2t^2} + h(t) \tag{2-108}$$

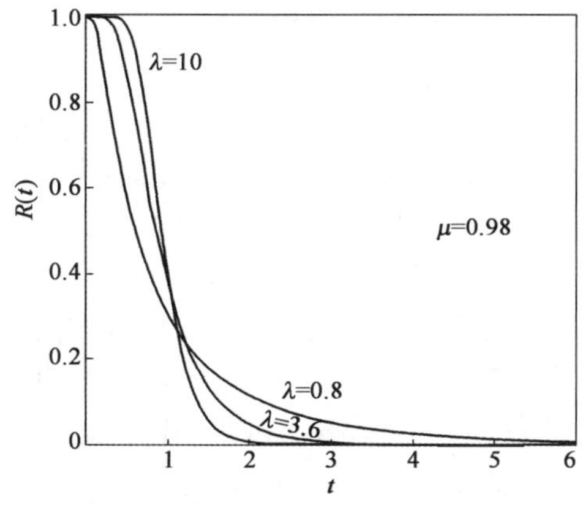

图 2-18 逆高斯分布的可靠度函数($\mu=0.98$)

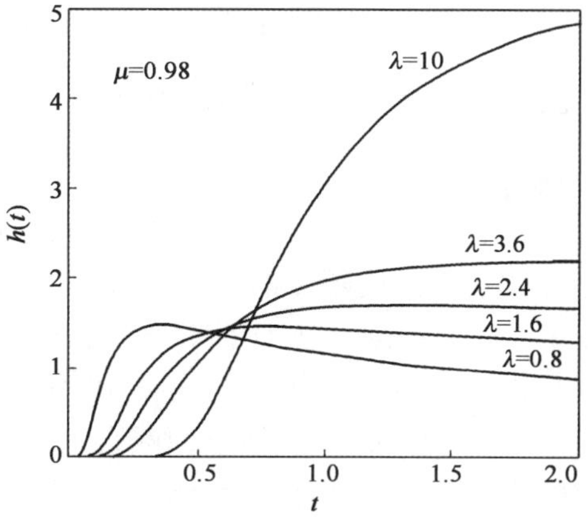

图 2-19 逆高斯分布的失效率函数($\mu=0.98$)

令式(2-108)等于零,可求出 t^* 时刻 $h(t)$ 的最大值。图 2-20 示出了参数不同取值情况下 $h(t)$ 的最大值。

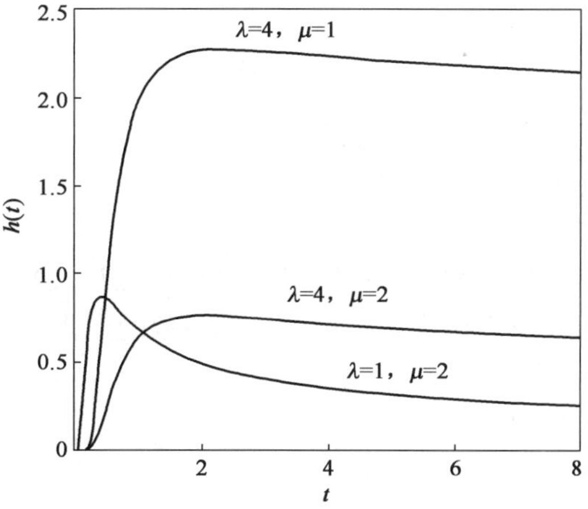

图 2-20 μ 和 λ 不同取值情况下 $h(t)$ 的最大值

【例 2-8】 对交通监控设备的电容器进行加速试验后,得出下面的失效数据(单位:h):1.0、1.5、2.5、2.5、2.5、2.5、3.0、3.0、3.5、3.5、3.5、4.0、4.0、5.0、5.0、5.0、5.0、5.5、6.5、7.5、7.5、7.5、7.5、10.0、10.0、11.0、12.5、13.5、15.0、15.0、16.5、16.5、20.0、20.0、22.5、23.5、25.0、27.0、27.0、35.0、37.5、44.0、45.0、51.5、110.0、122.5。试估计逆高斯分布的参数。

解:令 T_i 为逆高斯分布的一个随机样本,μ 和 λ 的最大似然估计为

$$\hat{\mu}=\overline{T}=\frac{1}{n}\sum_{i=1}^{n}T_i$$

$$\hat{\lambda}^{-1}=\frac{1}{n}\sum_{i=1}^{n}\left(\frac{1}{T_i}-\frac{1}{\overline{T}}\right)$$

方差的最大似然估计为

$$\hat{\sigma}^2=\frac{\mu^3}{\hat{\lambda}}=\frac{1}{n}\left(\sum_{i=1}^{n}\frac{\overline{T}^3}{T_i}-n\,\overline{T}^2\right)$$

用上述表达式可以得出$\hat{\mu}=18.03261$，$\hat{\lambda}=8.11398$，$\hat{\sigma}^2=722.67301$。

2.2.13 Frechet 分布模型

Frechet 分布是唯一定义在非负实数上的分布，这个分布是明确关于随机变量最大值的极限分布。令$\{t_i:1\leqslant i\leqslant n\}$为工程或物理应用中某个关键变量的随机变量特征的集合，这些特征相互独立且服从同样的分布。通常，对数据运用的实质依赖于一组数据的最大值$M_n=\max\{t_i:1\leqslant i\leqslant n\}$或最小值$m_n=\min\{t_i:1\leqslant i\leqslant n\}$，尤其是对一组数量很大的样本。古典极值理论关注的就是当n很大时，M_n和m_n的分布情况。在所有非退化极限分布中，只有关于M_n的 Frechet 分布和关于m_n的威布尔分布是集中在非负实数上的(Harlow，2001)。这对于可靠度的应用是非常有意义的，例如，想要估计某特征(如裂纹长度)在何时会达到最大值进而导致失效(Lorén，2003)。

两参数 Frechet 分布的概率密度函数(Kotz，Nadarajah，2000)为

$$f(t)=\frac{\gamma}{\theta}\left(\frac{t}{\theta}\right)^{-(\gamma+1)}\mathrm{e}^{-\left(\frac{t}{\theta}\right)^{-\gamma}}\quad t\geqslant 0,\gamma>0,\theta>0 \tag{2-109}$$

其失效率函数$h(t)$为

$$h(t)=\frac{\frac{\gamma}{\theta}\left(\frac{t}{\theta}\right)^{-(\gamma+1)}\mathrm{e}^{-\left(\frac{t}{\theta}\right)^{-\gamma}}}{1-\mathrm{e}^{-\left(\frac{t}{\theta}\right)^{-\gamma}}}\quad t\geqslant 0,\gamma>0,\theta>0 \tag{2-110}$$

式中，θ和γ是正数，分别称为分布的特征尺度参数。图 2-21 和图 2-22 分别给出了γ不同取值情况下 Frechet 分布的概率密度函数和失效率函数的变化情况。

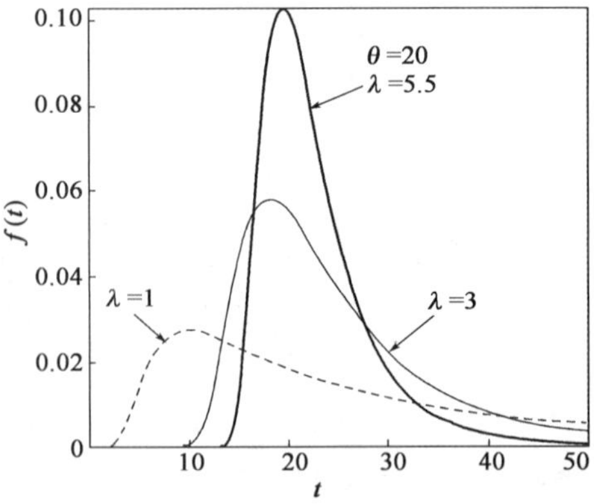

图 2-21　γ 不同取值情况下 Frechet 分布的概率密度函数

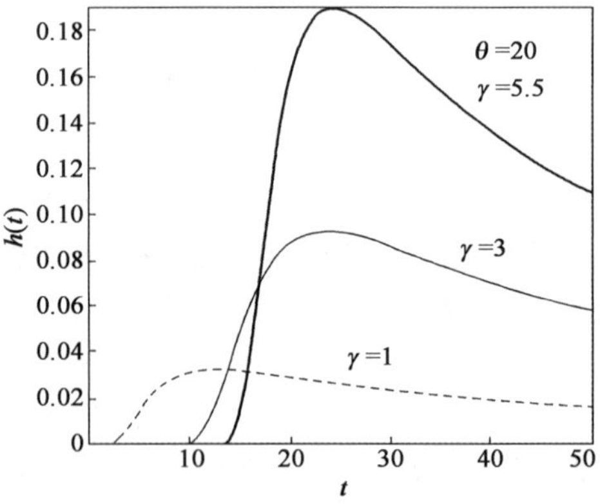

图 2-22　γ 不同取值情况下 Frechet 分布的失效率函数

Frechet 分布的分布函数$F(t)$和可靠度函数$R(t)$分别由式(2-111)和式(2-112)给出：

$$F(t)=\mathrm{e}^{-\left(\frac{t}{\theta}\right)^{-\gamma}}\quad t>0 \tag{2-111}$$

$$R(t)=1-\mathrm{e}^{-\left(\frac{t}{\theta}\right)^{-\gamma}}\quad t>0 \tag{2-112}$$

式(2-111)也被称为逆威布尔分布的累积分布函数。图 2-23 和图 2-24 分别给出了γ不同取值情况下 Frechet 分布的可靠度函数和累积分布函数的变化情况。

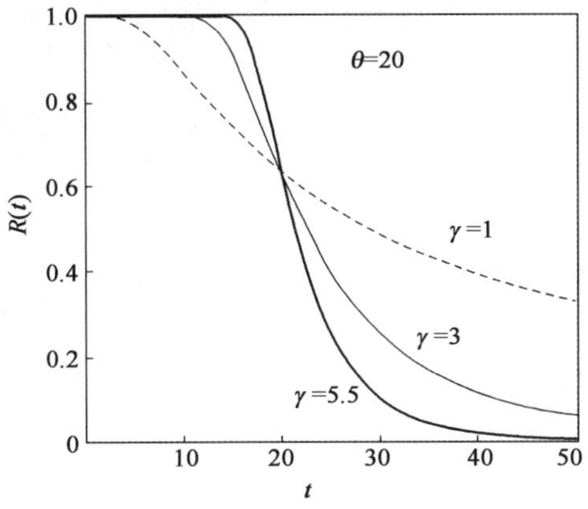

图 2-23 γ 不同取值情况下 Frechet 分布的可靠度函数

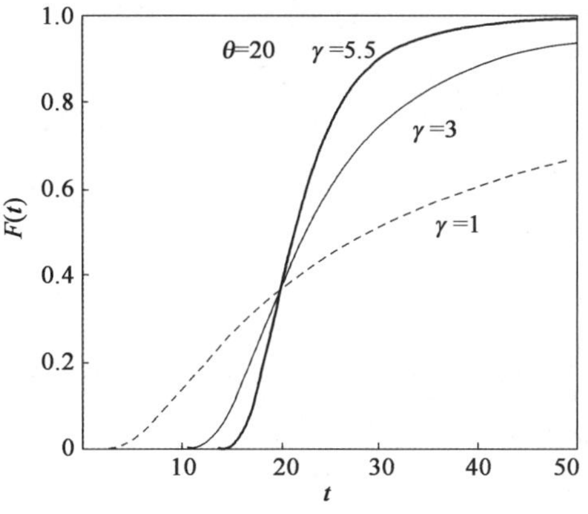

图 2-24 γ 不同取值情况下 Frechet 分布的累积分布函数

需要补充的是,式(2-110)为 Frechet 分布的失效率函数,是非单调的。它首先呈递增趋势,至最大值后递减。可以看出,最大值是唯一的,但必须由数值方法得出。类似于逆高斯分布,Frechet 分布不能很好描述传统组件或系统模型的失效率。但是,它一般用于为杂质(非金属颗粒杂质)尺寸建模,用以判断金属的坚硬程度和洁净度等力学特性,也用于为网络系统的突发事件(如大文件、流量突然增加等)建模。

Frechet 分布的 k 阶矩为

$$E(T^k) = \int_0^\infty t^k f(t)\,dt = \theta^k \Gamma\left(1 - \frac{k}{\gamma}\right) \tag{2-113}$$

式中,$\Gamma(x)$ 为伽马函数。注意,只有 $k < \gamma$ 时才存在 $E(T^k)$。均值、方差和变异系数(CV)可按如下方式推导得到。

$$E[T(\text{故障前时间})] = \theta\Gamma\left(1 - \frac{1}{\gamma}\right) \tag{2-114}$$

$$\mathrm{Var}(T) = \theta^2\left[\Gamma\left(1 - \frac{2}{\gamma}\right) - \Gamma^2\left(1 - \frac{1}{\gamma}\right)\right] \tag{2-115}$$

$$\mathrm{CV} = \sqrt{\frac{\Gamma\left(1 - \frac{2}{\gamma}\right) - \Gamma^2\left(1 - \frac{1}{\gamma}\right)}{\Gamma^2\left(1 - \frac{1}{\gamma}\right)}} \tag{2-116}$$

如果 $\gamma > 1$,$E[T(\text{故障前时间})]$ 可以用上式估计;如果 $\gamma > 2$,$\mathrm{Var}(T)$ 和 CV 用上式估计。利用简单的曲线拟合,CV 近似表示为

$$\mathrm{CV} \approx \frac{1}{1.55\,(\gamma - 2)^{0.7}} \quad \gamma > 2 \tag{2-117}$$

由于 CV 只取决于 γ,因此它是一个指示性变量。γ 增大,分散性减小,反之亦然。如果 γ 足够大,θ 近似等于 $E(T)$。

2.2.14 Birnbaum-Saunders 分布

在工程应用中,失效率先随时间上升,到达一个极大值后随时间下降,即失效率是单峰的。这种情形首先被 Birnbaum 和 Saunders(1969)所发现,他们提出,当器件承受疲劳应力,裂缝

长度达到预先制定的阈值时,器件失效。如交通工程中的结构物在发生破坏时的特性。假设第 j 个疲劳循环使裂缝长度增加了 x_j 个单位长度,经过 n 个疲劳循环后,累积增长的裂缝长度为 $\sum_{j=1}^{n} x_j$,这一累积长度服从均值为 $n\mu$ 、方差为 $n\sigma^2$ 的正态分布。裂缝不超过关键长度 ω 的概率为

$$\Phi\left(\frac{\omega - n\mu}{\sigma\sqrt{n}}\right) = \Phi\left(\frac{\omega}{\sigma\sqrt{n}} - \frac{\mu\sqrt{n}}{\sigma}\right) \tag{2-118}$$

假设裂缝长度超过 ω 时器件失效,时间为 T(表示时间或疲劳循环数)。器件在时刻 t 的可靠度为

$$R(t) = P(T < t) \approx 1 - \Phi\left(\frac{\omega}{\sigma\sqrt{t}} - \frac{\mu\sqrt{t}}{\sigma}\right) = \Phi\left(\frac{\mu\sqrt{t}}{\sigma} - \frac{\omega}{\sigma\sqrt{t}}\right) \tag{2-119}$$

令 $\beta = \frac{\omega}{\mu}, \alpha = \frac{\sigma}{\sqrt{\omega\mu}}$,式(2-119)可改写成

$$R(t) = \Phi\left(\frac{1}{\alpha}\left(\sqrt{\frac{t}{\beta}} - \sqrt{\frac{\beta}{t}}\right)\right) \quad 0 < t < \infty; \alpha,\beta > 0 \tag{2-120}$$

式中,$\Phi(\cdot)$ 是标准正态分布的累积分布函数;α 和 β 分别是形状参数和尺度参数。按 Kundu、Kannan 和 Balakrishnan 的方法(2008)对随机变量 T 的两参数 Birnbaum-Saunders(BS)分布的概率密度函数为

$$f(t;\alpha,\beta) = \frac{1}{2\sqrt{2\pi}\alpha\beta}\left[\sqrt{\frac{\beta}{t}} + \left(\frac{\beta}{t}\right)^{3/2}\right]\exp\left[-\frac{1}{2\alpha^2}\left(\frac{t}{\beta} + \frac{\beta}{t}\right) - 2\right] \quad 0 < t < \infty \quad \alpha,\beta > 0 \tag{2-121}$$

工程应用中有这样一种情况,产品在工作几年后,失效率达到最大值,然后在一段时间内,失效率缓慢下降,BS 分布适用于这种情况的建模。BS 分布也适用于具有自愈能力的材料或系统的建模,这种产品的失效率开始会上升,到某个时间点后,会缓慢下降。图 2-25 中画出了 α 不同取值、$\beta = 1$ 时概率密度函数的变化情况。

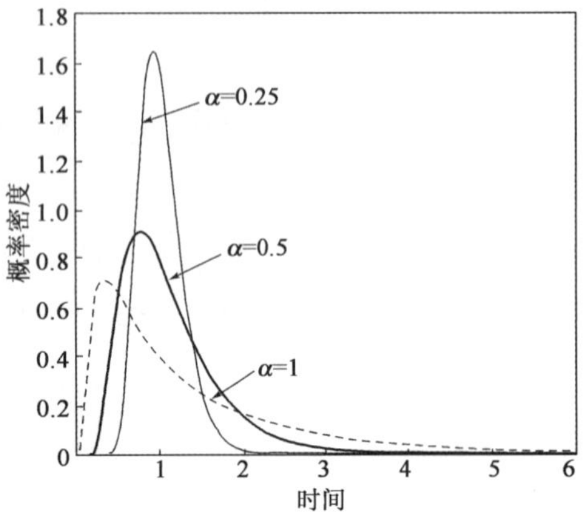

图 2-25 BS 分布的概率密度函数

Kundu 等(2008)尝试对服从 BS 分布的随机变量 T 进行一些变换,如

$$X = \frac{1}{2}\left[\left(\frac{T}{\beta}\right)^{1/2} - \left(\frac{T}{\beta}\right)^{-1/2}\right] \tag{2-122}$$

即

$$T = \beta[1 + 2X^2 + 2X(1 + X^2)^{1/2}] \tag{2-123}$$

这时,X 服从均值为 0、方差为 $\alpha^2/4$ 的正态分布。上述转换关系可以用来计算 BS 分布的许多性质,如

$$E(T) = \beta\left(1 + \frac{1}{2}\right)\alpha^2 \tag{2-124}$$

$$\mathrm{Var}(T) = (\alpha\beta)^2\left(1 + \frac{5}{4}\alpha^2\right) \tag{2-125}$$

$$偏度系数 = \frac{16\alpha^2(11\alpha^2 + 6)}{(5\alpha^2 + 4)^3} \tag{2-126}$$

$$峰度系数 = 3 + \frac{6\alpha^2(93\alpha^2 + 41)}{(5\alpha^2 + 4)^2} \tag{2-127}$$

失效率函数 $h(t)$ 可通过式(2-120)和式(2-121)相除得到。$h(t)$ 没有解析式,但是可以估计出每一点的数值。图 2-26 画出了 α 不同取值情况下失效率函数的变化情况。

Kundu 等(2008)描述 BS 分布的失效率函数为单峰的,开始随时间上升至一个极值点后缓慢下降。假设 $\beta = 1$,他们估计得出失效率函数的转折点为

$$c(\alpha) = \frac{1}{(-0.4604 + 1.8417\alpha)^2} \tag{2-128}$$

这一近似估计的前提条件是 $\alpha > 0.25$,但在 $\alpha > 0.6$ 情况下同样也适用。随着形状参数的增大,转折点缓慢向零点移动,这表明随着形状参数的增大,样本的失效率逐渐下降,因此 BS 分布可能并不适合对这种失效率函数建模。事实上,威布尔模型的形状参数小于 1 时,拟合效果更好。另外,随着 α 趋于零,BS 分布趋近于正态分布。图 2-27 示出了 α 和失效率函数转折点的关系。

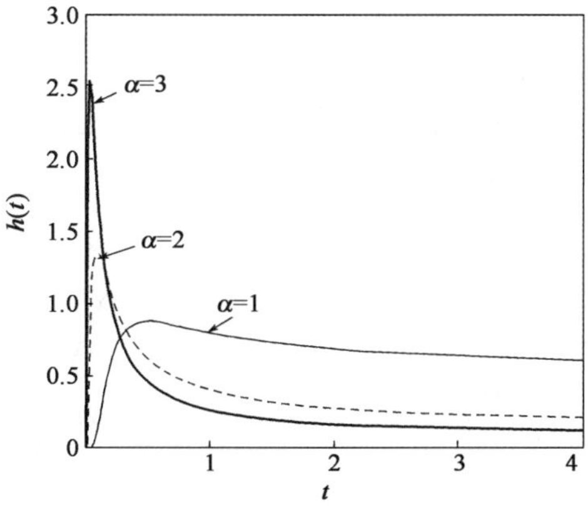

图 2-26 BS 分布的失效率函数

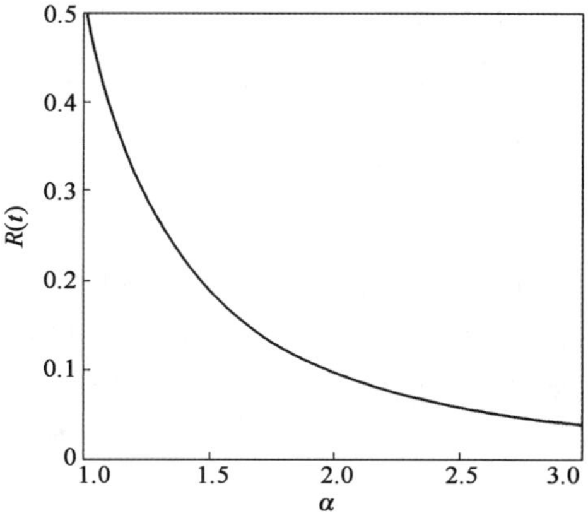

图 2-27 α 的变化对失效率函数转折点的影响

BS (α,β) 有一个有趣的性质,即若 T 服从 BS (α,β) 分布,那么 T^{-1} 同样服从 BS 分布,参数分别为 α 和 β^{-1} 。以 BS(3,1)为例,绘制其可靠度函数图形,如图 2-28 所示。

假设有 n 个和裂纹长度增长有关的时间观测点 $(t_1, t_2, \cdots, t_n)$,直至裂纹长度达到失效的阈值。这些观测点服从 BS 分布,则根据样本值估计其模型参数,其估计方法如下(Kundu 等,2008)。

令 s 和 r 分别为算术平均值与调和平均值:

$$s = \frac{1}{n}\sum_{i=1}^{n} t_i \tag{2-129}$$

$$r = \left(\frac{1}{n}\sum_{i=1}^{n}\frac{1}{t_i}\right)^{-1} \tag{2-130}$$

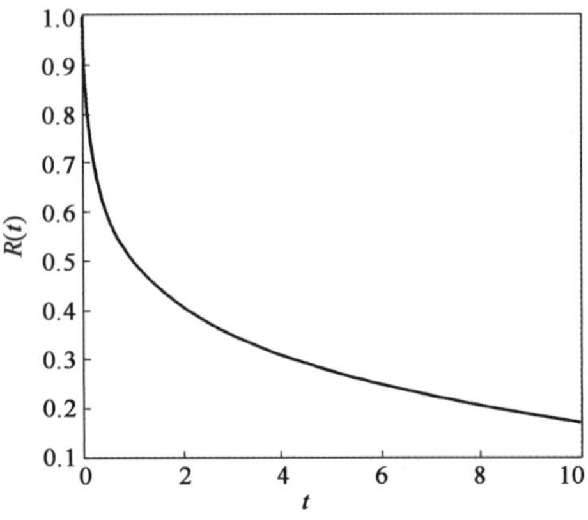

图 2-28　BS(3,1)的可靠度函数

形状参数估计为

$$\hat{\alpha}=\left\{2\left[\left(\frac{s}{r}\right)^{2}-1\right]\right\}^{1/2} \tag{2-131}$$

尺度参数估计为

$$\hat{\beta}=(sr)^{1/2} \tag{2-132}$$

由于样本大小有偏差，Kundu 等（2008）对这种偏差进行了修正，具体如下：

$$\tilde{\alpha}=\left(\frac{n}{n-1}\right)\hat{\alpha} \tag{2-133}$$

$$\tilde{\beta}=\left(1+\frac{\tilde{\alpha}^{2}}{4n}\right)^{-1}\hat{\beta} \tag{2-134}$$

对参数进行修正后，容易得到可靠度函数和失效率函数。

【例 2-9】　一位工程师对一批合金钢进行了轴向疲劳试验，并衡量裂纹增长情况。记录增量相等的时刻，如下：200、300、390、485、560、635、695、755、810、860、905、945、985、1020、1053、1100、1150、1200、1280、1370、1400、1600。

假设这些数据服从 BS 分布，确定分布的参数，并对可靠度函数作图。

解：分布的参数可以用式（2-133）和式（2-134）计算得到。形状参数和尺度参数分别为 $\tilde{\alpha}=1.1845$、$\tilde{\beta}=783.94$，无偏估计为 $\tilde{\alpha}=1.2409$、$\tilde{\beta}=89.93$。

利用无偏估计的值，可以画出可靠度函数的图像，如图 2-29 所示。

2.2.15　其他形式

1）广义帕雷托模型

当失效率单调递增或单调递减时，广义帕雷托模型（The Generalized Pareto Model）可以用一种三参数的分布来描述，其失效率函数为

$$h(t)=\alpha+\frac{\beta}{t+\lambda} \tag{2-135}$$

式中，α、β、λ 是模型的参数。

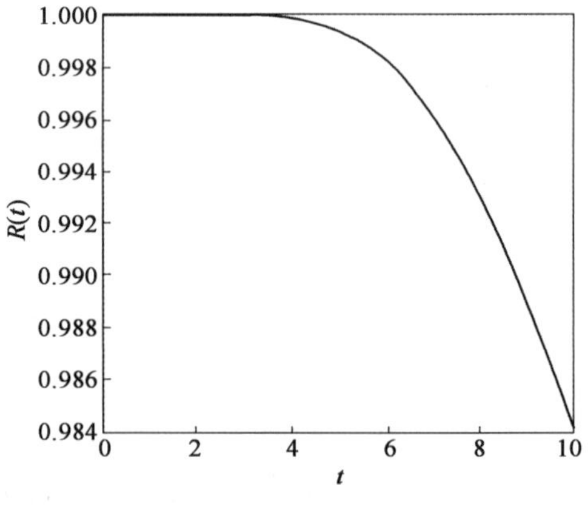

图 2-29　例题中合金钢的可靠度函数

2）Gompertz-Makeham 模型

Gompertz-Makeham 模型是 Gompertz 危险模型的广义模型，其失效率函数为

$$h(t)=\rho_0+\rho_1 e^{\rho_2 t} \tag{2-136}$$

式中，ρ_0、ρ_1 和 ρ_2 是模型参数。

3）幂级数模型

在很多实际情况中，前面提到的任一种模型都无法对失效率函数进行准确建模。在这种情况下，广义幂级数模型可以用来拟合失效率函数。幂级数模型的项数与拟合效果的好坏有很大的关系。模型和实际数据的均方差是衡量拟合效果的一个良好标准。幂级数模型的失效

率函数为

$$h(t) = a_0 + a_1 t + a_2 t^2 + \cdots + a_n t^n \tag{2-137}$$

其可靠度函数 $R(t)$ 为

$$R(t) = \exp\left[-\left(a_0 t + \frac{a_1 t^2}{2} + \frac{a_2 t^3}{3} + \cdots + \frac{a_n t^{n+1}}{n+1}\right)\right] \tag{2-138}$$

【例 2-10】 电子漂移是半导体设备的一种常见失效机理。这是一种现象,即一台设备上的金属线由于高温下的金属离子漂移或电流密度等原因,导致其和另一根金属线进行了连接。试验中,将 200 个集成电路放在 250℃ 的高温下,加速其失效。在试验时间内,由于电子漂移导致的失效数如表 2-4 所示。

集成电路的失效数据 表 2-4

时间区间(h)	失 效 数
0 ~ 100	10
101 ~ 200	20
201 ~ 300	35
301 ~ 400	40
401 ~ 500	45
501 ~ 600	50
总数	200

假设失效率函数可以用幂级数函数表示,试计算在相同温升条件下进行 10h 试验后的失效率函数和可靠度函数。

解:失效率函数的计算结果如表 2-5 所示。

【例 2-10】中失效率函数的计算结果 表 2-5

时间区间(h)	时间段内失效数	失效率(×10³)
0 ~ 100	10	10/(200 × 100) = 0.50
101 ~ 200	20	20/(190 × 100) = 1.05
201 ~ 300	35	35/(170 × 100) = 2.05
301 ~ 400	40	40/(135 × 100) = 2.92
401 ~ 500	45	45/(95 × 100) = 4.73
501 ~ 600	50	50/(50 × 100) = 10.00

根据表 2-5 中的失效率数据,用较低阶数的方法来拟合式(2-137)给出的模型,得到

$$h(t) = 3.653 \times 10^{-3} - 0.171 \times 10^{-4} t + 4.86 \times 10^{-8} t^2$$

$$h(10) = 3.484 \times 10^{-3}$$

代入式(2-138),可得到可靠度

$$R(10) = \exp\left[-\left(3.653 \times 10^{-2} - \frac{0.171}{2} \times 10^{-2} + \frac{4.86}{3} \times 10^{-5}\right)\right] = 0.9649$$

2.3 多元失效率

如果一个系统由两个以上的器件组成,则联合寿命就要由多变量的分布来表示,联合寿命的特性取决于每个器件的寿命。例如,考虑一个两组件并联系统,每个器件的寿命都服从指数分布。当两个器件都失效时,系统失效。当考虑运行条件时,器件的联合寿命呈现两变量分布,其边缘分布为单变量帕雷托分布。

假如 λ_i 是第 $i(i=1,2)$ 个器件的特征参数。如果这两个器件的寿命是相互独立的,那么系统的可靠度为

$$R(t) = e^{-\lambda_1 t} + e^{-\lambda_2 t} - e^{-(\lambda_1+\lambda_2)t} \tag{2-139}$$

如果运行条件对参数 λ_i 统一产生影响,影响因子为 η 。那么系统的可靠度可以表示为

$$R(t) = e^{-\eta\lambda_1 t} + e^{-\eta\lambda_2 t} - e^{-\eta(\lambda_1+\lambda_2)t} \tag{2-140}$$

按照 Lindley 和 Singpurwalla 的方法(1986),如果 η 是一个服从分布函数为 $G(\eta)$ 的未知量,那么系统的可靠度可表示为

$$R(t) = G^*(\lambda_1 t) + G^*(\lambda_2 t) - G^*[(\lambda_1+\lambda_2)t] \tag{2-141}$$

式中, $G^*(y) = \int \exp(-\eta y)\mathrm{d}G(\eta)$,是 G 的拉普拉斯变。

如果 $G(\eta)$ 是伽马分布,其密度为

$$g(\eta) = \beta^{\alpha+1}\frac{\eta^{\alpha}}{\alpha!}e^{-\eta\beta} \tag{2-142}$$

其中, $\alpha > -1, \beta > 0$,那么

$$R(t) = \left(\frac{\beta}{\lambda_1 t+\beta}\right)^{\alpha+1} + \left(\frac{\beta}{\lambda_2 t+\beta}\right)^{\alpha+1} - \left(\frac{\beta}{\lambda_1+\lambda_2+\beta}\right)^{\alpha+1} \tag{2-143}$$

T_1 和 T_2 的联合密度,即两个器件分别在 t_1 和 t_2 时刻,距离失效的时间为

$$f(t_1,t_2,\lambda_1,\lambda_2,\alpha,\beta) = \frac{\lambda_1\lambda_2(\alpha+1)(\alpha+2)\beta^{\alpha+1}}{(\lambda_1 t_1+\lambda_2 t_2+\beta)^{\alpha+3}} \tag{2-144}$$

λ_1 、λ_2 、α 和 β 取不同值时,式(2-144)的图形如图 2-30 和图 2-31 所示。

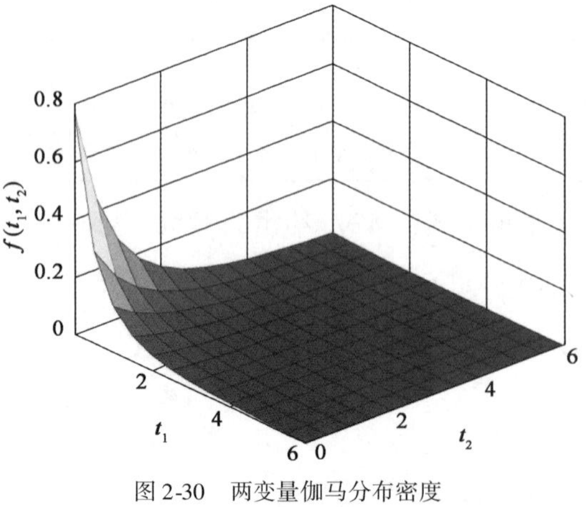

图 2-30 两变量伽马分布密度
($\lambda_1=0.5,\lambda_2=0.3,\alpha=0.6,\beta=0.9$)

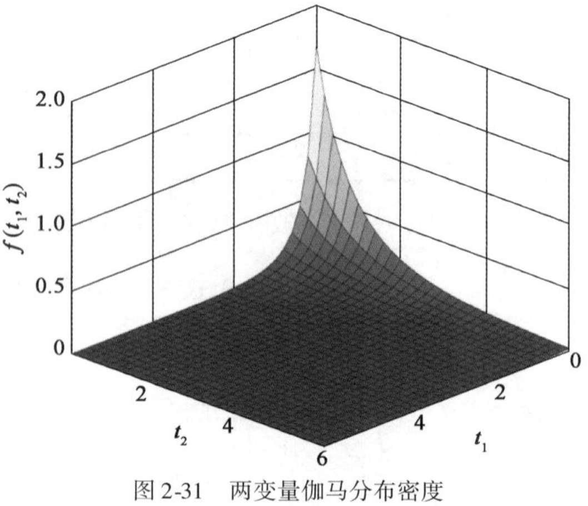

图 2-31 两变量伽马分布密度
($\lambda_1=0.9,\lambda_2=0.3,\alpha=0.8,\beta=0.9$)

系统的两变量失效率为

$$h(t_1,t_2,\lambda_1,\lambda_2,\alpha,\beta) = \frac{\lambda_1\lambda_2(\alpha+1)(\alpha+2)}{(\lambda_1 t_1+\lambda_2 t_2+\beta)^2} \tag{2-145}$$

λ_1、λ_2、α 和 β 取不同值时，两变量失效率的图像如图 2-32 和图 2-33 所示。和单变量失效率函数相同，两变量失效率也分为三种形状——递减、恒定和递增。

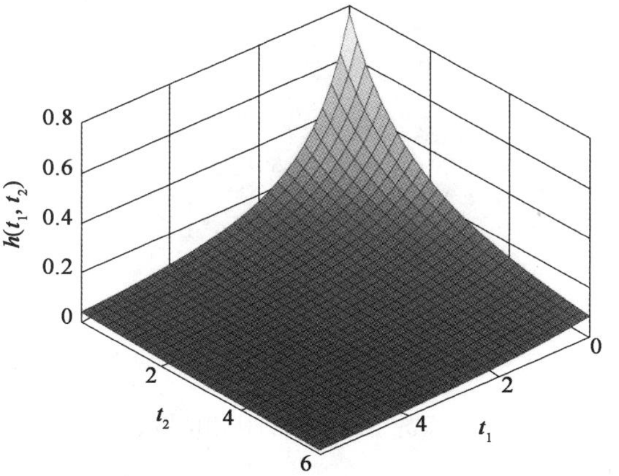

图 2-32　两变量失效率函数

$(\lambda_1 = 0.5, \lambda_2 = 0.3, \alpha = 0.6, \beta = 0.9)$

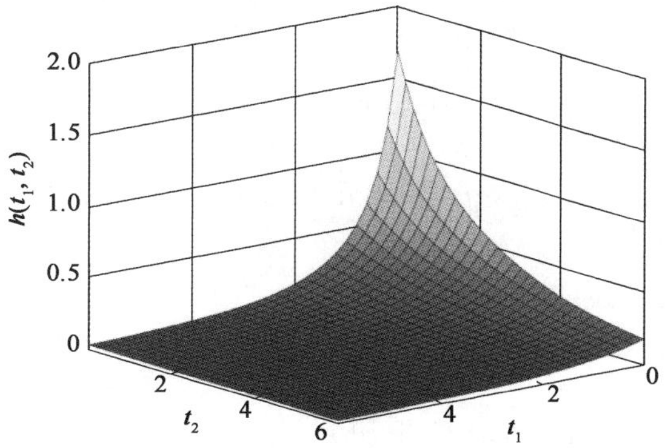

图 2-33　两变量失效率函数

$(\lambda_1 = 0.9, \lambda_2 = 0.3, \alpha = 0.8, \beta = 0.9)$

t_1 的边缘密度函数可以通过将式(2-144)对 t_2 积分得到

$$f(t_1,\lambda_1,\alpha,\beta) = \frac{\lambda_1(\alpha+1)\beta^{\alpha+1}}{(\lambda_1 t_1+\beta)^{\alpha+2}} \tag{2-146}$$

式(2-146)给出的密度函数为皮尔逊型分布，其均值和方差只有当形状参数取特定的一些值时才存在，这个分布又称为第二类帕雷托分布(Lindley 和 Singpurwalla,1986)。Johnson 和 Kotz(1972)将式(2-146)命名为 Lomax 分布。

2.4　竞争风险模型和混合失效率模型

2.4.1　竞争风险模式

竞争风险模型(又称为复合模型、串联系统模型或多风险模型)在可靠性工程领域具有十分重要的地位。它可以对具有多种失效因素的产品失效进行建模。使用这一模型有 3 个必要条件：①每一种失效模式相互独立；②只要有一种失效模式发生，系统即失效；③每一种失效模式有自己的失效时间分布。这一模型是这样建立的：

考虑一个有 n 种失效模式的器件，第 i 种失效模式对应的失效前时间 T_i 服从分布 $F_i(t)$，$i = 1,2,\cdots,n$。器件的失效时间是 $\{T_1,T_2,\cdots,T_n\}$ 的最小值，分布函数 $F(t)$ 为

$$F(t) = 1-[1-F_1(t)][1-F_2(t)]\cdots[1-F_n(t)] \tag{2-147}$$

可靠度函数为

$$R(t)=\prod_{i=1}^{n}R_i(t) \tag{2-148}$$

失效率函数为

$$h(t)=\sum_{i=1}^{n}h_i(t) \tag{2-149}$$

为了阐述竞争风险模型的应用,考虑一种具有两种失效模式的产品,每一种失效模式服从威布尔分布。产品的可靠度函数为

$$R(t)=R_1(t)R_2(t)=\mathrm{e}^{-(\frac{t}{\theta_1})^{\gamma_1}}\mathrm{e}^{-(\frac{t}{\theta_2})^{\gamma_2}} \tag{2-150}$$

式中,θ_i 和 λ_i 分别是失效模式 i 的尺度参数和形状参数。经过微分,得到密度函数为

$$f(t)=R_1(t)f_2(t)+R_2f_1(t)=R(t)\left[\frac{\gamma_1}{\theta_1}\left(\frac{t}{\theta_1}\right)^{\gamma_1-1}+\frac{\gamma_2}{\theta_2}\left(\frac{t}{\theta_2}\right)^{\gamma_2-1}\right] \tag{2-151}$$

失效率函数为

$$h(t)=h_1(t)+h_2(t)=\gamma_1\theta_1{}^{-\gamma_1}t^{\gamma_1-1}+\gamma_2\theta_2{}^{-\gamma_2}t^{\gamma_2-1} \tag{2-152}$$

$f(t)$ 和 $h(t)$ 取决于参数 θ_1、θ_2、λ_1 和 λ_2。当然,失效率函数 $h(t)$ 有不同的特征:递减、恒定和递增,这取决于这些参数的值和它们之间的关系。

【例 2-11】 考虑一种有两种失效模式的产品。每一种失效模式独立地服从威布尔分布,第一种失效模式的参数为 $\theta_1=10000$,$\lambda_1=2.0$;第二种失效模式的参数为 $\theta_1=15000$,$\lambda_1=2.5$。画出竞争冒险模型的可靠度函数,并将其和两个独立的失效模式的可靠度函数比较。

解:竞争冒险模型的可靠度函数为

$$R(t)=R_1(t)R_2(t)=\mathrm{e}^{-(\frac{t}{10000})^2}\mathrm{e}^{-(\frac{t}{15000})^{2.5}}$$

竞争冒险模型的可靠度函数和两个独立的失效模式的可靠度函数比较如图 2-34 所示。

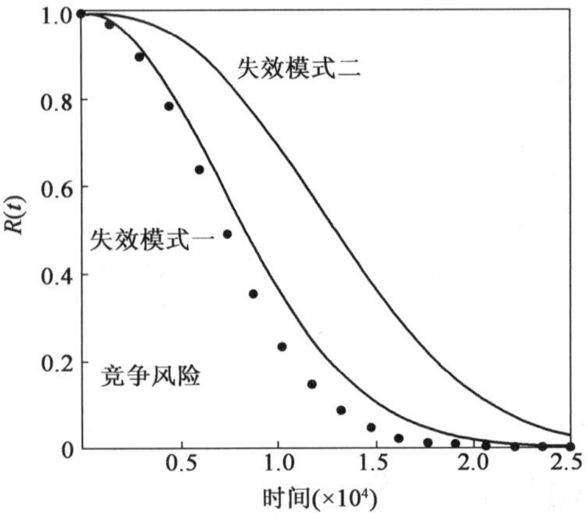

图 2-34 竞争冒险模型的可靠度函数

很明显,竞争冒险模型对可靠度的估计比分别对两种失效模式建模的方法更准确。

2.4.2 混合失效率模型

显然失效率递减(Decreasing Failure Rates,DFR)的分布混合之后仍是递减的。于是,也许人们会直观地以为,由失效率递增(Increasing Failure Rates,IFR)的分布混合的结果仍是递增的。但是,由 IFR 分布混合的结果有可能出现 DFR。这节将讨论 IFR 分布混合后呈 DFR 的条件。

实际中,为了扩大样本量,通常需要将不同的 IFR 分布合并。Proschan(1963)发现,两个指数分布(恒定失效率)的混合呈现出 DFR 的性质。

在 Gurland 和 Sethuraman(1993)研究成果的基础上,考虑任意两个 IFR 分布函数 $F_i(t)$ $(i=1,2)$ 的混合。混合后的分布函数为

$$F_p(t) = p_1F_1(t) + p_2F_2(t) \tag{2-153}$$

式中，$p = (p_1, p_2)$ 是混合向量，$0 \leqslant p_1, p_2 \leqslant 1$ 且 $p_1 + p_2 = 1$。给出如下表示：

$$h'_i(t) = H''_i(t), R_i(t) = p_iR_i(t) \quad i = 1,2 \tag{2-154}$$

其中，$h_i(t)$、$H_i(t)$ 和 $R_i(t)$ 分别表示组件 i 在 t 时刻的失效率函数、累积失效率函数和可靠度函数。

因为 $R_i(t) = 1 - F_i(t), H_i(t) = -\ln R_i(t), h_i(t) = H'_i(t)$。两个 IFR 分布混合的可靠度函数为

$$R_p(t) = p_1R_1(t) + p_2R_2(t) \tag{2-155}$$

但

$$H_p(t) = -\ln R_P(t) \tag{2-156}$$

$$H_p(t) = -\ln[p_1R_1(t) + p_2R_2(t)] \tag{2-157}$$

$$h_p(t) = H'_p(t) = \frac{p_1R_1(t)h_1(t) + p_2R_2(t)h_2(t)}{p_1R_1(t) + p_2R_2(t)} = \frac{R_1(t)h_1(t) + R_2(t)h_2(t)}{R_1(t) + R_2(t)} \tag{2-158}$$

如果 $h'_p(t) \leqslant 0$，则失效率函数 $h_p(t)$ 是 DFR 的。然后把式(2-158)对 t 求导，得到

$$\begin{aligned}
[R_1(t) + R_2(t)]^2h'_p(t) &= [R_1(t) + R_2(t)]\{[R_1(t)h'_p(t) + R_2(t)h'_2(t)] + \\
&\quad [-R_1(t)h_1^2(t) - R_2(t)h_2^2(t)]\} + [R_1(t)h_1(t) + R_2(t)h_2(t)]^2 \\
&= [R_1(t) + R_2(t)][R_1(t)h'_1(t) + R_2(t)h'_2(t)] - \\
&\quad R_1(t)R_2(t)[h_1(t) - h_2(t)]^2
\end{aligned} \tag{2-159}$$

由 $R'_i(t) = -R_i(t)h_i(t)$ 可以得到 $h'_p(t) \leqslant 0$ 的充分必要条件，即混合分布 $F_p(t)$ 为 DFR 的条件为

$$[R_1(t) + R_2(t)][R_1(t)h'_1(t) + R_2(t)h'_2(t)] \leqslant R_1(t)R_2(t)[h_1(t) - h_2(t)]^2 \tag{2-160}$$

【例 2-12】 某系统的一个失效模式服从失效率为 $h_1(t) = \theta e^t$ 的截尾极值分布，系统的另一种失效模式服从恒定失效率 $h_2(t) = \lambda$。待混合的两个分布的失效率，一个是 IFR，另一个是恒定的。试证明混合后的分布的失效率为 DFR。

解：系统的失效模式的可靠度函数分别为

$$R_1(t) = e^{-\theta(e^t-1)}, R_2(t) = e^{-\lambda t}$$

相应的失效率为

$$h_1(t) = \theta e^t, h_2(t) = \lambda$$

令 $F_p(t) = (1-p)F_1(t) + pF_2(t)$，混合失效率为

$$h_p(t) = \frac{(1-p)R_1(t)h_1(t) + pR_2(t)h_2(t)}{(1-p)R_1(t) + pR_2(t)}$$

$h_p(t)$ 为 DFR 函数的充分必要条件,由式(2-160)给出。代入每种失效模式的参数,以及 $R_1(t) = (1-p)\mathrm{e}^{-\theta(\mathrm{e}^t-1)}$,$R_2(t) = p\mathrm{e}^{-\lambda t}$。易知,存在 $t_0(p)$,使得对任意 p,当 $t \geqslant t_0(p)$ 时,混合失效率对 t 的导数小于 0,即混合结果为 DFR。

有很多种 IFR 分布和指数分布混合后会变为 DFR 分布,这种现象称为指数混合逆转(Mixture-Reversible by Exponential distribution, MRE),如威布尔分布、截尾极值分布、伽马分布、截尾正态分布和截尾 Logistic 分布等。这种递增失效率反转的现象在工程上可能会造成麻烦,如大多数数据服从 IFR 分布,而其余的服从指数分布,混合后的数据就会服从 DFR 分布。例如,考虑一个 IFR 伽马分布,其概率密度函数为

$$f(t) = \frac{t^{\gamma-1}}{\theta^{\gamma}\Gamma(\gamma)}\mathrm{e}^{-\frac{t}{\theta}}$$

式中,$\gamma > 1$,$t > 0$,令这一分布与一个参数为 λ 的指数分布混合,当 $\frac{1}{\theta} > \lambda$ 时,这个 IFR 伽马分布为 MRE。

人们对两个总体的混合失效率进行了很广泛的研究。Gupta 和 Warren(2001)提出,两个尺度参数相同的 IFR 伽马分布混合,其结果可能为 IFR,也可能为修正浴盆曲线(Modified Bathtub, MBT;失效率首先递增,然后以浴盆曲线形式发展)。Jiang 和 Murthy(1998)指出,两个 IFR 威布尔分布混合与两个 IFR 伽马分布混合的结果相同。Navarro 和 Hernandez(2004)指出,两个截尾正态分布混合的结果与其参数有关,可能是递增的,也可能以浴盆曲线或修正浴盆曲线发展。Block、Savits 和 Wondmagegnehu(2003)研究了两个线性递增失效率分布的混合结果,明确了不同结果所对应的条件。

此外,需要指出,一些研究对浴盆曲线产生了争议,一部分学者认为浴盆曲线并不能描述大多数失效率函数的一般变化趋势。例如,Wong(1989)提出,"过山车"曲线比浴盆曲线更适合描述电子系统的失效率。半导体设备的失效率在下降的同时还存在一个或多个峰。一组电路板的老化筛选试验数据表明,累积失效率呈现出上述波动特征,并且没有经历常值失效区,早期失效率阶段结束后直接进入了耗尽区,并没有体现出浴盆曲线的主要特征。这些争议结果不在本教材中做进一步论述。

2.5 离散概率分布

可靠度是关于时间的连续函数。但是有一些系统或元件,并不是一直使用的,而是按需使用的,如无人机交通调查设备、便携式交通调查设备等,这里关心的是失效前的循环数或者使用次数。在这种情况下,可靠度和系统行为通常用离散可靠度分布来描述。

2.5.1 基本概念

假设 K 是系统第一次失效时的离散时间变量。那么,K 是定义在正整数集 N 上的一个随

机变量。概率函数和累积分布函数表达式分别为

$$p(k)=P(K=k),F(k)=P(K\leqslant k)=\sum_{i=1}^{k}p(i)\quad \forall k\in N \tag{2-161}$$

离散寿命分布的可靠度为

$$R(k)=P(K\geqslant k)=\sum_{i=k+1}^{N}p(i)\quad \forall k\in N \tag{2-162}$$

随机变量 K 的失效前时间的期望为

$$\mathrm{MTTF}=\mathrm{E}(K)=\sum_{i=1}^{\infty}ip(i) \tag{2-163}$$

和连续时间分布一样,定义失效率为概率函数和可靠度函数的比值如下:

$$h(k)=\frac{P(K=k)}{P(K\geqslant k)}=\frac{p(k)}{R(k)} \tag{2-164}$$

同样,对其他的可靠度特性进行定义,如平均剩余寿命 $L(k)$

$$L(k)=\mathrm{E}(K-k\mid K>k) \tag{2-165}$$

这个公式对相关的连续时间分布同样适用。

2.5.2 几何分布

几何分布体现了指数分布的无记忆性,系统每个事件的失效率都相互独立且等于 p 。换言之,失效率是常数或 $P(K>i+k\mid k>i)=P(K>k)$ 。失效率、可靠度和失效率函数分别为

$$p(k)=p(1-p)^{k-1} \tag{2-166}$$

$$R(k)=(1-p)^{k} \tag{2-167}$$

$$h(k)=\frac{p}{1-p} \tag{2-168}$$

2.5.3 二项式分布

一些系统的可靠度定义为在其 n 个组件中有至少 k 个组件正常工作的概率,这种情况可以用二项式分布来描述。令 p 为一个组件正常工作的概率, n 为组件总数, k 为系统正常工作所需的最少的正常工作的组件数。则 k 个组件正常工作的概率为

$$f(k)=\frac{n!}{k!(n-k)!}p^{k}q^{n-k}\quad k=0,1,\cdots,n,q=1-p \tag{2-169}$$

系统可靠度是 $k,k+1,\cdots,n$ 个组件正常工作的概率的总和,即

$$R=\sum_{i=k}^{n}\binom{n}{i}p^{i}q^{n-i} \tag{2-170}$$

式中, $\binom{n}{i}=\frac{n!}{i!(n-i)!}$ 。分布的期望为

$$\mathrm{E}(k)=\sum_{k=1}^{n}\left[\frac{kn!}{k(k-1)!\ (n-k)!}p^{k}q^{n-k}\right]=np \tag{2-171}$$

方差为

$$\mathrm{Var}(K)=\mathrm{E}(K^2)-[\mathrm{E}(K)]^2=n^2p^2+np(1-p)-(np)^2=np(1-p) \tag{2-172}$$

2.5.4 泊松分布

泊松分布描述了一个事件在时刻 t 发生的概率。这个事件可能表示生产过程中的缺陷数,也可能表示由多个元件组成的系统的失效数。泊松分布是基于二项式分布推导的,令 $p=\lambda/n$,当 $n\rightarrow\infty$时,取二项式分布的极限。将 $p=\lambda/n$ 代入二项式分布,得

$$p(k)=\frac{n!}{k!(n-k)!}p^k(1-p)^{n-k}=\frac{n!}{k!(n-k)!}\left(\frac{\lambda}{n}\right)^k\left(1-\frac{\lambda}{n}\right)^{n-k} \tag{2-173}$$

令 $n\rightarrow\infty$,取极限

$$\begin{aligned}\lim_{n\to\infty}p(k)&=\lim_{n\to\infty}\frac{n!}{k!(n-k)!}\left(\frac{\lambda}{n}\right)^k\left(1-\frac{\lambda}{n}\right)^{n-k}\\&=\frac{\lambda^k}{k!}\lim_{n\to\infty}\frac{n(n-1)\cdots(n-k+1)(n-k)!}{n^k(n-k)!}\left(1-\frac{\lambda}{n}\right)^n\left(\frac{n-\lambda}{n}\right)^{-k}\end{aligned} \tag{2-174}$$

化简,得

$$\lim_{n\to\infty}p(k)=\frac{\lambda^k}{k!}\lim_{n\to\infty}\left(1-\frac{\lambda}{n}\right)^n=\frac{\mathrm{e}^{-\lambda}\lambda^k}{k!}\quad k=0,1,2,\cdots \tag{2-175}$$

则泊松分布的概率函数为

$$f(k)=\frac{\mathrm{e}^{-\lambda}\lambda^k}{k!}\quad k=0,1,2,\cdots \tag{2-176}$$

期望为

$$\mathrm{E}(K)=\sum_{k=0}^{\infty}k\left(\frac{\mathrm{e}^{-\lambda}\lambda^k}{k!}\right)=\lambda \tag{2-177}$$

方差为

$$V(K)=\mathrm{E}(K^2)-[\mathrm{E}(K)]^2=\lambda \tag{2-178}$$

2.5.5 超几何分布

超几何分布用于连续事件导致系统失效的情况建模。考虑一个具有隐含冗余配置的系统,两个连续器件发生失效将导致系统失效。这一情况中,系统的可靠度要用超几何分布来进行建模评估。考虑一个大小为 N 的总体中有 k 个正在工作的设备。从总体中取出 n 个样本,正在工作的设备数 y ,设为随机变量 Y ,其概率函数为

$$p(y)=\frac{\binom{k}{y}\binom{N-k}{n-y}}{\binom{N}{n}}\quad y=0,1,\cdots,\min(n,k) \tag{2-179}$$

期望和方差分别为

$$\mathrm{E}(Y)=n\left(\frac{k}{N}\right) \tag{2-180}$$

$$\mathrm{Var}(Y)=n\left(\frac{k}{N}\right)\left(\frac{N-k}{N}\right)\left(\frac{N-n}{N-1}\right) \tag{2-181}$$

2.6 平均故障前时间

衡量系统可靠度的一个标准是平均故障前时间(Mean Time To Failure,MTTF)。考虑 n 个相同的不可修复系统,观测它们的故障前时间。假设故障前时间分别是 $t_1,t_2,\cdots,t_n$。平均故障前时间 $\mathrm{M\hat{T}TF}$ 为

$$\mathrm{M\hat{T}TF}=\frac{1}{n}\sum_{i=1}^{n}t_i \tag{2-182}$$

由于 t_i 是一个随机变量,其期望值可由下式得到

$$\mathrm{MTTF}=\int_0^\infty tf(t)\mathrm{d}t \tag{2-183}$$

根据式 $R(t)=1-F(t)$,$f(t)=\frac{\mathrm{d}F(t)}{\mathrm{d}t}=-\frac{\mathrm{d}R(t)}{\mathrm{d}t}$,代入式(2-183),得

$$\begin{aligned}\mathrm{MTTF}&=-\int_0^\infty t\frac{\mathrm{d}R(t)}{\mathrm{d}t}\mathrm{d}t\\&=-\int_0^\infty t\mathrm{d}R(t)\\&=-tR(t)\mid_0^\infty+\int_0^\infty R(t)\mathrm{d}t\end{aligned} \tag{2-184}$$

由于 $R(\infty)=0$,$R(0)=1$,上式的第一部分为0,则

$$\mathrm{MTTF}=\int_0^\infty R(t)\mathrm{d}t \tag{2-185}$$

对于恒定失效率模型,平均故障前时间为

$$\mathrm{MTTF}=\int_0^\infty \mathrm{e}^{-\lambda t}\mathrm{d}t=\frac{1}{\lambda} \tag{2-186}$$

对于线性增长失效率模型,平均故障前时间为

$$\mathrm{MTTF}=\int_0^\infty \mathrm{e}^{-\frac{\lambda t2}{2}}\mathrm{d}t=\frac{\Gamma\left(\frac{1}{2}\right)}{2\sqrt{\frac{\lambda}{2}}}=\sqrt{\frac{\pi}{2\lambda}} \tag{2-187}$$

同理,威布尔分布的 MTTF 为

$$\mathrm{MTTF}=\int_0^\infty \mathrm{e}^{-\left(\frac{t}{\theta}\right)^\gamma}\mathrm{d}t \tag{2-188}$$

将 $x=\left(\frac{t}{\theta}\right)^\gamma$ 代入上式,得到

$$\begin{aligned}\mathrm{MTTF}&=\frac{\theta}{\gamma}\int_0^\infty \mathrm{e}^{-x}x^{\frac{1}{\gamma}-1}\mathrm{d}x\\&=\frac{\theta}{\gamma}\Gamma\left(\frac{1}{\gamma}\right)\\&=\theta\Gamma\left(1+\frac{1}{\gamma}\right)\end{aligned} \tag{2-189}$$

【例 2-13】 某交通设备的预期 MTTF 为 20000h，其失效率函数服从威布尔分布，参数分别为 $\theta = 3000$、$\lambda = 1.5$，那么这个设备是否能满足这一预期的 MTTF？如果不能，θ 为多少时能够满足这一要求？

解：将 $\theta = 3000$、$\lambda = 1.5$ 代入式(2-189)，得到 MTTF 为

$$\text{MTTF} = 3000\Gamma\left(1 + \frac{1}{1.5}\right) = 2700.8$$

可以看出，这一 MTTF 不符合要求，则符合要求的特征寿命可计算为

$$20000 = \theta\Gamma(1.666)$$

计算得到 θ 的值为 22155。

【例 2-14】 某机电设备的失效时间服从皮尔逊 V 形分布。其概率密度函数为

$$f(t)\begin{cases}\dfrac{t^{-(\alpha+1)}\mathrm{e}^{-\beta/t}}{\beta^{-\alpha}\Gamma(\alpha)} & t > 0\\ 0 & \text{其他}\end{cases}$$

形状参数 $\alpha = 3$、尺度参数 $\beta = 4000$。试确定设备的 MTTF。

解：由式(2-183)得到

$$\text{MTTF} = \int_0^{\infty}\frac{t^{-(\alpha)}\mathrm{e}^{-\beta/t}}{\beta^{-\alpha}\Gamma(\alpha)}\mathrm{d}t = \frac{1}{\beta^{-\alpha}\Gamma(\alpha)}\int_0^{\infty}t^{-(\alpha)}\mathrm{e}^{-\beta/t}\mathrm{d}t$$

因此

$$\text{MTTF} = \frac{\beta}{\alpha - 1} = \frac{4000}{3 - 1} = 2000(\text{h})$$

2.7 平均剩余寿命

衡量产品、器件或系统的可靠度的一个特征是平均剩余寿命(Mean Residual Life，MRL)。其定义为

$$L(t) = \mathrm{E}(T - t \mid T \geqslant t) \qquad t \geqslant 0 \tag{2-190}$$

换言之，平均剩余寿命是产品、器件或系统正常工作至时间 t 时，所期望的剩余寿命 $T - t$(Leemis，1995)。

对于任意时间 $\tau \geqslant t$，条件概率密度分布为

$$f_{T\mid T\geqslant t}(\tau) = \frac{f(t)}{R(t)} \qquad \tau \geqslant t \tag{2-191}$$

条件期望函数由式(2-191)推导得出

$$\mathrm{E}(T \mid T \geqslant t) = \int_t^{\infty}\tau f_{T\mid T\geqslant t}(\tau)\mathrm{d}\tau = \int_t^{\infty}\tau\frac{f(\tau)}{R(t)}\mathrm{d}\tau \tag{2-192}$$

由于产品、器件或系统已经正常工作至时间 t，则剩余寿命应该用式(2-192)所得出的结

果减去 t，得到

$$L(t) = \mathrm{E}(T-t \mid T \geqslant t) = \int_t^{\infty}(\tau - t)\frac{f(\tau)}{R(t)}\mathrm{d}\tau = \int_t^{\infty}\tau\frac{f(\tau)}{R(t)}\mathrm{d}\tau - t \tag{2-193}$$

因此

$$L(t) = \frac{1}{R(t)}\int_t^{\infty}\tau f(\tau)\mathrm{d}\tau - t \tag{2-194}$$

【例 2-15】 某压管式交通流检测器的检测管一年内的失效时间服从贝塔分布，参数为 $\alpha = 4, \beta = 2$。若检测管已正常工作 5 个月，那么其平均剩余寿命是多少？

解：失效时间的概率密度函数为

$$f(t) = \begin{cases} \dfrac{\Gamma(\alpha+\beta)}{\Gamma(\alpha)\Gamma(\beta)}t^{\alpha-1}(1-t)^{\beta-1} & 0 < t < 1 \\ 0 & \text{其他} \end{cases}$$

则

$$f(t) = \frac{\Gamma(6)}{\Gamma(4)\Gamma(2)}t^3(1-t) = 20(t^3 - t^4)$$

由 $R(t) = 1 - F(t) = 1 - \int_0^t 20(\tau^3 - \tau^4)\mathrm{d}\tau$，5 个月对应的 t 值为 $5/12 = 0.416$，则

$$R(0.416) = 1 - 20\int_0^{0.416}(t^3 - t^4)dt = 0.900$$

由式(2-194)，得到检测管正常工作 5 个月后的平均剩余寿命为

$$L(0.416) = \frac{20}{0.900}\int_{0.416}^{1}t(t^3 - t^4)\mathrm{d}t - 0.416 = 0.288$$

即平均剩余寿命为 3.46 个月。

2.8 首次失效时间

考虑一批数量为 N 的设备，假设单个设备的失效时间服从指数分布。令 $f(t)$ 为单个设备失效时间的概率密度函数，即

$$f(t) = \frac{\mathrm{d}F(t)}{\mathrm{d}t} = \frac{1}{T}\mathrm{e}^{-\frac{t}{T}} \tag{2-195}$$

式中，T 是设计寿命（效益时间）。需确定 $\dfrac{\mathrm{d}F_1(t)}{\mathrm{d}t}$，即一组 N 个设备在 $[t, t+\mathrm{d}t]$ 中出现的首次失效，表达式为

$$f_1(t) = \frac{\mathrm{d}F_1(t)}{\mathrm{d}t} = Nf(t)\left[\int_t^{\infty}f(t')\mathrm{d}t'\right]^{N-1} \tag{2-196}$$

式中，$f(t)$ 是单个设备在 $[t, t+\mathrm{d}t]$ 内可能发生失效的概率，$\left[\int_t^{\infty}f(t')\mathrm{d}t'\right]^{N-1}$ 是 $N-1$ 个

设备在 $[t,\infty]$ 失效的概率。请注意，N 是一个组合因素，表示在 $[t,t+dt]$ 内可能发生失效的设备的数量。由式(2-196)归一化可以得到首次失效的平均时间为

$$\int_0^\infty t\left[\frac{dF_1(t)}{dt}\right]dt = \int_0^\infty tNf(t)\left[\int_t^\infty f(t')dt'\right]^{N-1}dt = \frac{T}{N} \tag{2-197}$$

在已知 N 和 T 的情况下，可以用式(2-196)计算首次失效发生的概率 $f_1(t)$，用式(2-197)计算首次失效发生的平均时间。

【例 2-16】 交通工程设备中应用的晶体管大多呈现恒定失效率。现有一厂家即将出厂一批数量为 100 或 200 的设备，设备中使用了一种晶体管。要对每一批产品的失效首发期进行观测，试验时间为 5000h。请给出失效时间分布。

解：由式(2-196)可以得出 N 个设备在一段时间 T 内首次失效的概率密度函数为

$$f_1(t) = \frac{N}{T}e^{-\frac{tN}{T}}$$

失效时间分布如图 2-35 所示。

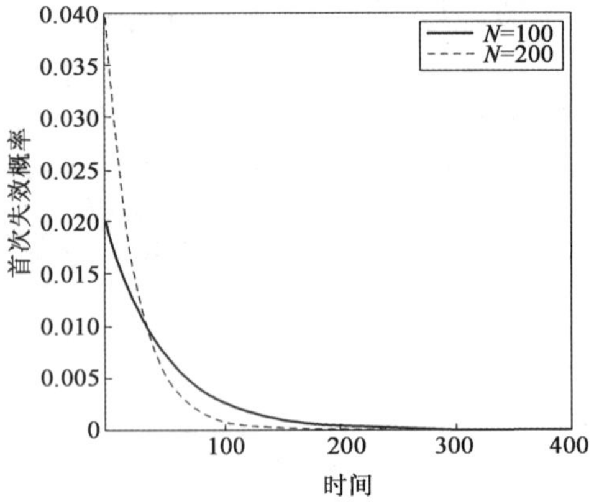

图 2-35 首次失效发生时间分布

由式(2-196)也可以得出 N 个器件发生第 j 次失效的时间。例如，计算 $\frac{dF_2(t)}{dt}$，即 N 个设备在 $[t,t+dt]$ 内发生第二次失效的概率为

$$f_2(t) = \frac{dF_2(t)}{dt} = N(N-1)f(t)\int_0^1 f(x)dx\left[\int_t^\infty f(y)dy\right]^{N-2} \tag{2-198}$$

第二次失效的时间即为 $f_2(t)$ 的期望。

2.9 本章小结

本章给出了失效率函数的特性，以及它们相应的参数，如表 2-6 所示。

本章介绍的失效率函数的特性及参数　　表 2-6

类型	失效率函数			参数
	$h(t)$	$f(t)$	$R(t)$	
恒定	λ	$\lambda e^{-\lambda t}$	$e^{-\lambda t}$	λ
线性增长	λt	$\lambda t e^{-\frac{\lambda t^2}{2}}$	$e^{-\frac{\lambda t^2}{2}}$	λ
威布尔	$\frac{\gamma}{\theta}\left(\frac{t}{\theta}\right)^{\gamma-1}$	$\frac{\gamma}{\theta}\left(\frac{t}{\theta}\right)^{\gamma-1}e^{-\left(\frac{t}{\theta}\right)^{\gamma}}$	$e^{-\left(\frac{t}{\theta}\right)^{\gamma}}$	γ、θ
指数型	be^{at}	$be^{at}e^{\frac{-b}{a}(e^{at}-1)}$	$e^{\frac{-b}{a}(e^{at}-1)}$	a、b
正态	$\frac{\Phi\left(\frac{t-\mu}{\sigma}\right)}{\sigma R(t)}$	$\frac{1}{\sqrt{2\pi\sigma^2}}e^{-\frac{1}{2}\left(\frac{t-\mu}{\sigma}\right)^2}$	$1-\int_{-\infty}^{t}\frac{1}{\sigma\sqrt{2\pi}}e^{-\frac{1}{2}\left(\frac{t-\mu}{\sigma}\right)^2}d\tau$	μ、σ

续上表

类型	失效率函数			参数
	$h(t)$	$f(t)$	$R(t)$	
对数正态	$\dfrac{\Phi\left(\dfrac{\ln t-\mu}{\sigma}\right)}{t\sigma R(t)}$	$\dfrac{1}{\sigma t\sqrt{2\pi}}e^{-\frac{1}{2}\left(\frac{\ln t-\mu}{\sigma}\right)^2}$	$1-\int_0^t \dfrac{1}{\tau\sigma\sqrt{2\pi}}e^{-\frac{1}{2}\left(\frac{\ln t-\mu}{\sigma}\right)^2}d\tau$	μ、σ
伽马	$\dfrac{f(t)}{R(t)}$	$\dfrac{t^{\gamma-1}}{\theta^{\gamma}\Gamma(\gamma)}e^{-\frac{t}{\theta}}$	$\int_t^{\infty}\dfrac{1}{\theta\Gamma(\gamma)}\left(\dfrac{\tau}{\theta}\right)^{\gamma-1}e^{-\frac{\tau}{\theta}}d\tau$	θ、γ
Log-Logistic	$\dfrac{\lambda p(\lambda t)^{p-1}}{1+(\lambda t)^p}$	$\dfrac{\lambda p(\lambda t)^{p-1}}{[1+(\lambda t)^p]^2}$	$\dfrac{1}{1+(\lambda t)^p}$	λ、p

本章习题

1. X是一个均匀分布随机变量，概率密度函数为

$$f(x)=\begin{cases}\dfrac{1}{b-a} & a<x<b\\ 0 & \text{其他}\end{cases}$$

试计算X的均值和方差。

2. 对一种新型道路建筑材料进行机械疲劳试验，样本数量为100。循环数量及其所对应的失效样本数量如表2-7所示。

疲劳试验结果 表2-7

循环数($\times10^5$)	样本累积失效数	循环数($\times10^5$)	样本累积失效数
10	35	40	84
20	59	50	93
30	72	60	100

(1)作出$f_e(t)$、$R_e(t)$、$h_e(t)$、$F_e(t)$的图像。

(2)对上述四幅图作出评论。

(3)推导$h_e(t)$的解析表达式；现有一种栏杆由这种材料制成，试估计其平均失效前时间MTTF。

3. 假设

$$F(t)=1-\frac{8}{7}e^{-t}+\frac{1}{7}e^{-8t}$$

计算$f(t)$、$h(t)$、$R(t)$和MTTF。

4. 假设

$$h(t)=\frac{1}{25}t^{-1/4}$$

计算 $f(t)$、$F(t)$、$R(t)$ 和 MTTF。如果 200 个器件同时工作,在一年时间内的期望失效数是多少?

5. 某制动系统的失效率为

$$h(t) = 0.006(1.5 + 2t + 3t^2) \quad (\text{每年})$$

(1)当 $t = 1 \times 10^4$ h 时,系统可靠度是多少?

(2)如果用 20 个系统进行试验,当 $t = 1 \times 10^3$ h 时,期望正常工作的系统数量是多少?运转一年后期望的失效数是多少?

第3章

系统可靠性

3.1 系统可靠性的概念和研究意义

根据产品可靠度的定义，可以定义系统可靠度为系统在规定的条件下和规定的时间内完成规定功能的能力。系统可靠性是衡量设计优劣、质量高低的重要指标。系统越复杂，若可靠性达不到较高的指标要求，则系统出现故障的可能性越大、造成的损失也越大。这些损失可能是经济上的、信誉上的，甚至是造成生命安全或更严重的灾难性后果。

从整体上看，系统能否完成预期的功能，有多个衡量指标。一般对于可修系统、机器设备常用可靠度、平均故障间隔时间(MTBF)、平均修复时间(MTTR)、可用度、有效寿命和经济性等指标表示。对于不可修系统或产品常用可靠度、可靠寿命、故障率和平均寿命(MTTF)等指标表示。

研究系统可靠性可以：

(1)防止或减少故障和事故的发生；

(2)降低系统的总费用(降低维修费等)；

(3)减少系统的停机时间，提高可用率；

(4)增强竞争力，改善信誉，提高经济效益。

提高系统的可靠性，一方面要提高构成系统的各元件本身的可靠性，另一方面还要提高系统整体的可靠性。

提高系统的可靠性,要从系统的设计着手,要使系统的元器件或者单元在正常工作状态下,没有过载超负荷等现象的发生,并且要有一定的裕度。也可以采用冗余储备,使系统即使有个别元器件或单元出现故障仍能正常工作。当然冗余设备有可能增加系统的复杂性和成本,但是如果设计合理,在成本增加不多的情况下,使系统的可靠性有很大幅度的提高,是完全值得的。

3.2 串联系统

一个串联系统是由串行连接的 n 个单元(或子系统)构成的。任何单元的任意一种失效都会导致整个系统失效。例如,地震发生后,一条道路的某个路段单元发生失效,则可能造成整个系统失效。再比如,交通信号控制系统,其杆上的灯组、信号传输设备、电力设备、控制设备之间如果存在串联结构,则串联结构中任何一部分失效都会导致系统不能正常工作。互通立体交叉的分流区、交织区、合流区也是一个串联系统,任何一个功能区发生拥堵,都会造成互通立交系统的拥堵。

为了评估一个串联系统的可靠性,假设该系统每个组件的合理运行概率在评估该系统时已知。假设以下事件:x_i = {第 i 个单元处于运行状态}和 $\bar{x}_i$ = {第 i 个单元处于失效状态},事件 x_i 与事件 $\bar{x}_i$ 为对立事件。并根据事件表示以下概率:

$P(x_i)$ = 第 i 个单元正在运行的概率

$P(\bar{x}_i)$ = 第 i 个单元未运行(失效)的概率

R = 系统的可靠度

P_f = 系统的不可靠度($P_f = 1 - R$)

因为由 n 个组件构成的系统成功运行的要求是所有单元都必须正常运行,根据概率的乘法公式,系统的可靠度可以表示为

$$R = P(x_1 x_2 \cdots x_n) \tag{3-1}$$

或者

$$R = P(x_1)P(x_2 \mid x_1)P(x_3 \mid x_2 x_1)\cdots P(x_n \mid x_1 x_2 x_3 \cdots x_{n-1}) \tag{3-2}$$

式(3-2)表示的条件概率揭示了一种情况:某组件的失效机理会影响其他零件的失效率。当这些组件的失效各自独立时,式(3-2)写为

$$R = P(x_1)P(x_2)\cdots P(x_n) \tag{3-3}$$

或者

$$R = \prod_{i=1}^{n} P(x_i) \tag{3-4}$$

另外,这个系统的可靠度可以通过估算系统失效的概率,并将其从全体事件中减去的方法进行计算。任何一个组件失效,系统都会失效。因此

$$P_f = P(\bar{x}_1 + \bar{x}_2 + \cdots + \bar{x}_n) \tag{3-5}$$

式中,“+”表示事件的并。

根据概率的基本定律,事件 A 或事件 B 发生的概率为

$$P(A + B) = P(A) + P(B) - P(AB) \tag{3-6}$$

可将式(3-6)重新写为

$$P_f = [P(\bar{x}_1) + P(\bar{x}_2) + \cdots + P(\bar{x}_n)] - [P(\bar{x}_1\bar{x}_2) + P(\bar{x}_1\bar{x}_3) + \cdots] + \cdots + (-1)^{n-1}P(\bar{x}_1\bar{x}_2,\cdots,\bar{x}_n) \tag{3-7}$$

则系统的可靠度为

$$R = 1 - P_f \tag{3-8}$$

需要注意的是,一个串联系统的可靠度总低于该系统组件的最低可靠度。

【例 3-1】 考虑一个由 3 个组件构成的串联系统,组件 1、组件 2、组件 3 处于运行状态的概率分别为 0.9、0.8 和 0.75。计算该系统的可靠度。

解:假设失效是独立的,利用式(3-4),求得系统可靠度为

$$R = 0.9 \times 0.8 \times 0.75 = 0.54$$

或者,利用式(3-7),得到

$$P_f = [P(\bar{x}_1) + P(\bar{x}_2) + P(\bar{x}_3)] - [P(\bar{x}_1)P(\bar{x}_2) + P(\bar{x}_1)P(\bar{x}_3) + P(\bar{x}_2)P(\bar{x}_3)] + [P(\bar{x}_1)P(\bar{x}_2)P(\bar{x}_3)] = 0.55 - 0.095 + 0.005 = 0.46$$

且

$$R = 1 - P_f = 1 - 0.46 = 0.54$$

如上所示,该系统的可靠度为 0.54,低于系统中最差组件的可靠度 0.75。

3.3 并联系统

在一个并联系统中,单元或组件以并联的方式连接,这种情况下,一条或某几条通路的失效不影响剩下通路的正常运行。换言之,并联系统的可靠度就是任何一条通路正常运转的概率。并联系统可靠性的框图和线图由并行连接的 n 个组件(单元)组成(图 3-1)。

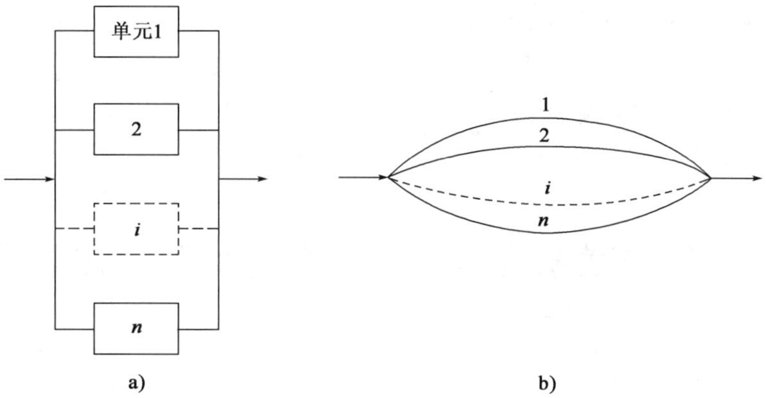

图 3-1 并联系统可靠性的框图和线图

与串联系统相似,并联系统的可靠度也可以通过计算任何一条通路运行的概率或先计算系统的不可靠度,然后从全体事件中将其减去的方法得到。

可靠度可表达为

$$R = P(x_1 + x_2 + \cdots + x_n) \tag{3-9}$$

根据加法公式,式(3-9)可表达为

$$R=[P(x_1)+P(x_2)+\cdots+P(x_n)]-[P(x_1x_2)+P(x_1x_3)+\cdots+P(x_ix_j)]+\cdots+(-1)^{n-1}P(x_1x_2\cdots x_n) \tag{3-10}$$

如果根据不可靠度计算可靠度,则首先计算不可靠度

$$P_{\mathrm{f}}=P(\bar{x}_1\bar{x}_2\cdots\bar{x}_n) \tag{3-11}$$

则可靠度为

$$R=1-P_{\mathrm{f}}=1-P(\bar{x}_1)P(\bar{x}_2\mid\bar{x}_1)P(\bar{x}_3\mid\bar{x}_1\bar{x}_2)\cdots \tag{3-12}$$

如果各组件之间是相互独立的,则式(3-12)可改写为

$$R=1-P(\bar{x}_1)P(\bar{x}_2)\cdots P(\bar{x}_n) \tag{3-13}$$

或

$$R=1-\prod_{i=1}^{n}P(\bar{x}_i) \tag{3-14}$$

若各组件有相同的正常工作概率,则系统的可靠度为

$$R=1-(1-p)^n \tag{3-15}$$

式中,参数 p 表示一个组件正常工作的概率。

【例 3-2】 考虑一个由 3 个并行连接的组件组成的系统,组件运行的概率分别为 0.9、0.8 和 0.75,计算该系统的可靠性。

解:一个并联系统的可靠度可通过式(3-10)得到

$$\begin{aligned}R&=P(x_1+x_2+x_3)\\&=[P(x_1)+P(x_2)+P(x_3)]-[P(x_1)P(x_2)+P(x_1)P(x_3)+P(x_2)P(x_3)]+\\&\quad[P(x_1)P(x_2)P(x_3)]=2.450-1.995+0.540=0.995\end{aligned}$$

也可通过式(3-14)计算系统的可靠度

$$R=1-\prod_{i=1}^{n}P(\bar{x}_i)$$

$$R=1-(1-0.90)\times(1-0.80)\times(1-0.75)=0.995$$

整个并联系统的可靠度比系统大多数单元(组件)的可靠度要高。这表示如果系统拥有更多的并行连接组件,则其可靠度有可能会更高。这个结论只适用于由仅存在两种状态(工作状态或失效状态)的组件组成的系统。

3.4 并-串联系统、串-并联系统及混合并联系统

3.4.1 并-串联系统

一个并-串联系统由 m 条并联通路组成,每条通路含 n 个串行连接的单元(图 3-2)。用 $P(x_{ij})$ 表示位于通路 $i(i=1,2,\cdots,m)$ 中组件 $j(j=1,2,\cdots,n)$ 的可靠度,x_{ij} 表示通路 i 中的元件 j 处于运行状态,则通路 i 的可靠度为

$$R_i=\prod_{j=1}^{n}P(x_{ij})\quad i=1,2,\cdots,m \text{ 且 } j=1,2,\cdots,n \tag{3-16}$$

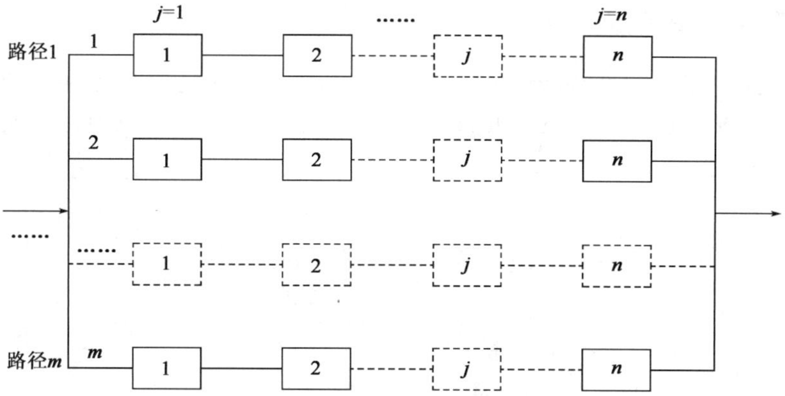

图 3-2 并-串联系统示意图

通路 i 的不可靠度为 $\overline{P}_i$，则这个系统的可靠度为

$$R = 1 - \prod_{i=1}^{m} \overline{P}_i \tag{3-17}$$

或

$$R = 1 - \prod_{i=1}^{m} \left[1 - \prod_{j=1}^{n} P(x_{ij})\right] \tag{3-18}$$

如果所有组件都相同且一个单元的可靠度是 p，则整个系统的可靠度为

$$R = 1 - (1 - p^n)^m \tag{3-19}$$

3.4.2 串-并联系统

一个基本的串-并联系统由 n 个子系统串行连接，每个子系统由 m 个单元并行连接组成（图 3-3），仿效并-串联系统，可推导出该系统的可靠度表达式为

$$R = \prod_{j=1}^{n} \{1 - \prod_{i=1}^{m} [1 - P(x_{ij})]\} \tag{3-20}$$

式中，$j = 1,2,\cdots,n$ 且 $i = 1,2,\cdots,m$；$P(x_{ij})$ 表示子系统 i 中的组件 j 处于运行状态的概率。当所有的单元都相同且一个单元的可靠度为 p 时，则串-并联系统的可靠度为

$$R = [1 - (1 - p)^m]^n \tag{3-21}$$

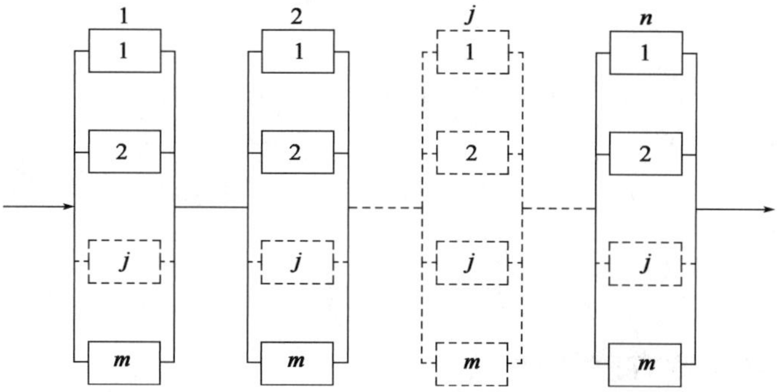

图 3-3 串-并联系统示意图

总体来说，具有相同数量的单元且每个单元正常运行的概率相同时，串-并联系统比并-串联系统具有更高的可靠度。

3.4.3 混合并联系统

混合并联系统是指单元没有特定的构成形式，不是以单纯的串联和并联的方式连接的系统。图 3-4 画出了两种可能的 8 单元混合并联系统的形式。混合并联系统的可靠度可以通过式(3-4)或式(3-14)进行计算。

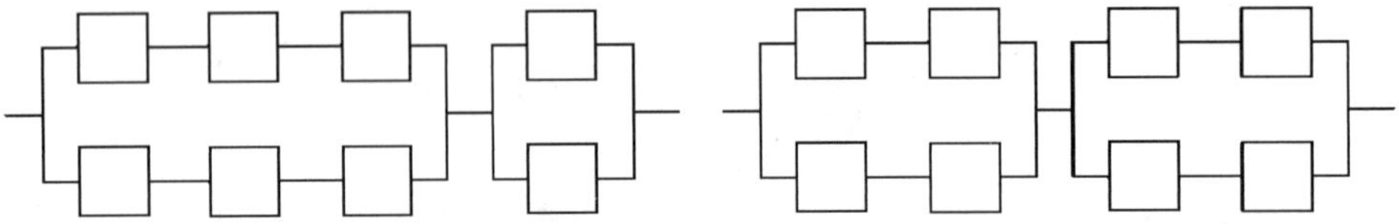

图 3-4 混合并联系统示意图

【例 3-3】 给定 8 个相同的可靠度为 0.85 的单元，计算由这 8 个单元构成的并-串联系统、串-并联系统及混合并联系统的可靠度。假定这 8 个单元以图 3-5 所示的 3 种不同的串-并联结构连接在一起组成一个系统，则这些系统的可靠度分别表示如下。

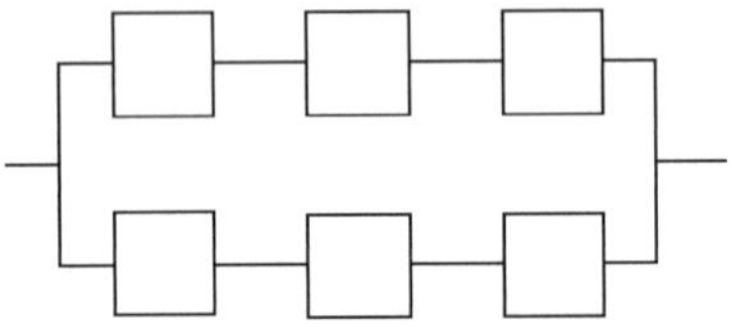

a)并-串联系统

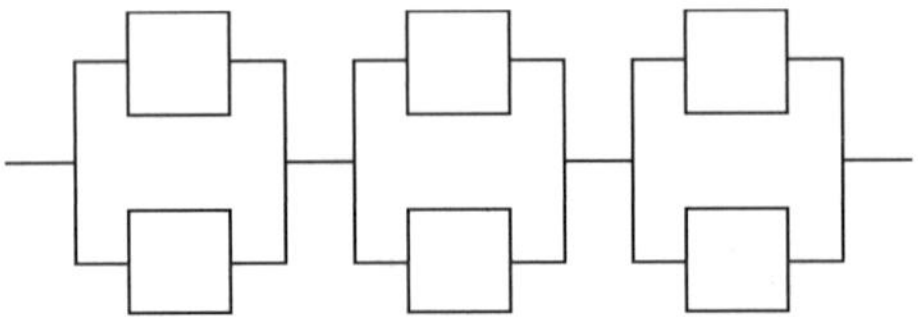

b)串-并联系统

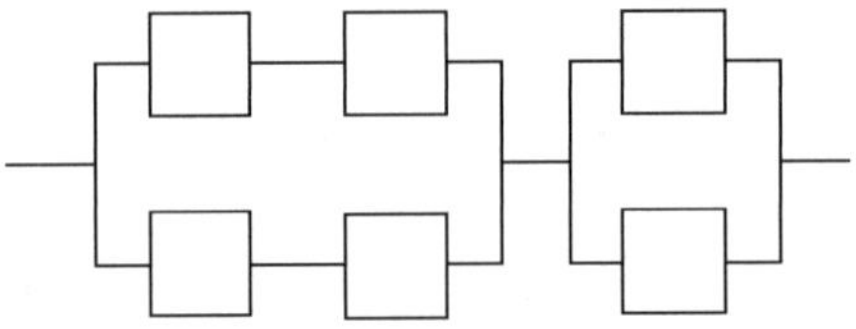

c)混合并联系统

图 3-5 【例 3-3】中的 3 种联结系统

(1)并-串联系统

$$R = 1 - (1 - p^n)^m$$

当 $m = 2, n = 3$ 时，有

$$R = 1 - (1 - 0.85^3)^2 = 0.85110$$

(2)串-并联系统

$$R = 1 - (1 - 0.85^2)^3 = 0.934007$$

(3)混合并联系统

$$R = [1 - (1 - 0.85^2)^2] \times [1 - (1 - 0.85)^2] = 0.902226$$

3.4.4 系统可靠度方差估计

应用前述方法计算出的系统可靠度是一个点估计值。但是，在很多情况下，点估计值对于重要决策的制定，是不够充分的。在这种情况下，系统可靠度的方差估计就变得尤为重要。如果组件的可靠度估计值是各自独立的，且整个系统能被分解成等效的串-并联系统，则可以推

导系统可靠度方差估计的精确表达式。而在利用数据估计组件可靠度值时,可算出方差的近似值。估计方差值的过程可以分解为如下几个步骤:

(1)根据在实际运行或试验过程中获得的失效数据估计每个组件的失效率;

(2)对组件的可靠度方差进行估计,在此基础上系统可靠度的方差可以通过对单个组件方差信息进行统计得到(Coit,1997)。

通常对单个组件可靠度及其方差的估计基于二项分布数据。对系统中使用的组件 i 而言,设有 n_i 个组件被测试了 t 小时,其中观察到有 f_i 次失效。将每个组件的状态(失效或运行)看成一次参数为 $r_i(t)$ 的独立伯努利实验,则 $r_i(t)$ 的无偏估计和方差的近似估计值可以通过如下的二项分布公式得到

$$\hat{r}_i(t) = 1 - \frac{f_i}{n_i} \tag{3-22}$$

$$\mathrm{Var}[\hat{r}_i(t)] = \frac{r_i(t)[1 - r_i(t)]}{n_i} \tag{3-23}$$

$$\hat{\mathrm{Var}}[\hat{r}_i(t)] = \frac{\left(1 - \frac{f_i}{n_i}\right)\frac{f_i}{n_i}}{n_i} \tag{3-24}$$

式中: n_i——组件 i 的实验样本容量;

f_i——元件 i 的失效次数;

$r_i(t)$——元件 i 的可靠度(未知常数);

$\hat{r}_i(t)$——元件 i 的可靠度估计;

$\mathrm{Var}[\hat{r}_i(t)]$——元件 i 的可靠度估计的方差;

$\hat{\mathrm{Var}}[\hat{r}_i(t)]$——$\mathrm{Var}[r_i(t)]$的估计。

系统可靠度的估计值可以通过组件可靠度及组件方差估计得到(Coit,1997)。串联和并联系统方差的精确表达式分别如式(3-25)和式(3-26)所示:

$$\mathrm{Var}[\hat{R}_{\text{series}}(t)] = \prod_i \{r_i(t)^2 + \mathrm{Var}[\hat{r}_i(t)]\} - \prod_i r_i(t)^2 \tag{3-25}$$

$$\mathrm{Var}[\hat{R}_{\text{parallel}}(t)] = \prod_i \{[1 - r_i(t)]^2 + \mathrm{Var}[\hat{r}_i(t)]\} - \prod_i [1 - r_i(t)]^2 \tag{3-26}$$

对任何一个系统来说,如果它能分解为一个等价的串-并联系统,则可使用分解方法估计其可靠度。本小节介绍的算法主要应用于串-并联系统,但它也适用于其他系统结构。串-并联系统的可靠度方差估计如式(3-27)所示(Coit,1997)。

$$\begin{aligned}\mathrm{Var}[\hat{R}_{s\text{-}p}(t)] = \prod_{i=1}^{m} \Bigg(&\Big\{1 - \prod_{j=1}^{s_i}[1 - r_{ij}(t)]\Big\}^2 + \prod_{j=1}^{s_i}\{[1 - r_{ij}(t)]^2 + \mathrm{Var}[\hat{r}_{ij}(t)]\} - \\ &\prod_{j=1}^{s_i}[1 - r_{ij}(t)]^2 \Bigg) - \prod_{i=1}^{m}\Big\{1 - \prod_{j=1}^{s_i}[1 - r_{ij}(t)]\Big\}^2\end{aligned} \tag{3-27}$$

经整理后,式(3-27)可简化为

$$\begin{aligned}\mathrm{Var}[\hat{R}_{s\text{-}p}(t)] = \prod_{i=1}^{m} \Bigg(&1 - 2\prod_{j=1}^{s_i} q_{ij}(t) + \prod_{j=1}^{s_i}\{q_{ij}(t)^2 + \mathrm{Var}[\hat{r}_{ij}(t)]\}\Bigg) - \\ &\prod_{i=1}^{m}\Big[1 - \prod_{j=1}^{s_i} q_{ij}(t)\Big]^2\end{aligned} \tag{3-28}$$

式中,$r_{ij}(t)$为此时位于子系统 i 的组件 j 的可靠度;$q_{ij}(t) = 1 - r_{ij}(t)$;$m$ 为子系统总数;s_i

为子系统 i 的组件总数($i=1,2,\cdots,m$)。

如果每个组件的可靠度都可以通过二项分布进行估计,那么方差估计值可用式(3-29)进行计算:

$$\hat{\mathrm{Var}}[\hat{R}_{s-p}(t)]=\prod_{i=1}^{m}\left\{1-2\prod_{j=1}^{s_i}\hat{q}_{ij}(t)+\prod_{j=1}^{s_i}\left[\hat{q}_{ij}(t)^2+\frac{\hat{r}_{ij}(t)\hat{q}_{ij}(t)}{n_{ij}}\right]\right\}-\prod_{i=1}^{m}\left[1-\prod_{j=1}^{s_i}\hat{q}_{ij}(t)\right]^2 \tag{3-29}$$

式中:n_{ij}——用于测试的子系统 i 中组件 j 的单元。

Jin 和 Coit(2001)为了得出使用包含任意重复组件的系统可靠度,拓展了上述工作。因此,子系统可靠度的估计值可能并不是独立的。

【例 3-4】 假设【例 3-1】和【例 3-2】中所给组件可靠度估计值的方差分别为 0.05、0.03 和0.01。估计对应的串联系统和并联系统的方差。

解:利用式(3-25)对串联系统可靠度方差进行估计:

$$\mathrm{Var}[\hat{R}_{\mathrm{series}}(t)]=(0.9^2+0.05)(0.8^2+0.03)(0.75^2+0.01)-0.9^2\times0.8^2\times0.75^2=0.03827$$

$$\mathrm{Var}[\hat{R}_{\mathrm{parallel}}(t)]=[(1-0.9)^2+0.05]\times[(1-0.8)^2+0.03]\times[(1-0.75)^2+0.01]-(1-0.9)^2\times(1-0.8)^2\times(1-0.75)^2=0.0002795$$

需要特别指出的是,不仅并联系统的可靠度高于由相同组件构成的串联系统,而且其方差也相对较小。

3.4.5 单元分配优化

显而易见,系统的可靠度取决于系统中的单元在系统结构中的结构配置。当这些组件(单元)其不相同时,如何在串联、并联及混合系统中优化分配组件,是一个多样化的问题。当 $p_{ij}=p_j$ 时(p_{ij} 表示当组件 j 被组装到位置 i 时的可靠度),El-Neweihi、Prchan、Nair 和 Aneja(1991)已在理论上解决了求各类系统组件最优化分配这一问题。Prasad、Nair 和 Aneja(1991)提出了基于假设 $p_{ij}=r_ip_j$(其中 r_i 表示一个在位置 i 上独立的概率值)的 3 种系统组件优化分配算法。

在这一小节将会介绍一种如何针对串-并联结构进行分配,从而使整个系统可靠度最大化的方法。需要指出此方法并不是最优的。

在 3.4.2 节中,一个系统由 n 个串行连接的子系统构成,而每个子系统又由 m 个组件并联而成。用 $K_1,K_2,K_3,\cdots,K_n$ 标志子系统 1,2,…,n。当所有子系统含有 m 个数量相同的组件时,整个系统所有的组件数为 $u=n\times m$。则在串-并联系统中分配组件这一问题可以简单地表示为:给定一个由 u 个组件构成的系统,各组件的可靠度由向量 $\boldsymbol{P}=(p_1,p_2,\cdots,p_u)$ 给出,其中 p_i 表示单元 $C_i(i=1,2,\cdots,u)$ 正常运行的概率,假设这些组件可交换,寻求一种使系统可靠度函数 R 最大化的组件分配方式。

可靠度函数 R 可以表示为

$$R=\prod_{i=1}^{n}R_i \tag{3-30}$$

其中

$$R_i = 1 - \prod_{j \in K_i} q_j \tag{3-31}$$

并且

$$q_j = 1 - p_j \quad j = 1,2,\cdots,u \tag{3-32}$$

回顾在3.4.2节讨论的串-并联系统，注意到所有的R(各子系统的可靠度)越接近，则整个系统的可靠度越高。基于这一点，可由Baxter和Harche提出的自上而下启发式算法(TDH，1992)对系统结构进行单元分配。启发式算法的步骤如下。

步骤1：对组件进行排序和标记，如$p_1 \geqslant p_2 \geqslant \cdots \geqslant p_u$。

步骤2：将单元C_j分配到子系统K_j中，$j=1,\cdots,n$。

步骤3：将单元C_j分配到子系统K_{2n+1-j}中，$j=n+1,\cdots,2n$

步骤4：对v进行赋值，即$v:=2$。

步骤5：对$i=1,2,\cdots,n$，计算$R_i^{(v)}=1-\prod_{j \in K_i} q_j$，此时$R_i^{(v)}$为第$j$小，将单元$C_{vn+j}$分配到子系统$K_i$中，$j=1,2,\cdots,n$。

步骤6：如果$v<m$，对v赋值，即$v:=v+1$，并重复步骤5，当$v=m$时终止。

需要指出的是，存在一种与TDH对应的底层向上启发式算法(BUH)，这种方法一开始将第n不可靠的单元分配到每个子系统中，然后以相反的顺序分配下一可靠的单元，如此递推。显而易见，这种启发式算法在操作性上弱于TDH，因为一个并联系统中最重要的单元是最可靠的那个单元(以下章节会针对这一点进行讨论)。还需指出的是，在只有两个单元被分配到各子系统的情况下，利用TDH才会得到最优化分配。

【例3-5】 一位工程师希望设计一个含有6个电阻器的冗余系统，这6个电阻器具有相同的电阻值，其可靠度为0.95、0.75、0.85、0.65、0.40和0.55。这些电阻器在系统中是可互换的。设计中，采用两个子系统串行连接，每个子系统由并行连接的3个电阻器构成。利用TDH法将单元分配到子系统中。将其结果与对同一系统利用BUH法得到的结果进行比较。

解：按照TDH法将各单元分配到子系统K_1和子系统K_2中，如下所示。

步骤1：按照可靠度递减的顺序对电阻器进行排序：0.95、0.85、0.75、0.65、0.55和0.40。

步骤2：将电阻器C_1分配到K_1，将电阻器C_2分配到K_2。

步骤3：将电阻器C_3分配到K_2，将电阻器C_4分配到K_1。

步骤4：$v:=2$。

步骤5：分别计算子系统K_1和K_2的可靠度为

$$R_1^{(2)} = 1-(1-0.95)\times(1-0.65) = 0.98245$$

$$R_2^{(2)} = 1-(1-0.85)\times(1-0.75) = 0.9625$$

因为$R_2^{(2)} < R_1^{(2)}$，将C_5分配到K_2，将C_6分配到K_1。

步骤6：$v:=3$，终止。

电阻器的组合分配如下：

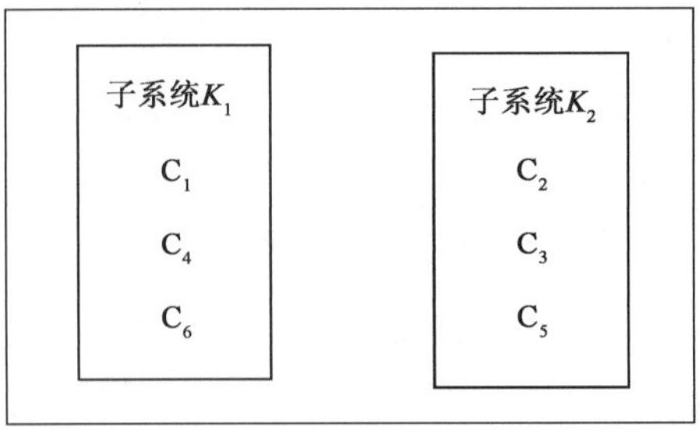

该系统可靠度为

$$R_s = [1 - (1 - 0.95) \times (1 - 0.65) \times (1 - 0.40)] \times$$
$$[1 - (1 - 0.85) \times (1 - 0.755) \times (1 - 0.55)]$$

或

$$R = 0.972802$$

运用 BUH,则得到如下分配

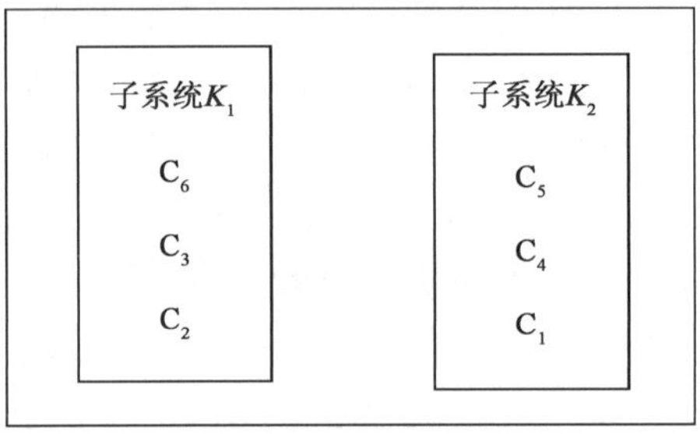

该系统可靠度为

$$R_s = [1 - (1 - 0.40) \times (1 - 0.75) \times (1 - 0.85)] \times$$
$$[1 - (1 - 0.55) \times (1 - 0.65) \times (1 - 0.95)] = 0.9698$$

总的来说,利用 TDH 与利用 BHU 相比,能获得更高的可靠度。

系统可靠度优化是一个研究了很多年的领域。其主要目的是在考虑一些限制条件(如成本、质量、空间等)的情况下,使系统的可靠度实现最大化。总的来说,可靠度优化主要分为两类。第一类主要处理可靠度冗余分配问题,该类问题在允许混合组件的条件下,求解最优化组件可靠度和组件冗余数目。这个问题属于 NP 难级别(需要利用非多项式时间解决大型问题)。第二类寻求确定在限制条件下通过优化元件可靠度来最大化系统可靠度的方法。这也是一类 NP 难问题,与著名的背包问题有相似之处。现给出具有一组约束条件的第一类问题的公式。

考虑一个具有 n 个子系统、每个子系统由并行连接的 m 个组件组成的串-并联系统。

令:i 为子系统的指标($i = 1, 2, \cdots, n$);j 为组件的指标($j = 1, 2, \cdots, m$);R_s 为系统可靠度;R_i 为子系统 i 的可靠度;r_{ij}为在子系统 i 中使用的组件 j 的可靠度;x_{ij}为在子系统 i 中使用的组件 j 的数量;u_i 为在子系统 i 中使用组件数量的最大值;w_{ij}为子系统 i 中可用元件 j 的权重;C

为整个系统可承受的最大成本；W 为整个系统的最大负荷。

如上所示，一个串-并联系统可以通过如下的方法获得：把所有子系统考虑为一个串联系统，同时认为每个子系统内部是独立的并联系统，计算此系统的可靠度。因此，这个系统的可靠度为

$$R_s = \prod_{i=1}^{n} R_i$$

子系统的可靠度 R 可利用其并联组件的可靠度得到，如下：

$$R_i = 1 - \prod_{j=1}^{m} (1 - r_{ij})^{x_{ij}}$$

最优化问题的目标函数为

$$\max R_s = \prod_{i=1}^{n} R_i = \prod_{i=1}^{j} \left[1 - \prod_{j=1}^{m} (1 - r_{ij})^{x_{ij}}\right]$$

$$\text{s.t.} \quad \sum_{i=1}^{n} \sum_{j}^{m} c_{ij} x_{ij} \leqslant C$$

$$\sum_{i=1}^{n} \sum_{j}^{m} w_{ij} x_{ij} \leqslant W$$

$$1 \leqslant \sum_{j=1}^{m} x_{ij} \leqslant u_i \quad i = 1,2,\cdots,n$$

$$x_{ij} \geqslant 0 \quad i = 1,2,\cdots,n \quad j = 1,2,\cdots,m,\text{为整数}$$

其中，第一行是成本约束，第二行是质量约束，而第三行是可用元件数目约束。最后指出这些决定变量均为整数。如前所述，这个问题的最优化方案在 n 和 m 值较小时容易得出，当决定增加变量的数目时，计算机搜索范围变大，最优化方案会难以获取。因此，如启发算法、遗传算法及其他方法在内的一系列理论都被用来寻求较好的解决方案（Coit 和 Smith，1996；Chen 和 You，2005；Kulturel-Konak，Smith 和 Coit，2003；You 和 Chen，2005）。

3.5 连续 k/n:F 系统可靠度

3.3 节介绍了由 n 个组件组成的串联系统。在这样的系统中，一个组件的失效就会导致整个系统的失效。但是，存在这样一种系统，只有当至少有 k 个组件失效时，整个系统才失效。并且，这 k 个元件必须以连续的顺序分配在系统中。这样的系统称为连续 k/n:F 系统。Chiang 和 Niu 介绍了一个连续 k/n:F 系统的例子（1981）：一个带有 n 个中继站（通信卫星或地面接收站）的远程通信系统。这些站点以 1 ~ n 连续命名。假设从站点 1 发出的信号能够被站点 2 和站点 3 接收。而由站点 2 转播的信号可以被站点 3 和站点 4 接收，以此类推。所以，当站点 2 失效时，该远程通信系统依然能够将一个信号从站点 1 传递至站点 n。但是，如果站点 2 和站点 3 都失效了，信号就不能直接从站点 1 传递至站点 4，因此这个系统就失效了。同样，如果系统中任意两个连续的子系统失效，那么这个系统就失效了。这个例子被认为是一个连续 $2/n$:F 系统，为计算连续 $2/n$:F 系统的可靠度，首先定义如下变量：

n 为系统中组件的数目；

k 为会导致整个系统失效的连续失效组件的最小数目；

p 为一个组件正常运转的概率（所有的组件寿命独立同分布）；

$R(p,k,n)$为所有组件相同且每个零件正常运行的概率为 p 的连续 $k/n:F$ 系统的可靠度；
x_i 为组件 i 的状态，$x_i=0$ 时组件处于失效状态；
$\boldsymbol{X}$ 为组件状态向量；
Y 为表明 X 中第一个 0 元素位置的随机变量；
M 为表明在 X 中，位置 Y 之后第一个 1 元素出现位置的随机变量；
$\lfloor a \rfloor$为小于或等于 a 的最大整数，且$\cup_k p=1-(1-p)^k$。

3.5.1 连续 2/n:F 系统

根据 Chiang 和 Niu 的工作成果(1981)，连续 $2/n:F$ 系统的可靠度为

$$R(p,2,n) = P[\text{系统正在运行}] = \sum_{j=0}^{\lfloor (n+1)/2 \rfloor} P[\text{组件} j \text{失效且系统还在运行}] \tag{3-33}$$

如果失效组件的数目大于$\lfloor (n+1)/2 \rfloor$，则系统中出现了两个连续排列的失效组件，即系统失效。因此，上述系统可靠度的表达式中不含 $j>\lfloor (n+1)/2 \rfloor$。

如果 j 个组件失效了，$j \leqslant \lfloor (n+1)/2 \rfloor$，如果每两个失效组件之间至少有一个正常运行的组件，则这个系统仍能正常运行。运行组件与失效组件之间的组合数目为

$$\binom{(j+1)+(n-2j+1)-1}{n-2j+1} = \binom{n-j+1}{j} \tag{3-34}$$

式(3-34)由 Feller(1968)和 Pease(1975)得出。将式(3-34)代入式(3-33)中，得到

$$R(p,2,n) = \sum_{j=0}^{\lfloor (n+1)/2 \rfloor} \binom{n-j+1}{j} (1-p)^j p^{n-j} \tag{3-35}$$

【例 3-6】 考虑 4 个串行连接的组件。每一个组件的可靠度为 p。如果两个连续的组件失效，则系统失效，称这个系统为连续 $2/4:F$ 系统。当 $p=0.95$ 时，计算系统的可靠度。

解：利用式(3-35)，可以得到

$$\begin{aligned} R(p,2,4) &= \sum_{j=0}^{2} \binom{4-j+1}{j} (1-p)^j p^{4-j} \\ &= \binom{5}{0}(1-p)^0 p^4 + \binom{4}{1}(1-p)p^3 + \binom{3}{2}(1-p)^2 p^2 \\ &= 3p^2 - 2p^3 \end{aligned}$$

当 $p=0.95$ 时，有

$$R(0.95,2,4) = 3 \times 0.95^2 - 2 \times 0.95^3 = 0.992750$$

3.5.2 广义连续 k/n:F 系统

定义 $\boldsymbol{X}$ 为一个 n 维向量，其任一元素 i 的值为 0 或 1，取何值取决于零件 i 处于运行状态还是失效状态。确定系统可靠度取决于找出向量中第一组连续的 0 元素。若 $\boldsymbol{X}$ 中至少有 k 组连续的零元素，则系统失效。根据定义，所有 $n<k$ 的连续 $k/n:F$ 系统的可靠度为 1，用递推法处理 $n \geqslant k$ 的连续 $k/n:F$ 系统，其可靠度(Chiang 和 Niu，1981)为

$$\begin{aligned} R(p,k,n) &= P[\text{系统正在运行}] \\ &= \sum_y \sum_m P(\text{系统正在运行} \mid Y=y, M=m) \\ &= \sum_{y=1}^{n-k+1} \sum_{m=y+1}^{y+k-1} P(\text{系统正在运行} \mid Y=y, M=m) p^y (1-p)^{m-y} + p^{n-k+1} \end{aligned} \tag{3-36}$$

因为 $Y>n-k+1$，所以系统的失效组件少于 k 个，则 P(系统正在运行$|Y>n-k+1)=1$ 且 $P(Y>n-k+1)=p^{n-k+1}$。当 $m\geqslant y+k$ 时，这个系统的失效组件为 k 个，故系统失效。

对 $y+1\leqslant m\leqslant y+k-1$，第一组连续零元素并不构成一割集。而且，因为存在 $x_m=1$，此时连续 k/n:F 系统运行这一事件就等效于事件连续 $k/(n-m)$:F 系统运行，因此，计算 $R(p,k,n)$ 的递推公式为

$$R(p,k,n)=\sum_{y=1}^{n-k+1}\sum_{m=y+1}^{y+k-1}R(p,k,n-m)p^y(1-p)^{m-y}+p^{n-k+1}$$

$$R(p,k,j)=\begin{cases}1 & 0\leqslant j<k\\ 0 & j<0\end{cases} \tag{3-37}$$

如前所述，连续 k 个组件的失效会造成系统的失效。因此，k 个连续组件是唯一的最小割集，且在连续 k/n:F 系统中有 $n-k+1$ 个这样的割集。如果系统正在运行，那么在每个割集里至少有一个正在运行的组件。因此系统可靠度的下界为

$$R_L(p,k,n)\geqslant(\cup_k p)^{n-k+1} \tag{3-38}$$

同样，系统可靠度的上界为

$$R_U(p,k,n)\leqslant(\cup_k p)^{\lfloor n/k\rfloor} \tag{3-39}$$

【例 3-7】 推导连续 k/n:F 系统的可靠度公式。每个组件的可靠度为 p。当 $p=0.90$ 时，算出可靠度的上界和下界。

解：利用式(3-35)得到

$$R(p,2,2)=2p-p^2$$
$$R(p,2,3)=p+p^2-p^3$$
$$R(p,2,4)=3p^2-2p^3$$
$$R(p,2,5)=p^2+3p^3-4p^4+p^5$$
$$R(p,2,6)=4p^3-2p^4-2p^5+p^6$$

利用式(3-37)及以上表达式求得 $R(p,2,7)$ 如下：

$$R(p,2,7)=\sum_{y=1}^{6}R(p,2,6-y)p^y(1-p)+p^6$$
$$=p^3+6p^4-9p^5+3p^6$$
$$R(0.9,2,7)=0.945513$$

利用式(3-38)和式(3-39)分别求得可靠度的上界和下界如下：

$$R_L(0.9,2,7)\geqslant[1-(1-0.9)^2]^6$$

或者

$$R_L(0.9,2,7)\geqslant0.941480$$

且

$$R_U(0.9,2,7)\leqslant[1-(1-0.9)^2]^3$$

或

$$R_U(0.9,2,7)\leqslant0.970299$$

组件可靠度对系统可靠度的影响如图 3-6 所示。

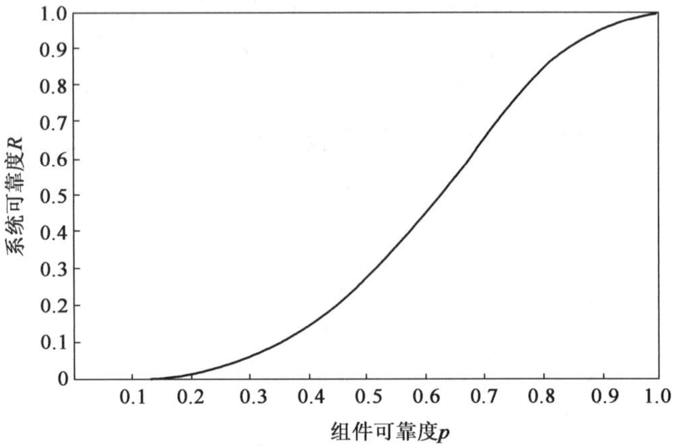

图 3-6　p 的变化对 R 的影响

3.5.3　连续 k/n:F 系统可靠度评估

在之前的小节中介绍了在所有单元相同、单元可靠度相等的情况下连续 $2/n$:F 系统可靠度的计算方法。在这一小节中将介绍在 p_i 不相同时估计连续 k/n:F 系统可靠度的算法。在介绍了一种应对上述系统的算法之后,将介绍一种更普遍、更有效的算法。

第一种方法主要来自对系统失效状态的确定,如计算出所有造成系统失效的组件失效组合。例如,考虑一个由 5 个组件串行连接的系统。当有连续两个组件失效时,这个系统就失效。能够造成系统失效的最小可能状态为

$$\bar{x}_1\bar{x}_2,\bar{x}_2\bar{x}_3,\bar{x}_3\bar{x}_4 \text{ 及 } \bar{x}_4\bar{x}_5$$

利用这些状态,对系统的可靠度可以做如下估计:

$$R = 1 - P(\bar{x}_1\bar{x}_2 + \bar{x}_2\bar{x}_3 + \bar{x}_3\bar{x}_4 + \bar{x}_4\bar{x}_5)$$

$$\begin{aligned} R = 1 - [&P(\bar{x}_1\bar{x}_2) + P(\bar{x}_2\bar{x}_3) + P(\bar{x}_3\bar{x}_4) + P(\bar{x}_4\bar{x}_5) - P(\bar{x}_1\bar{x}_2\bar{x}_3) - P(\bar{x}_1\bar{x}_2\bar{x}_3\bar{x}_4) - \\ &P(\bar{x}_1\bar{x}_2\bar{x}_4\bar{x}_5) - P(\bar{x}_2\bar{x}_3\bar{x}_4) - P(\bar{x}_2\bar{x}_3\bar{x}_4\bar{x}_5) - P(\bar{x}_3\bar{x}_4\bar{x}_5) + P(\bar{x}_1\bar{x}_2\bar{x}_3\bar{x}_4) + \\ &P(\bar{x}_1\bar{x}_2\bar{x}_3\bar{x}_4\bar{x}_5) + P(\bar{x}_1\bar{x}_2\bar{x}_3\bar{x}_4\bar{x}_5) + P(\bar{x}_2\bar{x}_3\bar{x}_4\bar{x}_5) - P(\bar{x}_1\bar{x}_2\bar{x}_3\bar{x}_4\bar{x}_5)] \end{aligned} \tag{3-40}$$

合并同类项后如下:

$$\begin{aligned} R = 1 - [&P(\bar{x}_1\bar{x}_2) + P(\bar{x}_2\bar{x}_3) + P(\bar{x}_3\bar{x}_4) + P(\bar{x}_4\bar{x}_5) - \\ &P(\bar{x}_1\bar{x}_2\bar{x}_3) - P(\bar{x}_1\bar{x}_2\bar{x}_4\bar{x}_5) - P(\bar{x}_2\bar{x}_3\bar{x}_4) - \\ &P(\bar{x}_3\bar{x}_4\bar{x}_5) + P(\bar{x}_1\bar{x}_2\bar{x}_3\bar{x}_4\bar{x}_5)] \end{aligned} \tag{3-41}$$

【例 3-8】　在智能交通传输系统中,中继器是一种将信号放大并将其发送至其他网络段的装置。在大型网络的构建中起到重要的作用。一个中继器能将信号放大,使其在没有任何丢失或失真的情况下抵达后两个中继器,中继器之间串联,当连续两个中继器失效时,信号丢失。

假设有 5 个串行连接的中继器,从中继器 1 至中继器 5 失效的概率分别为:$q_1 = 0.62$,$q_2 = 0.079$,$q_3 = 0.25$,$q_4 = 0.22$,$q_5 = 0.42$,计算该系统的可靠度。

解:将各组件的可靠度值代入式(3-41)中,可得到系统可靠度为

$$R = 1 - (0.62 \times 0.079 + 0.079 \times 0.25 + 0.25 \times 0.22 + 0.22 \times 0.42 - 0.62 \times 0.079 \times$$

0.25 − 0.62 × 0.079 × 0.22 × 0.42 − 0.079 × 0.25 × 0.22 − 0.25 × 0.22 × 0.42 + 0.62 × 0.079 × 0.25 × 0.22 × 0.42) = 0.826

显然，当 n 很大且 $1 \leqslant k \leqslant n$ 时，上述方法会因变得异常复杂而难以应用，这促使研究人员去寻找其他能有效估计系统可靠度的方法，其中，Bollinger(1982)、Lambiris 和 Papastavridis(1985)、Pham 和 Upadhyaya(1988)、Shanthikumar(1982)，还有 Zuo 和 Kuo(1990)等人分别作出了贡献。现将 Shanthikumar 的算法简要表达如下：

步骤 1：令 k,n，且 $1 \leqslant k \leqslant n$，$(i=1,2,3,\cdots,n)$，$q_i = -p_i$。

步骤 2：设 $F(r;k)=0, r=0,1,\cdots,k$。

$$Q \leftarrow \prod_{i=1}^{k} q_i$$

$$F(k;k) = Q$$

步骤 3：$r = k+1 \sim n$。

$$Q \leftarrow Q \times q_r / q_{r-k}$$

$$F(r;k) = F(r-1;k) + [1 - F(r-k-1;k)] \times p_{r-k} \times Q$$

步骤 4：$R(n;k) = 1 - F(n;k)$。

上述算法可通过计算机程序进行编码计算，编码示例可参考相关文献。

【例 3-9】 利用上述算法计算【例 3-8】中所描述的系统的可靠度。

解：运用该算法的步骤具体如下。

步骤 1：$k=2, n=5, p_1=0.38, p_2=0.921, p_3=0.75, p_4=0.78, p_5=0.58$。

步骤 2：$F(0;2)=0, F(1;2)=0, Q=q_1q_2=0.62\times0.079=0.0489, F(2;2)=0.0489$。

步骤 3：$r=3, Q=0.0489\times q_3/q_1=0.0197, F(3;2)=F(2;2)+[1-F(0;2)]\times0.38\times0.0917=0.0563$。

步骤 4：$r=4, Q=0.0197\times q_4/q_2=0.0548, F(4;2)=F(3;2)+[1-F(1;2)]\times0.921\times0.0548=0.1068$。

步骤 5：$r=5, Q=0.0548\times q_5/q_3=0.0920, F(5;2)=F(4;2)+[1-F(2;2)]\times0.75\times0.0920=0.1724$。

步骤 6：$R=1-F(5;2)=0.827$。

通过此算法得到系统可靠度与通过式(3-41)得到的系统可靠度值近似。

3.5.4 连续 k/n:F 系统优化分配

当组件具有不同的失效概率时，连续 $2/n$:F 系统优化分配的可靠度取决于组件在系统中的配置。该系统的设计者希望将 n 个组件同时配置在 n 个位置使得系统可靠度最大化。按照此顺序对组件进行排序：$p_1 < p_2 < \cdots < p_n$。Derman、Lieberman 和 Ross(1982)推测优化分配为 $(1,n,3,n-2,\cdots,n-3,4,n-1,2)$，即将最不可靠的组件放置在最外端，接着放置最可靠的组件，然后以轮流交替的顺序进行下去。

现对这个推测进行证明，定义 $\psi=(\psi_1,\cdots,\psi_n)$，分配策略为 ψ_1 分派到系统中的位置 1，ψ_2 分配到系统中的位置 2，$\cdots$，ψ_n 分配到系统中的位置 n。令 $r(\psi)$ 表示当实施分配策略 ψ 时的系统可靠度。

考虑 n 为 2 的情况，最优化分配为(1,2)或(2,1)。当 n 为 3 时，可靠度 $r(\psi)$ 为

$$r(\psi)=1-q_{\psi(1)}q_{\psi(2)}-q_{\psi(2)}q_{\psi(3)}+\prod_{i=1}^{3}q_{\psi(i)} \tag{3-42}$$

式中，$q_{\psi(i)}$ 表示 $\psi_{(i)}$ 的不可靠度。为使 $r(\psi)$ 最大化，则$[q_{\psi_1}q_{\psi_2}+q_{\psi_2}q_{\psi_3}]$的值应该最小。通过组合 $\psi=(1,3,2)$ 可得最大可靠度，则上述结论是合理的。同样，当 $n=4$ 时，系统可靠度为

$$r(\psi)=1-(q_{\psi(1)}q_{\psi(2)}+q_{\psi(2)}q_{\psi(3)}+q_{\psi(3)}q_{\psi(4)}-q_{\psi(1)}q_{\psi(2)}q_{\psi(3)}-q_{\psi(1)}q_{\psi(2)}q_{\psi(3)}q_{\psi(4)}-q_{\psi(2)}q_{\psi(3)}q_{\psi(4)}+q_{\psi(1)}q_{\psi(2)}q_{\psi(3)}q_{\psi(4)})$$

$$r(\psi)=1-[q_{\psi(1)}q_{\psi(2)}+q_{\psi(3)}q_{\psi(4)}+q_{\psi(2)}q_{\psi(3)}(1-q_{\psi(1)}-q_{\psi(4)})] \tag{3-43}$$

分配 $\psi^*=(1,4,3,2)$ 使 $r(\psi)$ 最小化。同时 ψ^* 也使向量中前两项与最后两项的和最小化。对任意 $n\geqslant1$ 进行推广，可以得到

$$\psi^*=(1,n,3,n-2,\cdots,n-3,4,n,n-1,2) \tag{3-44}$$

求解连续 $2/n:F$ 系统优化分配可靠度的程序可查阅相关文献。

【例 3-10】 铰接式机器人操控系统的防碰撞装置是在传感器系统中阵列分布的红外接近传感器。这些模块位于电路板级别的产品上，利用这些模块可获得来自传感器的数据。每个模块由 8 个传感器、一些分立元器件、一个微型控制器及一些通信元件组成。这个传感器能在 50cm 的范围内检测到由任何材料制成的物体。如果有连续的 2/8 传感器失效，则认为这个系统失效。8 个传感器的不可靠度为 0.01、0.02、0.03、0.04、0.05、0.06、0.07 和 0.08。求系统可靠度最大化的组件优化分配。

解：以递减的顺序对传感器的不可靠度 q_i 进行排序。

元件	1	2	3	4	5	6	7	8
q_i	0.08	0.07	0.06	0.05	0.04	0.03	0.02	0.01

利用本节所讲方法，可得组件分配优化为

$$\psi^*=(1,8,3,6,5,4,7,2)$$

系统的最大可靠度为 0.9915。

Wei Hwang 和 Sos(1983)对 Derman 提出的这种方法持部分认可的态度。Malon(1985)给出能在组件失效概率未知的情况下获得分配优化的所有的 n、k 值。如前所述，系统的可靠度取决于某种失效的概率及元件在系统中的位置。然而，对某些特定值的 n、k 来说，存在一种不用考虑失效概率的优化分配，称这种分配为定常优化分配(Invariant Optimal Arrangements)。接下来，给出具有这种分配的 n、k 值。

按照 $q_1\geqslant q_2\geqslant\cdots\geqslant q_n$ 的顺序对组件进行分配。Malon(1985)指出当且仅当 $k\in\{1,2,\cdots,n-2,n-1,n\}$ 时，连续 $k/n:F$ 系统允许定常优化分配。组件的最优化配置如表 3-1 所示。

组件的最优化配置 表 3-1

k	定常优化分配
1	任意分配
2	$[1,n,3,n-2,\cdots,n-3,4,n-1,2]$
$n-2$	[1,4,(任意分配),3,2]
$n-1$	[1,(任意分配),2]
n	任意分配

【例 3-11】 当连续 6/8:F 系统的感应组件具有如下不可靠度时,重新计算【例 3-10】。

元件	1	2	3	4	5	6	7	8
q_i	0.4	0.35	0.32	0.28	0.25	0.21	0.18	0.15

解:利用表 3-1,如下配置中的任何一种都可得到最优系统可靠度 0.999651:

分配[1,4,组件(5,6,7,8)的任意分配,3,2]

3.6 *k/n* 系统可靠度

3.5 节介绍了当有多于 k 个组件连续失效时,则整体失效的连续 k/n:F 系统。但在很多情况下,并不需要 k 个失效一定连续,且只要任意大于或等于 k 个组件失效,系统就失效。例如,起重机和悬索桥梁常用的钢缆,一根钢缆可能含有成千上万条钢丝,但只有其中的一部分用于承受某种荷载。假设所有的单元寿命独立同分布,且一个单元正常运行的概率为 p,则 n 个单元中恰有 k 个处于运行状态的概率为

$$p(k,n,p) = \binom{n}{k} p^k (1-p)^{n-k} \quad k = 0,1,\cdots,n \tag{3-45}$$

当有大于或等于 k 个组件正常运行时,则认为该系统正常运行。因此,该系统的可靠度为

$$p(k,n,p) = \sum_{r=k}^{n} \binom{n}{r} p^r (1-p)^{n-r} \tag{3-46}$$

如果各单元是不相同的,为计算系统的可靠度,就需要对所有可能的运行组合进行计算,如【例 3-12】所示。

【例 3-12】 有一个由 4 个不同的并联频道构成的远程通信系统 A。如果任意 3 个通道是运行的,那么认为系统 A 运行。计算该系统的可靠度。

解:这是一个 3/4 系统。令 x_1,x_2,x_3,x_4 表示频道 1 ~ 4 正常运行,$\bar{x}_1,\bar{x}_2,\bar{x}_3,\bar{x}_4$ 表示频道失效。则该系统的可靠度为

$$R = P(x_1x_2x_3 + x_1x_2x_4 + x_1x_3x_4 + x_2x_3x_4) \tag{3-47}$$

令

$$A_1 = x_1x_2x_3$$
$$A_2 = x_1x_2x_4$$
$$A_3 = x_1x_3x_4$$
$$A_4 = x_2x_3x_4$$

在计算可靠度时,理论上应在式(3-47)中加上 $A_5 = x_1x_2x_3x_4$。但是,交叉项会抵消掉一些概率,所以在没有 A_5 的情况下式(3-47)也是成立的。重新将式(3-47)改写为

$$\begin{aligned} R &= P(A_1 + A_2 + A_3 + A_4) \\ &= P(A_1) + P(A_2) + P(A_3) + P(A_4) - P(A_1A_2) - P(A_1A_3) - P(A_1A_4) - \\ &\quad P(A_2A_3) - P(A_2A_4) - P(A_3A_4) + P(A_1A_2A_3) + P(A_1A_2A_4) + \\ &\quad P(A_1A_3A_4) + P(A_2A_3A_4) - P(A_1A_2A_3A_4) \end{aligned} \tag{3-48}$$

其中

$$A_1A_2 = A_1A_3 = A_1A_4 = A_2A_3 = A_2A_4 = A_3A_4 = x_1x_2x_3x_4$$

$$A_1A_2A_3 = A_1A_2A_4 = A_1A_3A_4 = A_1A_2A_3A_4 = x_1x_2x_3x_4$$

将其代入式(3-48),可得

$$\begin{aligned} R &= P(x_1x_2x_3) + P(x_1x_2x_4) + P(x_1x_3x_4) + P(x_2x_3x_4) - \\ &\quad 6P(x_1x_2x_3x_4) + 4P(x_1x_2x_3x_4) - P(x_1x_2x_3x_4) \\ &= P(x_1x_2x_3) + P(x_1x_2x_4) + P(x_1x_3x_4) + P(x_2x_3x_4) - 3P(x_1x_2x_3x_4) \end{aligned}$$

如果单元独立且相等,则 $R = 4p^3 - 3p^4$。

以上表达式也能通过式(3-46)得到,推导过程为

$$\begin{aligned} R &= \sum_{r=3}^{4} \binom{4}{r} p^r (1-p)^{4-r} \\ &= \binom{4}{3} p^3 (1-p) + \binom{4}{4} p^4 (1-p)^0 \\ &= 4p^3 - 3p^4 \end{aligned}$$

3.7 k/n 平衡系统可靠度

3.6 小节介绍了 $k/n:F$ 系统的一般形式。存在这样一种情形,当一个组件失效时,另一个也将随后被迫关闭,称这种系统为 k/n 平衡系统。Browm 和 Hirata(2001)还有 Shannon(2000)描述了这样一种为未来载人登陆火星设计的降落系统。该系统的动力装置要求当一对引擎中任意一个在降落过程中失效时,另一个引擎也必须关闭以保持姿态平衡。显然,这种降落系统一定拥有偶数个引擎。Sarper(2005)考虑了两种系统:4 引擎降落系统结构和 6 引擎降落系统结构。图 3-7 所示即为一个 4 引擎降落系统结构。如果组合 $E_1 \sim E_3$ 中的一个引擎失效,则另一个会被迫关闭。同样,如果组合 $E_2 \sim E_4$ 中的一个引擎失效,则另一个会被迫关闭。同样的引擎平衡机制也适用于 6 引擎、8 引擎及相似配置的引擎结构。

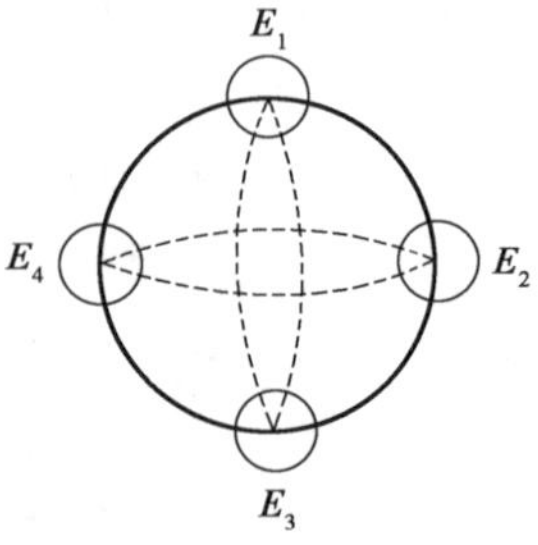

图 3-7　4 引擎降落系统结构示意图

现在以 4 引擎系统为例,估计这一类系统的可靠度。假设 4 个引擎是相似的,且引擎在执行任务时正常运行的概率为 p。

定义引擎状态 X_i 为

$$X_i = \begin{cases} 1 & \text{引擎 } i \text{ 正常运行} \\ 0 & \text{引擎 } i \text{ 失效} \end{cases} \tag{3-49}$$

因此,$P(X_i = 1) = p$ 且 $P(X_i = 0) = 1 - p$。定义系统可靠度为 R,定义降落系统的可靠度为

$$Y = \begin{cases} 1 & \text{系统成功降落} \\ 0 & \text{系统降落失败} \end{cases} \tag{3-50}$$

定义组合 i 中引擎的正常状态为 $X^{(i)}$。因此,任一组合正常运行的概率为 $P(X^{(i)} = 1) = p^2$ 且 $P(X^{(i)} = 0) = 1 - p^2$,则 4 引擎系统的可靠度为至少有一对组合的引擎在任务过程中正常运行的概率。两对组合失效的概率(系统不可靠度)为

$$P(Y=0)=P(X^{(1)}=0)\times P(X^{(2)}=0)=(1-p^2)^2 \tag{3-51}$$

因此,2/4 平衡系统的可靠度为

$$R_b=1-P(Y=0)=1-(1-p^2)^2=2p^2-p^4 \tag{3-52}$$

显然,这个系统的可靠度要低于一般的 k/n 系统,因为后者可靠度定义为 4 个引擎中至少有两个引擎正常运行的概率。考虑同样的一个 4 引擎降落系统,一个一般 $2/n$ 系统的可靠度为

$$R_g=6p^2-8p^3+3p^4 \tag{3-53}$$

R_g-R_b 对除 1 之外的任意 p 恒为正;当 $p=1$ 时,两可靠度值相等。

一般广义系统与平衡系统的可靠度如图 3-8 所示。

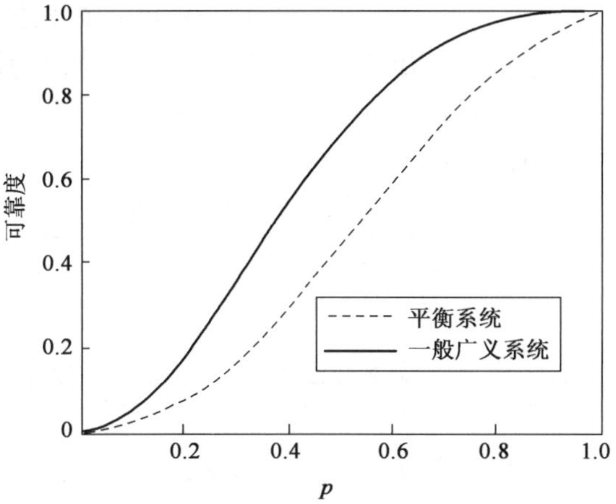

图 3-8 一般广义系统与平衡系统的可靠度

3.8 复杂系统可靠度

在实际应用过程中,除了前面介绍的串联、并联等典型模型之外,还有很多由诸多个单元组成的复杂网络系统,如交通网络系统等。复杂系统的可靠度不能只靠简化成前述的数学模型进行计算,而是要运用一般网络模型常用的分析方法。本节所指的网络是由节点和节点之间的连线(或称为弧或者连线)连接而成,并假设弧(或者单元)和系统只有两种可能的状态,正常或者失效,弧(或者)之间相互独立,同时节点又分为失效和不失效两类。下面将讨论这类网络模型的可靠度分析方法。

3.8.1 布尔真值表法

布尔真值表法也称为状态穷举法。设系统由 n 个单元组成,每个单元有正常、故障两种状态,用 1 表示正常,用 0 表示失效,显然系统共有 2^n 状态。在这 2^n 个状态中,系统也只有正常和失效两种可能,也分别用 1 和 0 表示。当 n 较小时,可列出全部 2^n 个状态,计算出每一种使系统正常的状态概率,这些概率之和即为系统的可靠度。

设第 k 个状态是系统的正常状态,其中有 m 个元件正常,$n-m$ 元件失效,则该状态发生

的概率为

$$P_k = \prod_{i \subset 正常} R_i \cdot \prod_{j \subset 失败} F_j \tag{3-54}$$

系统的可靠度即是所有使系统正常的状态发生概率之和，即

$$R_s = \sum_{k \subset 正常} P_k \tag{3-55}$$

【例 3-13】 如图 3-9 所示的附加通路系统，设每个单元的可靠度均为 0.9，试用布尔真值表法求系统的可靠度。

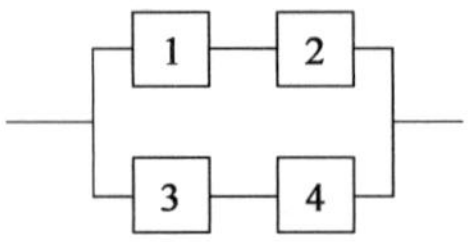

图 3-9　4 单元附加通路系统

解：系统由 4 个单元组成，共有 16 种不同的状态，使系统正常的状态共有 7 种，计算出其中每一种状态发生的概率，如状态 8（表 3-2）发生的概率为

$$0.1 \times 0.9^3 = 0.0729$$

把这 7 种状态发生的概率加在一起即为系统的可靠度：

$$R_s = 0.0081 + 0.0729 + \cdots + 0.6561 = 0.9639$$

具体计算结果如表 3-2 所示。

用布尔真值表法求系统可靠度　　表 3-2

系统状态编号	单元工作状态				系统状态	系统正常状态概率
	1	2	3	4		
1	0	0	0	0	0	
2	0	0	0	1	0	
3	0	0	1	0	0	
4	0	0	1	1	1	0.0081
5	0	1	0	0	0	
6	0	1	0	1	0	
7	0	1	1	0	0	
8	0	1	1	1	1	0.0729
9	1	0	0	0	0	
10	1	0	0	1	0	
11	1	0	1	0	0	
12	1	0	1	1	1	0.0729
13	1	1	0	0	1	0.0081
14	1	1	0	1	1	0.0729
15	1	1	1	0	1	0.0729
16	1	1	1	1	1	0.06561

如用前述的公式计算则为

$$R_s = 1 - (1 - R_0^2)^2 = R_0^2(1 - R_0^2)^2 = 0.9 \times (2 - 0.9^2) = 0.9639$$

如果系统处于故障状态比处于正常状态的数目多，可先计算系统的失效概率，然后再算出系统的可靠度。

布尔真值表法原理简单，容易掌握，但当系统中单元数较多时，计算量非常大，只适于小型网络的可靠性计算。

3.8.2 卡诺图法

卡诺图法是在状态穷举法的基础上进行的，它借助于数字电路理论的卡诺图计算系统的可靠度。用二进制表示的 2^n 种单元状态的组合，可以用一种称为卡诺图的方格图来表示。

卡诺图把 n 位二进制数分成两部分，分别作为横向表头和纵向表头的编码。表头使用的二进制数不是按大小顺序排列，而是使用的格雷（Gray）码，这种编码的特点是相邻位置和对称位置上的两个二进制数只在一位上有差别。例如：

两位二进制数的格雷码表示为 00 01 11 10；

三位二进制数的格雷码表示为 000 001 011 010 110 111 101 100。

表体内的方格用 1 和 0 表示系统的正常状态和故障状态。

利用卡诺图计算系统的可靠度时，把方格内所有标有 1 的方格分成若干个小区，每个小区包括 2^k 个方格，小区应为矩形，各小区不能有交叉，这些小区就是表示“系统正常”这一事件的不交和，从而可以求出系统的可靠度。小区划分的方式不唯一，以小区尽可能少为好，但计算的结果是相同的。

【例 3-14】 如图 3-10 所示的桥式系统，试用卡诺图法求系统的可靠度。设各元件正常的概率均为 R，失效的概率均为 $F=1-R$。

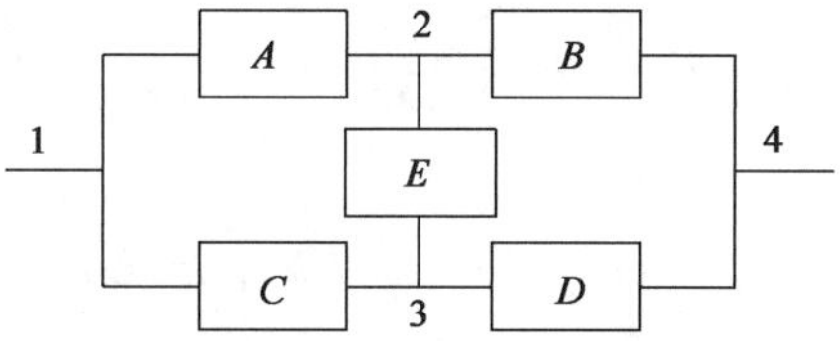

图 3-10 桥式系统示意图

解：画出系统的卡诺图，如图 3-11 所示，把方格中的“1”划分成 5 个小区，则系统的正常状态表示为

$$S = AB + \bar{A}CD + A\bar{B}CD + A\bar{B}\bar{C}DE + \bar{A}BC\bar{D}E$$

$$S = CD + AB\bar{C} + ABC\bar{D} + A\bar{B}\bar{C}DE + \bar{A}BC\bar{D}E$$

所以，系统可靠度为

$$\begin{aligned} R_s &= R^2 + (1-R)R^2 + (1-R)R^3 + 2(1-R)^2R^3 \\ &= 2R^2 + 2R^3 - 5R^4 + 2R^5 \end{aligned}$$

AB	CDE							
	000	001	011	010	110	111	101	100
00					1	1		
01					1	1	1	
11	1	1	1	1	1	1	1	1
10			1		1	1		

图 3-11 桥式系统卡诺图

3.8.3 全概率分解法

若 B_i 是 B 的一个划分，即 $B_i \cap B_j = \Phi$（不可能事件）($i=1,2,\cdots,n;j=1,2,\cdots,n;i\neq j$)，$\bigcup\limits_{i=1}^{n} B_i = I$（必然事件），则全概率公式为

$$P(A) = \sum_{i=1}^{n} P(A \mid B_i)P(B_i) \tag{3-56}$$

对于单调系统（任一元件的失效只会使系统失效概率增加），每个元件有两种状态 X（正常状态）和 $\overline{X}$（失效状态），且二者必居其一，满足全概率公式的条件，因此系统的可靠度 $P(S)$ 为

$$R_s = P(X)P(S \mid X) + P(\overline{X})P(S \mid \overline{X}) \tag{3-57}$$

式中，$S \mid X$ 表示在 X 正常情况下系统正常的事件，相当于把 X 的两端短接起来；$S \mid \overline{X}$ 表示在失效情况下系统正常的事件，相当于把 X 的两端断开。

仍以桥式系统为例，如图 3-12a）所示。

选取元件 E 作为分解元件，短接 E 两端，得到图 3-12b），断开 E 的两端，得到图 3-12c）。则

$$P(S \mid E) = 1-(1-R_A)(1-R_C)[1-(1-R_B)(1-R_D)] = \overline{\overline{R_A}\,\overline{R_C}} \cdot \overline{\overline{R_B}\,\overline{R_C}}$$

且

$$P(S \mid \overline{E}) = 1-(1-R_AR_B)(1-R_CR_D) = \overline{\overline{R_AR_B} \cdot \overline{R_CR_D}}$$

则

$$\begin{aligned} R_s = P(S) &= P(E)P(S \mid E) + P(\overline{E})P(S \mid \overline{E}) \\ &= R_E\,\overline{\overline{R_A}\,\overline{R_C}} \cdot \overline{\overline{R_A}\,\overline{R_B}} + \overline{R_E}\,\overline{\overline{R_AR_B} \cdot \overline{R_CR_D}} \end{aligned} \tag{3-58}$$

若各元件正常的频率均为 R，则有

$$\begin{aligned} R_s &= R[1-(1-R)^2]^2 + (1-R)[1-(1-R^2)^2] \\ &= 2R^2 + 2R^3 - 5R^4 + 2R^5 \end{aligned} \tag{3-59}$$

这和卡诺图法的结果是一致的。

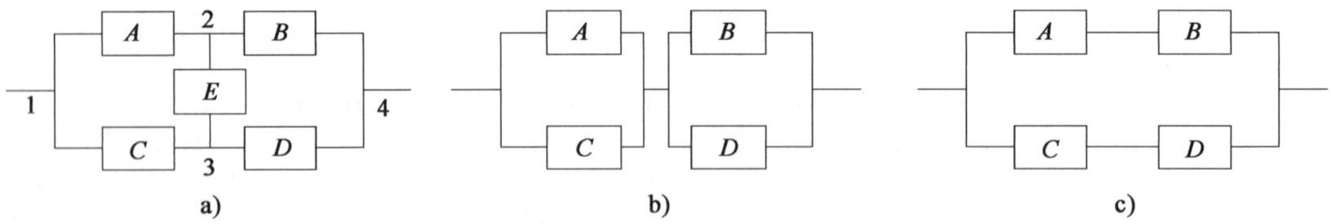

图 3-12 桥式系统及其化简图

全概率分解法的关键是选择合适的单元进行展开，对于更为复杂的网络系统，可按此原理逐级分解，将其转化为一般的串并联，从而求出全系统的可靠性。

3.8.4 最小路集法

1）网络的基本概念

网络是由弧和节点组成的图形，如把图 3-12 的桥式系统中的每个元件均用一条弧代替，并且把各弧通过节点连通，即构成了如图 3-13 所示的桥式系统可靠性网络图。该网络由 5 条

弧和 4 个节点组成,弧代表组成系统的单元,弧的名称同时也代表该弧正常的事件,节点代表单元之间的逻辑关系,弧导通,则该弧所代表的单元正常,也称为弧正常。从输入节点到输出节点间若一条路导通,则系统正常。弧分为有向弧和无向弧,无向弧也可看作双向弧。全部由无向弧构成的网络称为无向网络,全部由有向弧构成的网络称为有向网络,既有有向弧也有无向弧构成的网络称为混合网络。如电阻桥式电路系统是无向网络,而二极管桥式整流电路构成的网络就是有向网络,无向网络在指定了输入节点或输出节点后就变成了有向网络或混合网络。

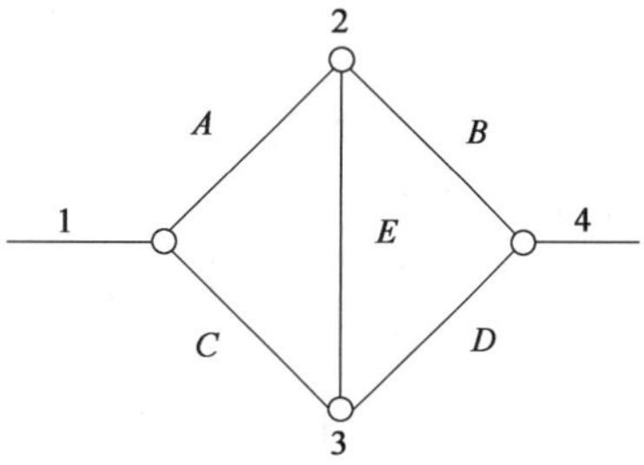

图 3-13　桥式系统可靠性网络图

节点也按其特征分类,只有流出弧的节点称为输入节点(如图 3-13 中节点 1),只有流入弧的节点称为输出节点(如图 3-13 中节点 4),其余称为中间节点。无向网络的输入节点和输出节点可以互换。

连接任意两节点间弧的集合,称为两节点间的一条路(Path)。在一个网络中,若由一些弧构成的集合,当这些弧正常时,能使系统正常,即能使输入节点和输出节点连通,则称这些弧的集合为路集(Path Sets)。

在图 3-13 中,$\{A,B\}$、$\{C,D\}$、$\{A,E,D\}$、$\{C,E,B\}$、$\{A,B,C\}$、$\{A,B,C,D\}$、$\{B,C,D,E\}$、$\{A,B,C,D,E\}$均是路集,路集中包含的弧的数目称为路长,如$\{A,B,C,D\}$的路长为 4。弧的全集合都正常,系统肯定正常,所以弧的全集肯定是一个路集,这对任何网络都是成立的。桥式系统一共有 16 个路集,其中的任一个路集正常,系统即正常,因此系统的正常状态即是各路集的并。

在任一路集的基础上再添加正常弧,当然仍是路集,但如果从某路集中去掉任一弧(即使该弧失效),其余集就不再是路集时,称这样的路集为最小路集(Minimum Path Sets)。

一般来说,如果网络的节点数为 n,并且任意两节点间最多只能有一条弧(如有两条即构成并联,可以合并),可以证明,网络包含的弧数最多为 $n(n-1)/2$,最小路集数为 2^{n-2},最小路集的最大路长为 $n-1$。如图 3-13 所示,该桥式网络共有 4 个最小路集,分别是$\{A,B\}$、$\{C,D\}$、$\{A,E,D\}$、$\{C,E,B\}$。

2)最小路集的求法

对于较为简单的网络可以直接看出有几条最小路集,但对于较为复杂的网络必须有专门的方法寻找最小路集。

(1)联络矩阵法

给定一个有 n 个节点的网络 S(无向、有向、混合),定义相应的 n 阶矩阵 $\boldsymbol{C}=[c_{ij}]_{n\times n}$,其中

$$c_{ij}=\begin{cases}x & \text{若节点 } i \text{ 到 } j \text{ 之间有弧直接相连}(x=1 \text{ 或 } x=\text{弧})\\ 0 & \text{若节点 } i \text{ 到 } j \text{ 之间无弧直接相连}\end{cases} \tag{3-60}$$

称 $\boldsymbol{C}$ 为网络的联络矩阵(或关联矩阵)。当节点 i、j 之间无弧之间连接时,$c_{ij}=0$,当 $i=j$ 时,即对角线上的元素为 1;当节点 i、j 之间有弧直接连接时,$c_{ij}=$弧。

如图 3-13 所示的桥式网络,其联络矩阵为

$$C=\begin{bmatrix}1 & A & C & 0\\0 & 1 & E & B\\0 & E & 1 & D\\0 & 0 & 0 & 1\end{bmatrix}\tag{3-61}$$

把矩阵 C 自乘 $n-1$ 次,得到 C^{n-1},输入节点所在行或输出节点所在列对应的元素即是所有的最小路集,任意两个节点对应的元素就是这两个节点之间的所有最小路集。自乘时,采用的是布尔乘法。

$$C^2=\begin{bmatrix}1 & A & C & 0\\0 & 1 & E & B\\0 & E & 1 & D\\0 & 0 & 0 & 1\end{bmatrix}\begin{bmatrix}1 & A & C & 0\\0 & 1 & E & B\\0 & E & 1 & D\\0 & 0 & 0 & 1\end{bmatrix}=\begin{bmatrix}1 & A+CE & C+AE & AB+CD\\0 & 1 & E & B+DE\\0 & E & 1 & D+BE\\0 & 0 & 0 & 0\end{bmatrix}\tag{3-62}$$

$$\begin{aligned}C^3&=\begin{bmatrix}1 & A+CE & C+AE & AB+CD\\0 & 1 & E & B+DE\\0 & E & 1 & D+BE\\0 & 0 & 0 & 0\end{bmatrix}\begin{bmatrix}1 & A & C & 0\\0 & 1 & E & B\\0 & E & 1 & D\\0 & 0 & 0 & 1\end{bmatrix}\\&=\begin{bmatrix}1 & A+CE & C+AE & AB+CD+BEC+AED\\0 & 1 & E & B+DE\\0 & E & 1 & D+BE\\0 & 0 & 0 & 0\end{bmatrix}\end{aligned}\tag{3-63}$$

输入节点1到输出节点4之间有4个最小路集,分别是$\{A,B\}$、$\{C,D\}$、$\{A,E,D\}$、$\{C,E,B\}$。

(2)布尔行列式法

把联络矩阵中对应于输入节点的列和输出节点的行的元素划去得到子阵,该子阵对应的行列式展开成布尔积的和,便可得到网络的最小路集。

对于上述的桥式网络,划去节点1所在的列和节点4所在的行,对应的行列式为

$$|S|=\begin{vmatrix}A & C & 0\\1 & E & B\\E & 1 & D\end{vmatrix}\tag{3-64}$$

展开后:$S=AED+BCE+AB+CD$,即得到从输入节点到输出节点之间的最小路集$\{A,B\}$、$\{C,D\}$、$\{A,E,D\}$、$\{C,E,B\}$。

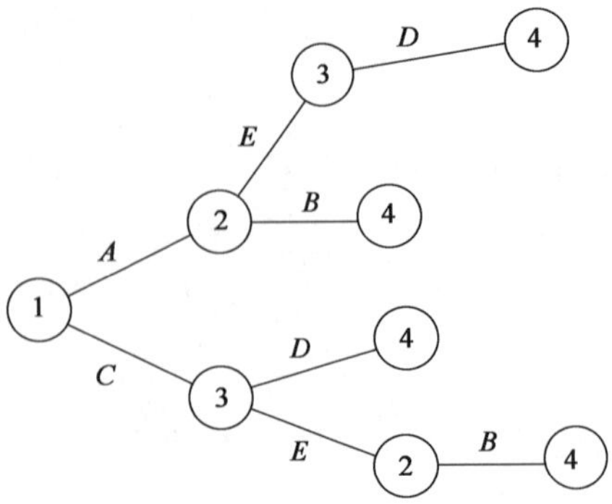

图3-14　桥式网络的搜索树

(3)搜索法

①搜索法的基本思路是由网络的输入节点开始一次向输出节点搜索,找出全部最小路集。利用搜索树的方法可以使得搜索过程变得非常清晰。搜索树的起点是输入节点,每条路的终点都是输出节点。任意一条从输入节点到输出节点之间的一条路都是最小路集。仍以桥式网络为例,可以用建搜索树的方法求解,如图3-14所示。

②由最小路集求系统可靠度(正常工作概率)。

设某网络共有 m 个最小路集[A_i($i=1,2,\cdots,$

m)]，任意最小路集存在，足以使网络正常，因此，网络正常事件可表示为

$$s = \bigcup_{i=1}^{m} A_i \tag{3-65}$$

式中，A_i 表示第 i 个最小路集存在的事件。则网络系统正常工作的概率(可靠度)为

$$R = P(s) = P(\bigcup_{i=1}^{m} A_i) = \sum_{i}^{m} P(A_i) - \sum_{1 \leqslant i \leqslant j \leqslant m} P(A_i A_j) + \cdots + (-1)^{m-1} P(A_1 A_2 \cdots A_m) \tag{3-66}$$

【例 3-15】 求图 3-15 所示网络系统的最小路集。

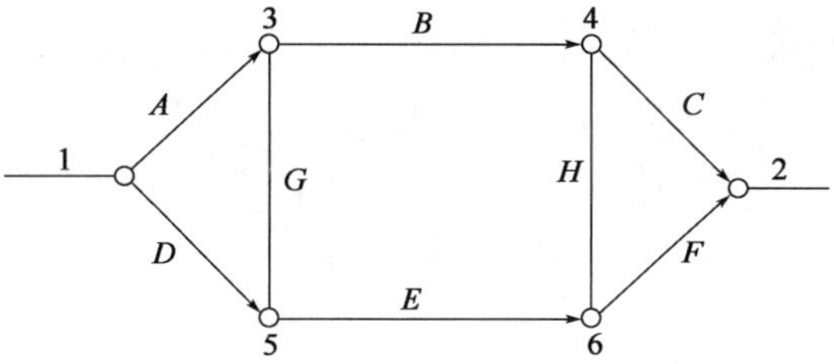

图 3-15 网络系统示例

解：用布尔行列式法，联络矩阵为

$$\boldsymbol{C} = \begin{bmatrix} 1 & 0 & A & 0 & D & 0 \\ 0 & 1 & 0 & 0 & 0 & 0 \\ 0 & 0 & 1 & B & G & 0 \\ 0 & C & 0 & 1 & 0 & H \\ 0 & 0 & G & 0 & 1 & E \\ 0 & F & 0 & H & 0 & 1 \end{bmatrix}$$

把 $\boldsymbol{C}$ 中第一列和第二行的元素划去得到子阵，该子阵对应的行列式为

$$|S| = \begin{vmatrix} 0 & A & 0 & D & 0 \\ 0 & 1 & B & G & 0 \\ C & 0 & 1 & 0 & H \\ 0 & G & 0 & 1 & E \\ F & 0 & H & E & 1 \end{vmatrix}$$

把 $|S|$ 按行展开，得

$$S = A\begin{vmatrix} 0 & B & G & 0 \\ C & 1 & 0 & H \\ 0 & 0 & 1 & E \\ F & H & E & 1 \end{vmatrix} + D\begin{vmatrix} 0 & 1 & B & 0 \\ C & 0 & 1 & H \\ 0 & G & 0 & E \\ F & 0 & H & 1 \end{vmatrix}$$

$$= A\begin{vmatrix} 0 & B & 0 \\ C & 1 & H \\ F & H & 1 \end{vmatrix} + AE\begin{vmatrix} 0 & B & G \\ C & 1 & 0 \\ F & H & E \end{vmatrix} + D\begin{vmatrix} C & 1 & H \\ 0 & 0 & E \\ F & H & 1 \end{vmatrix} + DB\begin{vmatrix} C & 0 & H \\ 0 & G & E \\ F & 0 & 1 \end{vmatrix}$$

$$= ABFH + ABC + AECHG + AEFG + DEF + DCEH + DBCG + DBFGH$$

展开后的各项就是所有的最小路集，按路长及弧的顺序整理为

$$S = ABC + DEF + DGBC + AGEF + ABHF + DEHC + DGBHF + AGEHC$$

利用其他方法同样可以求证。

③最小路集不交化。

一般求得的最小路集是相交的或者说是相容的。通过相交的最小路集求系统正常工作概率可以用概率的普遍公式求出,但较为复杂,比较麻烦。合理的做法是把相交的最小路先化成不相交的最小路,然后再求系统的可靠度,这一过程称为不交化过程。所谓不交化是指把相交的集合化为不相交的集合,也就是把各最小路集的并化为不相交的积之和表达式,运算中主要使用集合代数和布尔代数的运算法则。

例如桥式网络,共有4个最小路集,分别是$\{A,B\}$、$\{C,D\}$、$\{A,E,D\}$、$\{C,E,B\}$,其中只要有一个最小路集正常,系统即正常,故系统正常的事件是各最小路集的并,即

$$S = AB \cup CD \cup AED \cup CEB \tag{3-67}$$

$$R_s = P(S) = P(AB \cup CD \cup AED \cup CEB) \tag{3-68}$$

当最小路集不多时,可以用手工化简。下面用不交化法进行化简,化简时要用到以下一些规则。

a. 若S_i和S_j包含一些共同元素,则

$$\overline{S_i} \cdot S_j = \overline{S_{i\leftarrow j}} \cdot S_j \tag{3-69}$$

式中,$S_{i\leftarrow j}$表示S_i中具有而S_j中没有的元素的布尔积。

例如:$S_i = abcde$,$S_j = abdfg$,则$S_{i\leftarrow j} = ce$,$\overline{S_{i\leftarrow j}} = \overline{ce} = \overline{c} + \overline{e}$。

b. 若S_i和S_j包含一些共同元素,S_j和S_k也包含一些共同元素,则

$$\overline{S_i} \cdot \overline{S_j} \cdot S_k = \overline{S_{i\leftarrow k}} \cdot \overline{S_{j\leftarrow k}} \cdot S_k \tag{3-70}$$

例如:$S_i = abcde$,$S_j = abdfg$,$S_k = bdghi$,则$\overline{S_i} \cdot \overline{S_j} \cdot S_k = \overline{ace} \cdot \overline{af} \cdot bdghi$。

根据上述规则,可以计算出桥式网络最小路集的不交化集合,即

$$\begin{aligned} S &= AB \cup CD \cup AED \cup CEB \\ &= AB + \overline{AB} \cdot CD + \overline{AB} \cdot \overline{CD} \cdot AED + \overline{AB} \cdot \overline{CD} \cdot \overline{AED} \cdot CEB \\ &= AB + \overline{A}CD + A\overline{B}\,\overline{C}ED + \overline{A}BC\overline{D}E \end{aligned} \tag{3-71}$$

这和前面的卡诺图法求出的结果是一致的,即卡诺图法实际上就是一种不交化算法。

④最小割集法。

网络中的一些弧(或单元),当这些弧失效时,网络就失效,这些弧的集合称为割集。若由割集中去掉任何一个弧,就不能仍为割集,这种割集称为最小割集。

设$B_1,\cdots,B_k$为系统的k个最小割集,任一最小割集发生失效,系统即失效,因此系统失效事件B为

$$B = B_1 \cup B_2 \cup \cdots \cup B_k = \bigcup_{i=1}^{k} B_i \tag{3-72}$$

则系统的失效概率(不可靠度)为

$$\begin{aligned} F_s &= P(B) = P\left(\bigcup_{i=1}^{k} B_i\right) \\ &= \sum_{i=1}^{k} P(B_i) + \sum_{1 \leqslant i \leqslant j \leqslant k} P(B_i B_j) + \cdots + (-1)^{k-1} P(B_1 B_2 \cdots B_k) \end{aligned} \tag{3-73}$$

【例3-16】 考虑如图3-16所示的系统,利用路集法和割集法估计系统可靠度。

解:系统的最小路集为

$$T_1 = AE; T_2 = DC; T_3 = ABC$$

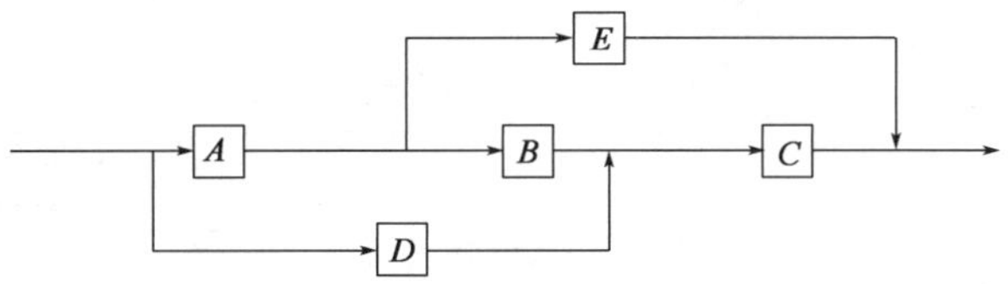

图 3-16　某系统示例图

则系统的可靠度由路集的并决定，具体如下：

$$R = P(AE \cup DC \cup ABC) = P(AE) + P(DC) + P(ABC) - P(AEDC) - P(AEBC) - P(ABCD) + P(ABCDE) \tag{3-74}$$

假设概率之间相互独立，则式(3-74)可写为

$$R = P(A)P(E) + P(D)P(C) + P(A)P(B)P(C) - P(A)P(E)P(D)P(C) - P(A)P(E)P(B)P(C) - P(A)P(B)P(C)P(D) + P(A)P(B)P(C)P(D)P(E) \tag{3-75}$$

如果所有组件是相同的且每个组件正常运行的概率为 p，则式(3-75)变为

$$R = 2p^2 + p^3 - 3p^4 + p^5 \tag{3-76}$$

同样也能利用割集法计算 R。最小的割集为

$$C_1 = \overline{AD};C_2 = \overline{EC};C_3 = \overline{AC};C_4 = \overline{BED}$$

则系统可靠度为

$$R = 1 - P(\overline{AD} \cup \overline{EC} \cup \overline{AC} \cup \overline{BED}) \tag{3-77}$$

再次，假设概率之间独立，则式(3-77)变为

$$R = 1 - [P(\overline{AD}) + P(\overline{EC}) + P(\overline{AC}) + P(\overline{BED}) - P(\overline{ADEC}) - P(\overline{ADC}) - P(\overline{ADBE}) - P(\overline{ECA}) - P(\overline{ECBD}) - P(\overline{ABCDE}) + P(\overline{ADEC}) + P(\overline{ABCDE}) + P(\overline{ABCDE}) + P(\overline{ECABD}) - P(\overline{ABCDE})]$$

替换为

$$P(\overline{A}) = [1 - P(A)] \text{ 且 } P(A) = P(B) = P(C) = P(D) = P(E) = p$$

利用上式，可得

$$R = 2p^2 + p^3 - 3p^4 + p^5 \tag{3-78}$$

式(3-76)和式(3-78)结果一致。

3.8.5　事件空间法

事件空间法基于列出系统所有可能的逻辑事件计算系统可靠度。换句话说，所有组件一开始都是运行的，允许它们独立地失效，一次两个、一次三个，等等，则系统可靠度可以通过所有成功逻辑事件的并算出。显然，事件的数目取决于系统中组件的数目，一个系统含 5 个组件，且每个组件要么运行要么失效，则该系统一共有 $2^5 = 32$ 个事件。其中，只有 1 种事件不包含失效$\left\{\binom{5}{0} = 1\right\}$，有 5 种事件包含一个失效$\left\{\binom{5}{1} = 5\right\}$，等等。下面这个例子将说明如何利用事件空间法计算复杂系统的可靠度。

【例 3-17】　利用事件空间法计算图 3-16 所示系统的可靠度。

解：因为在系统中共有 5 个组件，则系统逻辑事件的数目为 $2^5 = 32$。这些逻辑事件如

表 3-3所示(Shooman,1968)。

图 3-16 所示系统的所有逻辑事件　　表 3-3

组 0(0 个失效)	$X_1=ABCDE$
组 1(1 个失效)	$X_2=\bar{A}BCDE,X_3=A\bar{B}CDE$
	$X_4=AB\bar{C}DE,X_5=ABC\bar{D}E,X_6=ABCD\bar{E}$
组 2(2 个失效)	$X_7=\bar{A}\bar{B}CDE,X_8=\bar{A}B\bar{C}DE$
	$X_9=\bar{A}BC\bar{D}E,X_{10}=\bar{A}BCD\bar{E}$
	$X_{11}=A\bar{B}\bar{C}DE,X_{12}=A\bar{B}C\bar{D}E$
	$X_{13}=A\bar{B}CD\bar{E},X_{14}=AB\bar{C}\bar{D}E$
	$X_{15}=AB\bar{C}D\bar{E},X_{16}=ABC\bar{D}\bar{E}$
组 3(3 个失效)	$X_{17}=AB\bar{C}\bar{D}\bar{E},X_{18}=A\bar{B}C\bar{D}\bar{E}$
	$X_{19}=A\bar{B}\bar{C}D\bar{E},X_{20}=A\bar{B}\bar{C}\bar{D}E,X_{21}=\bar{A}BC\bar{D}\bar{E}$
	$X_{22}=\bar{A}B\bar{C}D\bar{E},X_{23}=\bar{A}B\bar{C}\bar{D}E,X_{24}=\bar{A}\bar{B}CD\bar{E}$
	$X_{25}=\bar{A}\bar{B}C\bar{D}E,X_{26}=\bar{A}\bar{B}\bar{C}DE$
组 4(4 个失效)	$X_{27}=A\bar{B}\bar{C}\bar{D}\bar{E},X_{28}=\bar{A}B\bar{C}\bar{D}\bar{E},X_{29}=\bar{A}\bar{B}C\bar{D}\bar{E}$
	$X_{30}=\bar{A}\bar{B}\bar{C}D\bar{E},X_{31}=\bar{A}\bar{B}\bar{C}\bar{D}E$
组 5(5 个失效)	$X_{32}=\bar{A}\bar{B}\bar{C}\bar{D}\bar{E}$

则系统可靠度即为正常运行事件的并集,即

$$R=P(X_1+X_2+\cdots+X_7+X_{10}+\cdots+X_{14}+X_{16}+X_{20}+X_{24}) \tag{3-79}$$

假设所有的组件是不相交的,则式(3-79)可写为

$$\begin{aligned}R=&P(X_1)+P(X_2)+\cdots+P(X_7)+P(X_{10})+P(X_{11})+\\&P(X_{12})+P(X_{13})+P(X_{14})+P(X_{16})+P(X_{20})+P(X_{24})\end{aligned} \tag{3-80}$$

如果所有组件是独立的,且正常运行的概率为 p,则

$$P(X_1)=P(ABCDE)=p^5$$

$$P(X_2)=P(X_3)=\cdots=P(X_6)=(1-p)p^4$$

$$P(X_7)=P(X_{10})=\cdots=P(X_{14})=P(X_{16})=(1-p)^2p^3$$

$$P(X_{20})=P(X_{24})=(1-p)^3p^2$$

且

$$R=p^5+5(1-p)p^4+7(1-p)^2p^3+2(1-p)^3p^2$$

整理后得到

$$R=2p^2+p^3-3p^4+p^5$$

路集法和割集法最终都得到这一相同的结果。

3.8.6 还原法

还原法(Reduction Method)基于标准布尔真值表,在此基础上应用互斥的乘积和项(Case,1977)。首先建立一个 2^n 真值表(n 表示系统中的组件数目)。检查真值表的每一行,指出表示系统运行的行。列出第一列的所有表示系统运行的行,建立一个还原表。通过比较第一列

乘积项字母的逆得到结果。一旦某一项用于比较,则在之后的比较中不再参与运算,以保证余下的项依然互斥。不断重复这个过程,直至所有可能项都已考虑,则系统可靠度就为所有比较结果的并。

需要指出的是,按什么顺序选取用于比较的项对于估计系统可靠度没有影响。

【例 3-18】 利用还原法计算如图 3-16 所示系统的可靠度。

解:利用表 3-3 得到的结果,在图 3-17 中列出系统所有的运行状态。

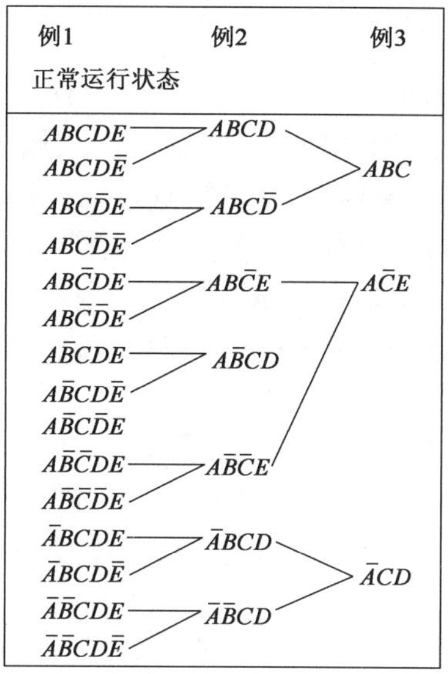

图 3-17 图 3-16 的还原过程

将所有不能再进一步组合的状态相并,可得系统的可靠度为

$$
\begin{aligned}
R &= P(A\bar{B}C\bar{D}E + A\bar{B}CD + ABC + A\bar{C}E + \bar{A}CD) \\
&= p^3(1-p)^2 + p^3(1-p) + p^3 + p^2(1-p) + p^2(1-p) \\
&= 2p^2 + p^3 - 3p^4 + p^5
\end{aligned} \tag{3-81}
$$

3.8.7 路集-轨迹法

路集-轨迹法是一种简单的方法,且对估计复杂系统的可靠度非常有效。运用此方法时,首先假设可靠度框图中的所有直框处于初始失效状态,且组件可以单个或多个不等进行更换。给出组件最少的有效路集的可靠度,可以计算整个系统的可靠度,计算过程如【例 3-19】所示。

【例 3-19】 利用路集-轨迹方法计算图 3-16 所示系统的可靠度。

解:如可靠性框图所示,单独一个组件自身无法构成一个有效路集,但是双件组合 AE 和 DC 及三件组合 ABC 可构成有效路集。系统可靠度可以通过所有有效路集的并得到。

$$
\begin{aligned}
R = &P(AE) + P(DC) + P(ABC) - P(AEDC) - P(AEBC) - \\
&P(DCAB) + P(ABCDE)
\end{aligned} \tag{3-82}
$$

如果所有组件是相同的且每个组件正常运转的概率为 p,则由式(3-82)可得到

$$R = 2p^2 + p^3 - 3p^4 + p^5$$

3.8.8 因子分解法

考虑一个能由可靠度网络或图表表示的系统。一个典型的图表由点和线构成:其中一个节点表示一个地址,它通过线与其他节点相连;一条线表示一种连接节点的方法。

因子分解法来源于前面所介绍的分解法。如果 $R=(G\mid e)$ 是在 e(弧线或直线)运行的情况下系统的可靠度,且 $R=(G\mid \bar{e})$ 表示 e 失效时系统的可靠度,则 G 的可靠度为

$$R(G)=p_eR(G\mid e)+(1-p_e)R(G\mid \bar{e}) \tag{3-83}$$

式中,p_e 表示组件 e 的可靠度。

任何一类 G 的可靠度都能通过重复运用式(3-83)计算得到。无向图有一些特殊的性质,这些性质可用来简化因子分解法,假设节点处于工作状态,则 $R(G\mid e)$ 和 $R(G_e)$ 是一致的,其中 G_e 是 G 删除边 e、合并其端点后得到的。同样,$R(G\mid \bar{e})$ 与 $R(G-e)$ 相同,其中 $G-e$ 是删除 e 之后的框图(但不删除顶点)。需要指出的是,在运用框图表示系统时,可以在不知道最小路集集合的情况下运用因子分解法。而且,除非在删除一条边之后运用某种概率合并法,否则因子分解法与状态空间列举法(Agrawal 和 Barlow,1984)等价。下面具体阐释如何利用因子分解法计算系统可靠度。

【例 3-20】 在大城市中,工厂利用液化气生产天然气。通过热值、燃烧性及其他特征可以检测天然气的质量。随后天然气通过输送管道运送到配送中心,天然气在最终输送到家庭用户之前会在这里进行降压处理。图 3-18 所示为一个简化的天然气输送系统的简化网络。节点 A 表示天然气被液化的地点。节点 B、C、D、E 表示从 A 接收天然气的主要配送中心。由于为城市的关键服务设施提供天然气,故必须要将其送达配送中心(节点 F)。因此,该网络的可靠度就是从节点 A 输出的天然气到达配送中心(节点 F)的概率。假设每个输送管道的可靠度为 p。利用因子分解法计算该网络的可靠度。

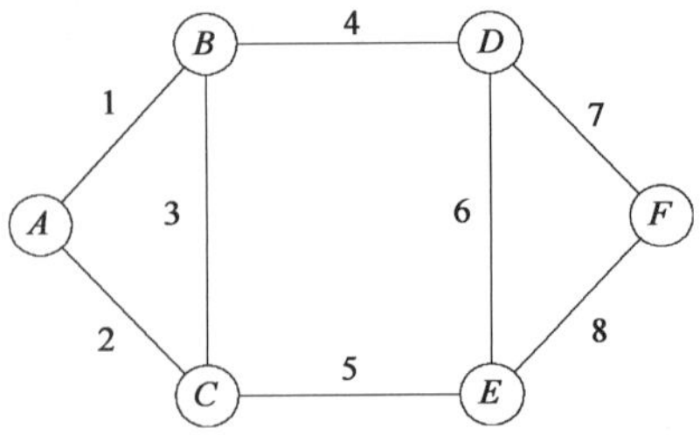

图 3-18 天然气输送系统的简化网络

定义符号⊕为并联管道可靠度的计算符号,则

$$p_i \oplus p_j = p_i + p_j - p_ip_j$$

运用因子分解法的第一步是选定一条线,如线 1,然后作出两个子图:G_1 对应于线 1 正常工作,$G-1$ 对应于线 1 失效。现在将图 G_1 中的线 2、线 3 用一条线代替,则其对应的可靠度为 $p_2+p_3-p_2p_3$。而且在 G_1 中,这条替代的新线与线 5 构成了一个串联系统,这两条线对应的可靠度为 $(p_2+p_3-p_2p_3)p_5$。接下来,利用因子分解法继续对线 4 分解,可以生成两个额外的图,以此类推,利用串联结构和并联结构概率进行缩减,每个图都可简化为单一的线。当无法进一步对子图作行分解转化时,该算法终止。图 3-19 即按以上步骤描绘了该算法的实现(Agrawal 和 Barlow,1984)。

利用式(3-83),以及图 3-19 底部的 4 个子图,可以得到该网络的可靠度为

$$\begin{aligned}R(G) &= p^2[(\{[(p\oplus p)p]\oplus p\}p)\oplus p]+p(1-p)\{[(p\oplus p)p](p^2\oplus p)\}+\\&\quad p(1-p)\{[p(p\oplus p)]\oplus p^2\}p+(1-p)^2[(p^3\oplus p)p^2]\\&=(p^3+p^4+p^5-5p^6+4p^7-p^8)+(2p^4-p^5-4p^6+4p^7-p^8)+\\&\quad(3p^4-4p^5-p^6+3p^7-p^8)+(p^3-2p^4+2p^5-3p^6+3p^7-p^8)\\&=2p^3+4p^4-2p^5-13p^6+14p^7-4p^8\end{aligned} \tag{3-84}$$

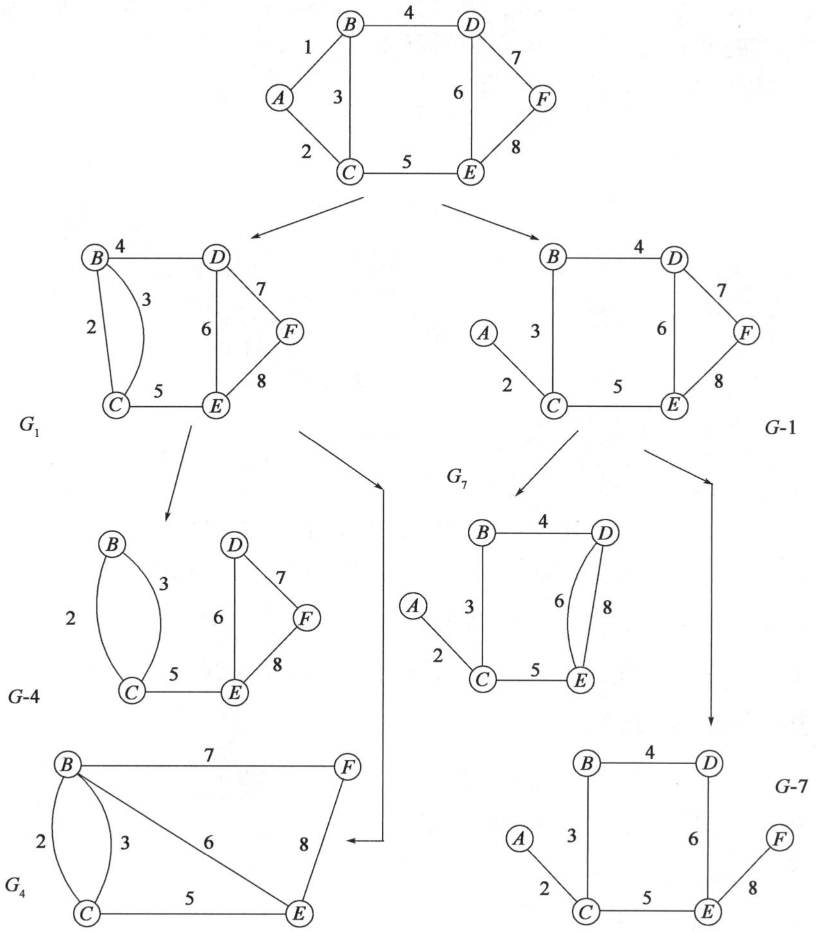

图 3-19 子图的结构

对于由具有不同可靠度的管道组成的网络，其 $R(G)$ 可直接推导，且推导步骤与上述方法相似。

3.9 特殊网络

在许多情形下，网络具有许多重复的结构，但是随着网络体积的增大，节点与线的数量也会增加。这样的系统存在于远程通信网络中，它们为系统提供快速、高效的交互节点及冗余路集。这类系统包括 Omega 网络、二进制 n 立方网络、混洗网络、Delta 网络和 Banyan 网络，这些系统称为 2×2 交叉开关网络。这类系统有 n 个开关及一些状态，每个状态（第一个与最后一个除外）有两个输入和两个输出。其他系统如 Gamma 系统则是完整的 3×3 交叉开关网络，即除第一个状态与最后一个状态外，每个开关有 3 个输入和 3 个输出。对于其他阶数的开关，可能的节点数由阶数乘以 3 确定。

因为这样的网络具有重复结构，所以其可靠度可以通过递归方程求得。现对【例 3-21】中的阶梯网络（Parker 和 Raghavendra，1984）运用这种方法进行描述。

【例 3-21】 考虑一个有 10 个开关(节点)的网络,这个网络是一个单向的流体网络,假设每个开关正常运转的概率为 p,计算该系统的可靠度。

解:该网络如图 3-20 所示。

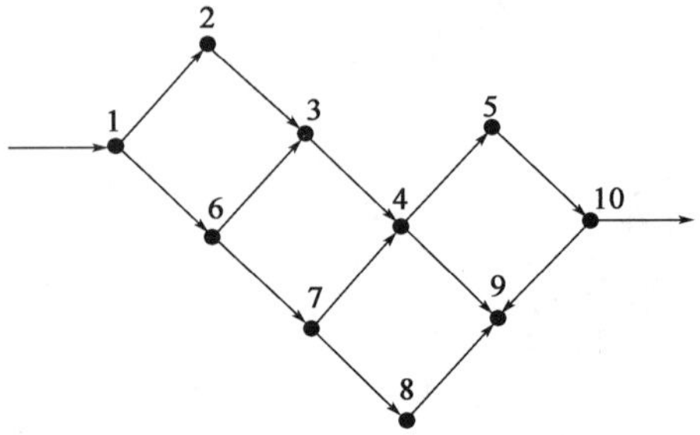

图 3-20　10 个开关的阶梯系统

利用递推关系,可得该系统的可靠度为

$$R = R(1 \to 10)R(10) = R(1 \to 10)p$$

式中,$R(1 \to 10)$表示从开关 1 到开关 10 的系统可靠度。根据以上表示可得

$$R(1 \to 10) = R(1 \to 9)R(9) + R(1 \to 4)R(4)R(5)[1 - R(9)]$$

$$R(1 \to 9) = R(1 \to 4)R(4) + R(1 \to 7)R(7)R(8)[1 - R(4)]$$

$$R(1 \to 7) = R(1)R(6) = p^2$$

$$R(1 \to 4) = R(1 \to 3)R(3) + R(1 \to 6)R(6)R(7)[1 - R(3)]$$

$$R(1 \to 3) = 2p^2 - p^3 \text{(见并联系统可靠度)}$$

$$R(1 \to 6) = p$$

$$R(1 \to 4) = (2p^2 - p^3)p + p^3(1 - p) = 3p^3 - 2p^4$$

$$R(1 \to 9) = 4p^4 - 3p^5$$

$$R(1 \to 10) = 7p^5 - 8p^6 + 2p^7$$

因此,该梯级网络的可靠度为 $R = 7p^6 - 8p^7 + 2p^8$。

3.10　多态模型

近年来,人们越发关注如何对多态可靠性模型进行建模和评估。有很多成果针对具有复杂单元的组件和系统可靠度建模。

3.10.1　串联系统

考虑具有 3 种状态的组件:x(正常)、$\bar{x}_o$(开路失效)、$\bar{x}_s$(短路失效)。在一个由 n 个 3 态组件构成的串联配置中,如果任何一个组件开路失效,则整个系统失效。但是,只有当所有组件短路失效时,系统才失效。定义以下变量:

$\bar{x}_{si}$为组件 i 的短路失效模式;

$\bar{x}_{oi}$为组件 i 的开路失效模式；

x_i 为组件 i 的正常运行模式；

n 为不同但独立的 3 态组件数目；

q_{si}为组件 i 短路失效的概率；

q_{oi}为组件 i 开路失效的概率。

由一个 3 态组件构成的系统的可靠度为

$$R = P(x_1) = 1 - P(\bar{x}_{o1}) - P(\bar{x}_{s1}) \tag{3-85}$$

也可以表达为

$$R = (1 - q_{o1}) - q_{s1} \tag{3-86}$$

假设一个系统由两个 3 态组件串联组成，则可得其可靠度为

$$\begin{aligned} R &= 1 - P\quad 系统失效 \\ &= 1 - P(\bar{x}_{o1} + \bar{x}_{o2} + \bar{x}_{s1}\bar{x}_{s2}) \\ &= 1 - [P(\bar{x}_{o1}) + P(\bar{x}_{o2}) - P(\bar{x}_{o1}\bar{x}_{o2}) + P(\bar{x}_{s1}\bar{x}_{s2})] \\ &= 1 - [(q_{o1} + q_{o2} - q_{o1}q_{o2}) + q_{s1}q_{s2}] \end{aligned} \tag{3-87}$$

式(3-87)也可表示为

$$R = \prod_{i=1}^{2}(1 - q_{oi}) - q_{s1}q_{s2} \tag{3-88}$$

当组件数为 n 时，由式(3-86)和式(3-88)可得

$$R = \prod_{i=1}^{n}(1 - q_{oi}) - \prod_{i=1}^{n}q_{si} \tag{3-89}$$

若所有组件都是独立且相等的，那么式(3-89)变为

$$R = (1 - q_o)^n - q_s^n \tag{3-90}$$

与由相同的 2 态组件构成的标准串联系统不同的是，由相同的 3 态组件构成的串联系统在具有最优化组件数目时其可靠度最高，组件多于或少于这个数目都会造成可靠度降低。为了求得使 3 态组件串联系统的可靠度最大化的组件最优数，将式(3-90)对 n 求导，得式(3-91)，并令其为 0，通过解该微分方程求得组件的最优数(n^*)。

$$\frac{\partial R}{\partial n} = (1 - q_o)^n \ln(1 - q_o) - q_s^n \ln q_s = 0 \tag{3-91}$$

整理得

$$n^* = \frac{\ln[\ln q_s / \ln(1 - q_o)]}{\ln[(1 - q_o)/q_s]} \tag{3-92}$$

若 n^* 不是整数，那么$\lfloor n^* \rfloor$和$\lfloor n^* \rfloor + 1$ 也为最优化方案。$\lfloor n^* \rfloor$为不大于 n^* 的最大整数。

3.10.2 并联系统

考虑一个由两个组件构成的并联系统。利用 3.10.1 节得到的公式，可以算得该系统的可靠度为

$$\begin{aligned} R &= 1 - P(\bar{x}_{o1}\bar{x}_{o2} + \bar{x}_{s1} + \bar{x}_{s2}) \\ &= 1 - [P(\bar{x}_{o1})P(\bar{x}_{o2}) + P(\bar{x}_{s1}) + P(\bar{x}_{s2}) - P(\bar{x}_{s1})P(\bar{x}_{s2})] \\ &= 1 - (q_{o1}q_{o2} + q_{s1} + q_{s2} - q_{s1}q_{s2}) \end{aligned} \tag{3-93}$$

或表达为

$$R = \prod_{i=1}^{2}(1 - q_{si}) - \prod_{i=1}^{2}q_{oi} \tag{3-94}$$

并联系统有 n 个组件时,式(3-94)为

$$R = \prod_{i=1}^{n}(1 - q_{si}) - \prod_{i=1}^{n}q_{oi} \tag{3-95}$$

如果所有的组件都是相同的,则系统的可靠度为

$$R = (1 - q_s)^n - q_o^n \tag{3-96}$$

对任意的 q_o 和 q_s,如果 $q_s > q_o$,则并联组件的最优化数是相同的。对大多数 q_s、q_o 的实际值来说,优化数为2(Von Alven,1964)。总体来说,对给定的 q_s 和 q_o,以 n 为横坐标的可靠度函数如图3-21所示。因此,将式(3-96)对 n 求导并令其为0,找到最优组件数为

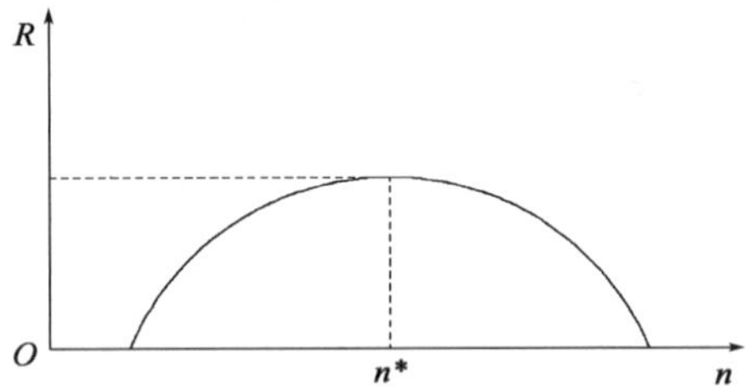

图3-21　系统可靠度与并联组件数目的关系图像

$$\frac{\partial R}{\partial n} = \frac{\partial[(1 - q_s)^n - q_o^n]}{\partial n}$$

$$0 = (1 - q_s)^n\ln(1 - q_s) - q_o^n\ln q_o \tag{3-97}$$

得到

$$n^* = \frac{\ln\left[\dfrac{\ln q_o}{\ln(1 - q_s)}\right]}{\ln[(1 - q_s)/q_o]} \tag{3-98}$$

同样,如果 n^* 不是整数,则 $\lfloor n^* \rfloor$ 和 $\lfloor n^* \rfloor + 1$ 为最优化方案。

3.10.3　并-串联系统与串-并联系统

1)并-串联系统

考虑一个由如图3-22所示组件构成的并-串联系统。同一路径上的组件是相同的,在以下两种情况下系统正常运行:①至少有一条路集没有开路失效;②每个路集短路失效不多于两个。

在 $A_1 = B_1$(情况1)和 $A_2 = B_2$(情况2)时,系统可靠度可表示为

$$R = (1 - q_{s1}q_{s2})^2 - [1 - (1 - q_{o1})(1 - q_{o2})]^2 \tag{3-99}$$

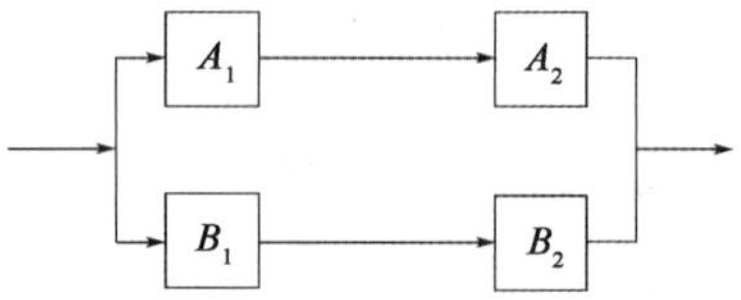

图3-22　并-串联系统示例

对由 n 个串行连接组件构成的 m 个相同的并联路集,有

$$R = (1 - \prod_{i=1}^{n}q_{si})^m - [1 - \prod_{i=1}^{n}(1 - q_{oi})]^m \tag{3-100}$$

如果所有组件都是相同的,则系统可靠度变为

$$R = (1 - q_s^n)^m - [1 - (1 - q_o)^n]^m \tag{3-101}$$

2)串-并联系统

考虑如图3-23所示的系统。在如下情况时认为该串-并联系统正常运转:①所有单元的开路失效少于两个;②至少有一个单元没有短路失效。

在 $A_1 = B_1$(情况1)和 $A_2 = B_2$(情况2)时,易得系统可靠度为

$$R = (1 - q_{o1}q_{o2})^2 - [1 - (1 - q_{s1})(1 - q_{s2})]^2 \tag{3-102}$$

对 n 个含有 m 个并行连接的相同组件的子系统来说,系统可靠度为

$$R = (1 - \prod_{i=1}^{m}q_{oi})^n - [1 - \prod_{i=1}^{m}(1 - q_{si})]^n \tag{3-103}$$

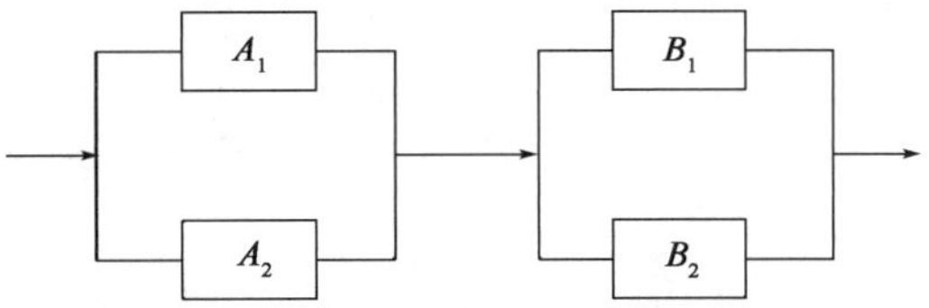

图 3-23　串-并联系统示例

若所有组件是相同的，则系统可靠度变为

$$R = (1 - q_o{}^m)^n - [1 - (1 - q_s)^m]^n \tag{3-104}$$

为了求得串-并联系统和并-串联系统的最优化组件排列，将 R 分别对 n 和 m 求偏导，令其等于零，然后将两方程联立求得 n^* 和 m^*。

【例 3-22】　一个由 6 个 3 态组件构成的串联系统。一个组件以开路模式或短路模式失效的概率为 0.1 和 0.2。系统可靠度是多少？使系统可靠度最大化的最优化组件数是多少？

解：由题意：

$$q_o = 0.1$$

$$q_s = 0.2$$

利用式(3-90)，得到该系统可靠度为

$$R = (1 - 0.1)^6 - 0.2^6 = 0.53137$$

利用式(3-92)，可得最优组件数为

$$n^* = \frac{\ln(\ln 0.2/\ln 0.9)}{\ln(0.9/0.2)} = 1.8 \approx 2$$

此系统相应的可靠度为 0.77。

【例 3-23】　当 $q_o = 0.1$，$q_s = 0.2$，且组件并行连接时，重解【例 3-22】。

解：

$$q_s = 0.1$$

$$q_o = 0.2$$

利用式(3-90)，有

$$R = (1 - 0.1)^6 - 0.2^6 = 0.53137$$

利用式(3-92)求得并联系统的最优化数为

$$n^* = \frac{\ln(\ln 0.2/\ln 0.9)}{\ln(0.9/0.2)} = 1.8 \approx 2$$

对应于此系统的可靠度为 0.53137，这与【例 3-22】所得结果相同。

换句话说，如果相同数量的组件运用于系统中，且将 q_s 和 q_o 的值互换，则串联系统和并联系统的可靠度相同。

3.11 冗　余

冗余是为提高系统的可靠度,使用超过系统正常运行所需数目的组件和单元。一个串联系统不具备冗余,因为任何一个组件的失效都会造成整个系统的失效,但是并联系统具有冗余,因为单独一个组件(甚至更多)的失效不会造成系统的失效。同样,连续 k/n:F 系统、k/n:F 系统、并-串联系统及串-并联系统都具有显式或隐式冗余。

在一个纯粹的并联系统中,冗余是一个与串行连接组件的数量和类型有关的函数。如前所述,如果使用的只有 2 态组件,那么增加并联组件数目可以提高系统可靠度。但是,如果组件的状态多于两个,那么存在一个使系统可靠度最高的最优组件数。换句话说,通过冗余提升系统可靠度并不是简单增加更多的并联组件。

冗余有两种类型:主动冗余与被动冗余。在主动冗余中,所有的组件都处于运行状态且共同承担主单元的负载。在被动冗余状态下,冗余组件不与主要组件一起承担负载,只有当一个或更多的运行组件失效时,这些冗余组件才开始运转。当待机组件的失效率与主要组件相等时,这种状态称为热备份。当待机组件的失效率比主组件小时,称为温备份。如果在待机组件不运行时失效率为 0,称这种状态为冷备份。显然,是否运用这类冗余取决于系统的重要性及主要失效类型造成的后果。

【例 3-24】 一个 2 组件系统可以以主动冗余或被动冗余的方式进行配置(图 3-24),假设开关 S 是完好的,这个系统的可靠度各是多少?

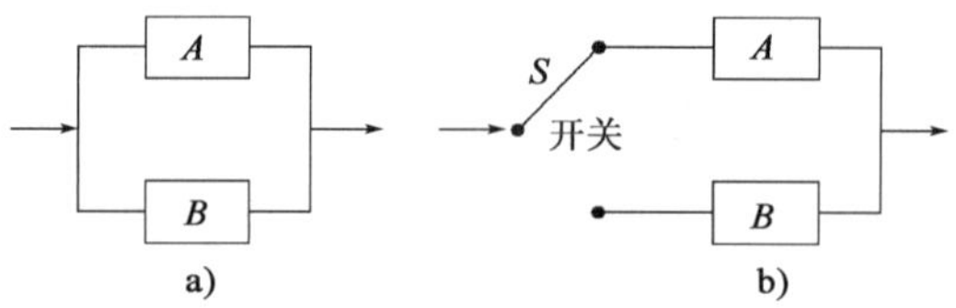

图 3-24　主动冗余和被动冗余

解:只有在组件 A 和 B 都失效时,双组件主动冗余系统才会失效,因此系统的可靠度为

$$R_{\text{active}} = 1 - P(\bar{A}\bar{B}) = 1 - P(\bar{A})P(\bar{B}\mid\bar{A}) \tag{3-105}$$

如果组件 A 和 B 是相同且独立的,且每个组件的可靠度为 p,那么

$$R_{\text{active}} = 2p - p^2 \tag{3-106}$$

在被动冗余中,如果组件 A 失效,则系统失效,若此时开关完好且转向组件 B,且组件 B 也失效,则系统可靠度为

$$R_{\text{active}} = 1 - P(\bar{A}\bar{B}) = 1 - P(\bar{A})P(\bar{B}\mid\bar{A}) \tag{3-107}$$

看上去似乎使用主动冗余与被动冗余最后得到的可靠度值相同。但是,因为对于式(3-105)和式(3-107)中的条件概率的假设区别很大,所以二者并不相等。在式(3-105)中,如果事件 $\bar{A}$ 和 $\bar{B}$ 是独立的,则 $P(\bar{B}\mid\bar{A})$ 就变成 $P(\bar{B})$,如果该值具有一定的相关性,则其值也会稍稍有些变化。在主动冗余情况下,组件 B 是处于运行状态的,因为 $t=0$。在被动冗余系统中,因为组件 B 只有在组件 A 失效后才会运行,所以 $P(\bar{B}\mid\bar{A})$ 始终是一个独立的概率值。显然,这个条件概率是一个有关时间的函数。下面介绍对于串联系统的冗余分配。

如上所示，一个系统若完全由 2 态组件构成，则增加并联组件数目可以提升系统的可靠度。一个工程师会关心如何提高一个 n 元串联系统的可靠度，为了实现这个目的，这个工程师必须将这些组件和系统的主要组件并行配置。希望能够计算出为达到既定的可靠度等级，分配进串联系统的冗余组件的最小数目。

利用 Barlow 和 Prochan(1965)提出的顺序搜索算法进行运算，具体叙述如下：令 S 表示初始的串联结构，S_i 表示通过将组件 x_i 倍增得到新结构。倍增是指在原有的基础上增加一个与其相同的主动冗余。首先，倍增组件 x_i 将 S_i 的可靠度最大化，然后把将 x_i 倍增后(x_i 倍增之后的组件)得到的系统称为 S_{ij}。选定组件 x_j，以求得实现系统可靠度的最大化。重复此过程，直至达到预期的可靠度等级。如何选择倍增的组件取决于单个组件的可靠度。

假设原始系统 S 由 n 个组件 $x_1, x_2, \cdots, x_n$ 串行连接构成，它们的可靠度分别为 $p_1, p_2, \cdots, p_n$。则系统可靠度为

$$R = P_1 P_2 \cdots P_n \tag{3-108}$$

如果倍增组件 x_i，则新系统的可靠度为

$$\begin{aligned} R_1 &= p_1 p_2 \cdots [1-(1-p_i)^2] \cdots p_n \\ &= p_1 p_2 \cdots p_i (2-p_i) \cdots p_n \\ &= (2-p_i) p_1 p_2 \cdots p_n \end{aligned} \tag{3-109}$$

或

$$R_i = (2-p_i)R \tag{3-110}$$

因此，当 p_i 最小时，R_i 最大。因为将最不可靠的组件倍增可以获得系统可靠度的最大增量。重复这个步骤，或者再增加一个与 x_i 并联配置的组件，或者将除 x_i 之外最不可靠的组件倍增(Kaufman、Grouchko 和 Croun，1977)。

【例 3-25】 一个串联系统由 3 个组件 x_1、x_2 和 x_3 构成，它们的可靠度为 0.70、0.75 和 0.85。计算能以并行连接的方式添加到原系统中(主动冗余)，使系统可靠度至少达到 0.82 的最少元件数目(注：主动冗余系统所用的组件与原系统中的组件相同)。

解：原系统如图 3-25 所示，则原系统的可靠度为

$$R = 0.70 \times 0.75 \times 0.85 = 0.4462$$

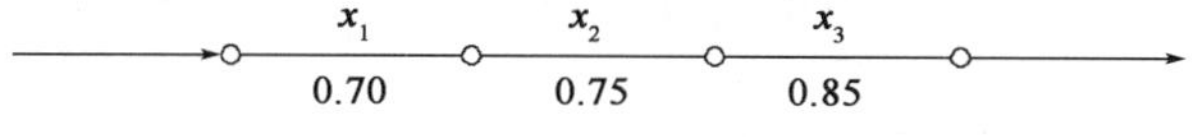

图 3-25 初始串联系统

将组件 x_1 倍增(图 3-26)，则

$$R_1 = [1-(1-0.70)^2] \times 0.75 \times 0.85 = 0.5801$$

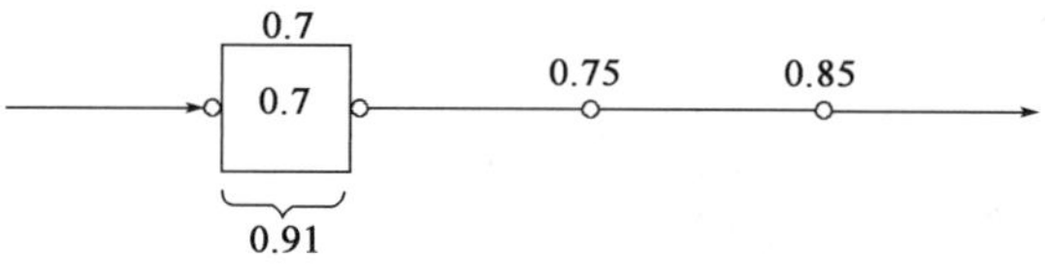

图 3-26 倍增元件 x_1

图 3-26 所示结构中最不可靠的组件为 x_2，因此，将 x_2 倍增，得到的结构如图 3-27 所示，系统可靠度变为

$$R_{12} = 0.91 \times [1 - (1 - 0.75)^2] \times 0.85 = 0.7251$$

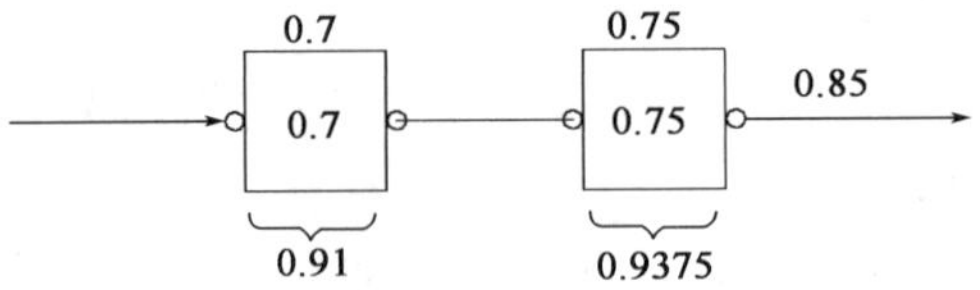

图 3-27　倍增元件 x_2

然后倍增最不可靠的组件 x_3，系统可靠度变为

$$R_{123} = 0.91 \times 0.9375 \times [1 - (1 - 0.85)^2] = 0.8339$$

使系统达到可靠度期望值 0.82 需要利用如下的主动冗余：x_1 倍增、x_2 倍增、x_3 倍增。

3.12　部件重要度

在可靠性工程中存在的另一个难题是，如何找出对于系统的正常运行有重要影响的设计缺陷或组件失效。解决这个问题之后，设计者们就可以将附加的资源或冗余分配到结构中，以提高整个系统的可靠度。本节介绍如何从可靠度角度来度量组件重要度的方法，这些方法大多基于获取系统在组件正常运行和失效状态下的可靠度（或不可靠度）。这些可靠度数据与组件可靠度数据相结合，然后用代数方法对它们进行处理，最终得到衡量组件重要度的不同方法。为了简化这些方法的计算，下面介绍如何利用系统的结构函数获取可靠度数据。

考虑一个由 n 个组件构成的系统[利用数列 $N = (1,2,\cdots,n)$ 表示组件]。组件处于两种状态之一：失效或运行（分别用 1 和 0 表示）。系统状态只取决于组件的状态。令 $\boldsymbol{X} = (X_1, X_2, \cdots, X_n)$ 表示组件在一给定连续时间状态的随机向量，其中 X_i 表示组件 i 在一给定连续时间状态的随机变量，且 $X_i = 1$ 或 $X_i = 0$ 表示元件 i 处于运行或失效状态，$i = 1,2,\cdots,n$。令 $\phi(X)$ 为该系统的结构函数，系统正常运转时，$\phi(X) = 1$；系统失效时，$\phi(X) = 0$（Seth、Ramamurthy，1991）。显然，$P[\phi(X) = 1] = \mathrm{E}[\phi(X)]$。假设 $(X_1, X_2, \cdots, X_n)$ 为独立的二元随机变量，其中 $P(X_i = 0) = q_i$。在这种情况下，$\mathrm{E}[\phi(X)]$ 是 $\boldsymbol{q} = (q_1, q_2, \cdots, q_n)$。令 $G(\boldsymbol{q}) = 1 - \mathrm{E}[\phi(X)]$，则 $G(\boldsymbol{q})$ 被称为系统的不可靠度函数（不可用度）。本节将会利用这个函数评估系统中结构的重要度。

3.12.1　Birnbaum 重要度

组件 i 的 Birnbaum 重要度 $I_{\mathrm{B}}^{i}(t)$ 定义为组件 i 在时间 t 对系统重要的概率。其表达式为

$$I_{\mathrm{B}}^{i}(t) = \frac{\partial G(q(t))}{\partial q_i(t)} = G(1_i, q(t)) - G(0_i, q(t)) \tag{3-111}$$

或

$$I_{\mathrm{B}}^{i}(t) = \Delta G_i(t) \tag{3-112}$$

式中，$G(1_i, q(t))$ 表示组件 i 失效时系统的不可靠度，而 $G(0_i, q(t))$ 是组件 i 运行时系统的不可靠度（在这里 1_i 表示 $q_i = 1$，0 表示 $q_i = 0$）。$I_{\mathrm{B}}^{i}(t)$ 也能被表示为（Henley 和 Kumamoto，1981）

$$\begin{aligned} I_{\mathrm{B}}^{i}(t) &= \mathrm{E}[\phi(0_i, X(t)) - \phi(1_i, X(t))] \\ &= 1 \times P[\phi(1_i, X(t)) - \phi(0_i, X(t))1] + \\ &\quad\ 0 \times P[\phi(1_i, X(t)) - \phi(0_i, X(t)) = 0] \end{aligned} \tag{3-113}$$

或

$$I_B^i(t) = P[\phi(0_i, X(t)) - \phi(1_i, X(t)) = 1] \tag{3-114}$$

【例 3-26】 电阻阻值的测量有许多重要的运用，如测量电路的连续性及测量在 $1\times10^6\Omega$ 级别的电阻量变化值。其中一种方法是在未知电阻器两端加上一电压，然后用万用表测量其产生的电流。万用表的制造者需要标准电池，以提供必要的电压。生产厂家有下列 4 种配置方式：①所有的电池串联；②电池 1 和电池 2 串联，电池 3 和电池 4 并联；③4 个电池都并联；④万用表正常运行只需其中 3 个电池。电阻器每小时在任何结构中的失效率都为常数，即 $\lambda_1=0.005, \lambda_2=0.009, \lambda_3=0.003, \lambda_4=0.05$。在 $t=40\text{h}$ 时，找到以上结构中每个组件的 Birnbaun 重要度。

解：计算 $t=40\text{h}$ 时电池的不可靠度为

$$q_1 = 1 - R_1(t) = 1 - e^{-\lambda_1 t} = 0.181$$

$$q_2 = 0.302$$

$$q_3 = 0.113$$

$$q_4 = 0.864$$

（1）电池串行连接，则可得系统结构函数为

$$\phi(X) = X_1X_2X_3X_4$$

且

$$G(q) = 1 - (1-q_1)(1-q_2)(1-q_3)(1-q_4) \tag{3-115}$$

$t=40\text{h}$ 时，通过式(3-111)可得组件 1 到组件 4 的 Birnbaum 重要度为

$$I_B^1(40) = (1-q_2)(1-q_3)(1-q_4) = 0.084$$

$$I_B^2(40) = (1-q_1)(1-q_3)(1-q_4) = 0.098$$

$$I_B^3(40) = (1-q_1)(1-q_2)(1-q_4) = 0.077$$

$$I_B^4(40) = (1-q_1)(1-q_2)(1-q_3) = 0.507$$

电池 4 有最高的重要度，则根据定义，它对整个系统的可靠度有最大的影响，所以为提高系统可靠度，设计者希望能用一种失效率较小的电池替换该电池，或者加入一个冗余电池。

（2）电池 1 和电池 2 串行连接、电池 3 和电池 4 并行连接，那么系统结构函数为

$$\phi(X) = (X_1 \wedge X_2) \wedge (X_3 \vee X_4)$$

其中 $\vee$ 为或运算符，$\wedge$ 为与运算符。那么

$$\phi(X) = X_1X_2[1-(1-X_3)(1-X_4)]$$

或

$$\phi(X) = X_1X_2X_3 + X_1X_2X_4 - X_1X_2X_3X_4$$

且

$$G(q) = q_1 + q_2 - q_1q_2 + q_3q_4 - q_1q_3q_4 - q_2q_3q_4 + q_1q_2q_3q_4 \tag{3-116}$$

Birnbaum 重要度为

$$I_B^1(40) = 1 - q_2 - q_3q_4 + q_2q_3q_4 = 0.629$$

$$I_B^2(40) = 1 - q_1 - q_3q_4 + q_1q_3q_4 = 0.739$$

$$I_B^3(40) = q_4 - q_1q_4 - q_2q_4 + q_1q_2q_4 = 0.493$$

$$I_B^4(40) = q_3 - q_1q_3 - q_2q_3 + q_1q_2q_3 = 0.065$$

在这种情况下,可靠度计算值表明将更多的权值分配给了电池 2,因为它最容易失效。

(3)电池之间并行连接,则系统结构函数为

$$\phi(X) = X_1 \vee X_2 \vee X_3 \vee X_4$$

且

$$G(q) = q_1q_2q_3q_4 \tag{3-117}$$

重要度评估值为

$$I_B^1(40) = q_2q_3q_4 = 0.029$$

$$I_B^2(40) = q_1q_3q_4 = 0.018$$

$$I_B^3(40) = q_1q_2q_4 = 0.047$$

$$I_B^4(40) = q_1q_2q_3 = 0.006$$

在并联结构中,电池 3 是对系统最重要的组件,这似乎出乎意料,因为电池 4 才是最不可靠的原件。产生这种结果是因为 Birnbaum 重要度算法是与在时间 t(此时间内某个电池的正常运行非常重要)时系统处于某种状态的概率相关的。因为电池 3 在所有电池之中是最后失效的,所以根据 Birnbaum 重要度衡量法,它是最重要的组件。这种非正常结构在其他重要方法中也存在,需要指出的是,单事件割集 Birnbaum 的重要度计算值常常等于 1,这在正常情况下是不正确的(Henley 和 Kumamoto,1981)。

(4)电池之间以 3/4 配置,则系统的结构函数为

$$\begin{aligned}\phi(X) &= (X_1X_2X_3) \vee (X_1X_2X_4) \vee (X_1X_3X_4) \vee (X_2X_3X_4)\\ &= 1 - (1 - X_1X_2X_3)(1 - X_1X_2X_4)(1 - X_1X_3X_4)(1 - X_2X_3X_4)\end{aligned}$$

可得不可靠度函数为

$$\begin{aligned}G(q) = {} & q_1q_2 + q_1q_3 + q_1q_4 + q_2q_3 + q_2q_4 + q_3q_4 - 2q_1q_2q_3 - \\ & 2q_1q_2q_4 - 2q_1q_3q_4 - 2q_2q_3q_4 + 3q_1q_2q_3q_4\end{aligned} \tag{3-118}$$

Birnbaum 重要度评估值为

$$I_B^1(40) = q_2 + q_3 + q_4 - 2q_2q_3 - 2q_2q_4 - 2q_3q_4 + 3q_2q_3q_4 = 0.522$$

$$I_B^2(40) = q_1 + q_3 + q_4 - 2q_1q_3 - 2q_1q_4 - 2q_3q_4 + 3q_1q_3q_4 = 0.626$$

$$I_B^3(40) = q_1 + q_2 + q_4 - 2q_1q_2 - 2q_1q_4 - 2q_2q_4 + 3q_1q_2q_4 = 0.499$$

$$I_B^4(40) = q_1 + q_2 + q_3 - 2q_1q_2 - 2q_1q_3 - 2q_2q_3 + 3q_1q_2q_3 = 0.383$$

在这种情况下,电池 2 对于系统有最重要的影响,对这种配置结果的解释与并联系统结果的解释相同。

3.12.2 关键重要度

关键重要度是在给定系统已经失效的情况下,在时刻 t 关键组件 i 失效时,系统处于某种状态的条件概率(Gandini,1990)。这种重要度算法基于一个结论:进一步改进可靠组件的难度要大于改进不可靠组件的难度。关键重要度表示为

$$I_{CR}^i(t) = \frac{\partial G(q(t))}{\partial q_i(t)} \times \frac{q_i(t)}{G(q(t))} \tag{3-119}$$

上式可被改写为

$$I_{CR}^{i}(t)=\frac{[G(1_i,q(t))-G(0_i,q(t))]\times q_i(t)}{G(q(t))} \tag{3-120}$$

现举例说明这种方法的运用。

【例 3-27】 计算【例 3-26】所示 4 种结构的关键重要度计算值。

(1)电池串行连接

利用式(3-119)、式(3-120)给出的串联系统不可靠度表达式,有

$$I_{CR}^{1}(40)=\frac{(1-q_2)(1-q_3)(1-q_4)q_1}{1-(1-q_1)(1-q_2)(1-q_3)(1-q_4)}=\frac{0.084\times 0.181}{0.931}=0.016$$

$$I_{CR}^{2}(40)=\frac{0.098\times 0.302}{0.931}=0.032$$

$$I_{CR}^{3}(40)=\frac{0.077\times 0.113}{0.931}=0.009$$

$$I_{CR}^{4}(40)=\frac{0.507\times 0.864}{0.931}=0.471$$

这种算方法与 Birnbaum 重要度算法在组件串行连接条件下得到的结果相同。需要指出的是,串联系统中某个组件的重要度值会随时间而变化,但重要度值的顺序不随时间变化(只要组件表现出相同的失效时间分布),但是这种差异性在其他情况和系统结构下并不成立,如图 3-28 所示。

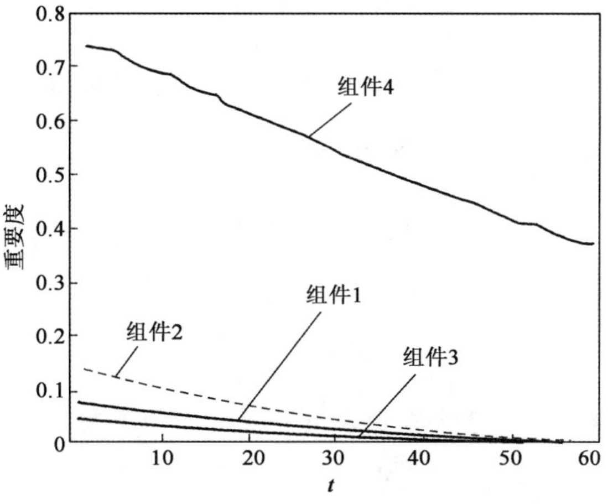

图 3-28 对一个串联系统的关键重要度计算

(2)电池 1、电池 2 串行连接,而电池 3、电池 4 并行连接

利用式(3-119)、式(3-120)给出的结构不可靠度表达式求电池的关键重要度,有

$$I_{CR}^{1}(40)=\frac{(1-q_2-q_3q_4+q_2q_3q_4)q_1}{q_1+q_2-q_1q_2+q_3q_4-q_1q_3q_4-q_2q_3q_4+q_1q_2q_3q_4}=\frac{0.629\times 0.181}{0.484}=0.235$$

$$I_{CR}^{2}(40)=\frac{0.739\times 0.302}{0.484}=0.461$$

$$I_{CR}^{3}(40)=\frac{0.493\times 0.113}{0.484}=0.115$$

$$I_{CR}^{4}(40)=\frac{0.065\times 0.864}{0.484}=0.116$$

(3)电池并行连接

此时,该方法对于每个电池分配相同的重要度,即

$$I_{CR}^{1}(40) = \frac{q_2q_3q_4q_1}{q_1q_2q_3q_4} = 1$$

$$I_{CR}^{2}(40) = \frac{q_1q_3q_4q_2}{q_1q_2q_3q_4} = 1$$

$$I_{CR}^{3}(40) = \frac{q_1q_2q_4q_3}{q_1q_2q_3q_4} = 1$$

$$I_{CR}^{4}(40) = \frac{q_1q_2q_3q_4}{q_1q_2q_3q_4} = 1$$

(4)电池以 3/4 分配的方式连接

利用式(3-118)求得关键重要度为

$$I_{CR}^{1}(40) = \frac{[q_2 + q_3 + q_4 - 2(q_2q_3 + q_2q_4 + q_3q_4) + q_2q_3q_4]q_1}{G(q)} = \frac{0.522 \times 0.181}{0.492} = 0.220$$

$$I_{CR}^{2}(40) = \frac{0.626 \times 0.302}{0.492} = 0.441$$

$$I_{CR}^{3}(40) = \frac{0.449 \times 0.113}{0.429} = 0.118$$

$$I_{CR}^{4}(40) = \frac{0.383 \times 0.864}{0.429} = 0.771$$

通过以上结果可以看出,组件 4 对于整个系统的可靠度影响最大。

3.12.3 FUSSELL-VESELY 重要度

组件 i 的 FUSSELL-VESELY 重要度值 $I_{FV}^{i}(t)$,表明系统失效的概率与包含组件 i 在内的一个割集的失效一致(Boland 和 El-Neweihi,1995)。重要度值为

$$I_{FV}^{i}(t) = \frac{G_i(q(t))}{G(q(t))} \tag{3-121}$$

式中,$G_i(q(t))$表示组件 i 对割集失效的贡献率。

【例 3-28】 计算【例 3-26】所示电池配置的 FUSSELL-VESELY 重要度。

(1)电池串行连接

包含组件 i 的割集处于串行连接的概率为 $G_i(q(t)) = q_i(t) = q_i, i = 1,2,3,4$。重要度为

$$I_{FV}^{1}(40) = \frac{q_1}{G(q(40))} = \frac{0.181}{0.931} = 0.194$$

$$I_{FV}^{2}(40) = \frac{q_2}{G(q(40))} = \frac{0.302}{0.931} = 0.324$$

$$I_{FV}^{3}(40) = \frac{q_3}{G(q(40))} = \frac{0.113}{0.931} = 0.121$$

$$I_{FV}^{4}(40) = \frac{q_4}{G(q(40))} = \frac{0.864}{0.931} = 0.928$$

所得重要度排序与利用 Birnbaum 重要度衡量法得到的结果相同。同样,电池 4 对整个系

统的可靠度有最大的影响。

(2)电池 1 和电池 2 串行连接,电池 3 和电池 4 并行连接

包含组件 i 的割集在此结构中的概率为

$$G_1(q(t)) = q_1$$
$$G_2(q(t)) = q_2$$
$$G_3(q(t)) = q_3q_4$$
$$G_4(q(t)) = q_3q_4$$

电池的重要度评估值为

$$I_{FV}^1(40) = \frac{q_1}{G(q(40))} = \frac{0.181}{0.484} = 0.373$$

$$I_{FV}^2(40) = \frac{q_2}{G(q(40))} = 0.623$$

$$I_{FV}^3(40) = \frac{0.046}{0.484} = 0.201$$

$$I_{FV}^4(40) = \frac{0.046}{0.484} = 0.201$$

(3)电池并行连接

$$G_i(q(t)) = q_1q_2q_3q_4 \quad i = 1,2,3,4$$
$$G(q(t)) = q_1q_2q_3q_4$$

因此,$i=1,2,3,4$ 时,$I_{FV}^i=1$。换言之,就组件对整个系统可靠度的影响来说,FUSSELL-VESELY 重要度值对于各组件的评价是相同的。这是该评价方法的不足之处,因为在并联系中,最可靠的组件对系统可靠度的影响最大。

(4)电池以 3/4 结构连接

$$G_1(q(t)) = q_1q_2 + q_1q_3 + q_1q_4 - q_1q_2q_3 - q_1q_2q_4 - q_1q_3q_4 + q_1q_2q_3q_4 = 0.165$$
$$G_2(q(t)) = q_1q_2 + q_2q_3 + q_2q_4 - q_1q_2q_3 - q_1q_2q_4 - q_2q_3q_4 + q_1q_2q_3q_4 = 0.272$$
$$G_3(q(t)) = q_1q_3 + q_2q_3 + q_3q_4 - q_1q_2q_3 - q_1q_3q_4 - q_2q_3q_4 + q_1q_2q_3q_4 = 0.104$$
$$G_4(q(t)) = q_1q_4 + q_2q_4 + q_3q_4 - q_1q_2q_4 - q_1q_3q_4 - q_2q_3q_4 + q_1q_2q_3q_4 = 0.425$$

重要度值为

$$I_{FV}^1(40) = \frac{G_i(q(t))}{G(q(t))} = \frac{0.165}{0.429} = 0.384$$

$$I_{FV}^2(40) = \frac{0.272}{0.429} = 0.634$$

$$I_{FV}^3(40) = \frac{0.104}{0.429} = 0.242$$

$$I_{FV}^4(40) = \frac{0.425}{0.429} = 0.990$$

在这个结构中,组件 4 是最重要的组件,因为其失效率最高,如果它是 3/4 系统所需的 3 个组件之一,它对于这个特定的结构会有主要影响。

3.12.4 Barlow-Proschan 重要度

Barlow-Proschan 重要度算法对应于组件 i 造成系统在时间间隔(t_O,t_F)失效的条件概率,

此时给定系统已经失效(Barlow 和 Proschan,1974),其表达式为

$$I_{\mathrm{BP}}^{i} = \frac{\int_{t_{\mathrm{O}}}^{t_{\mathrm{F}}} \frac{\partial G(q(t))}{\partial q_i} \frac{\mathrm{d}q_i}{\mathrm{d}t}\mathrm{d}t}{\sum_{k=1}^{n}\int_{t_{\mathrm{O}}}^{t_{\mathrm{F}}} \frac{\partial G(q(t))}{\partial q_k} \frac{\mathrm{d}q_k}{\mathrm{d}t}\mathrm{d}t} \tag{3-122}$$

式中,n 表示系统中的组件总数目。

3.12.5 Lambert 重要度

Lambert 重要度算法由 Lambert(1975)提出。它定义为,当组件失效率 λ_1 成分数倍减少时,系统失效率的分数倍减少值。它的表达式为

$$I_{\mathrm{UF}}^{i}(t) = \frac{\lambda_i}{G(q(t))} \frac{\partial G(q(t))}{\partial \lambda_i} \tag{3-123}$$

Lambert 和 Yadigaroglu(1977)将这种重要度算法运用于系统升级的最优化选择问题。但这个函数由于衡量不可修系统元件的重要度时有局限。

如之前的例子所示,没有任何一种重要度算法适用于所有结构,同时,就组件重要度而言,它们在系统中的排序并不总是正确的。因此,重要度由几种算法加权综合则会更准确。并且,根据系统的结构及系统的功能,分析者可基于本章介绍的几种方法发展出一套对应的更加合适的方法。

本章习题

1. 计算如图所示系统的可靠度及方差。所有组件的可靠度及方差由下表给出。

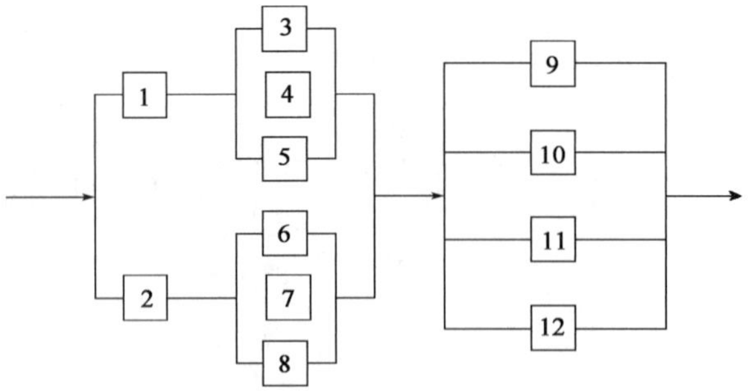

单元 i	1	2	3	4	5	6	7	8	9	10	11	12
$R(i)$	0.96	0.87	0.98	0.88	0.77	0.99	0.95	0.70	0.90	0.96	0.98	0.75
Var[$R(i)$]	0.03	0.02	0.01	0.06	0.04	0.02	0.01	0.03	0.05	0.08	0.05	0.04

2. 考虑如下图所示的系统,其组件的可靠度和方差如下表所示,计算系统可靠度和方差。

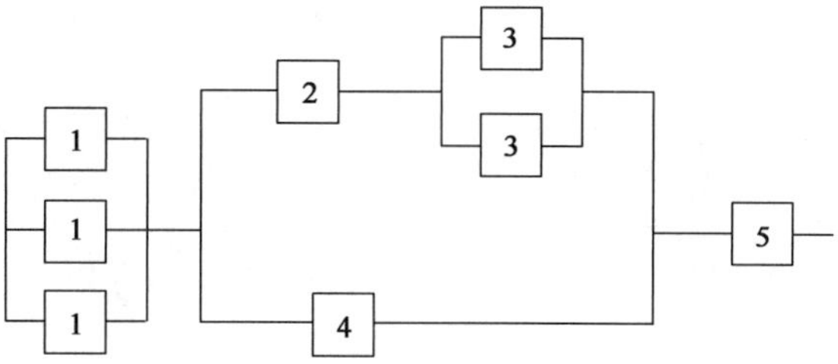

组 件 i	R_i	$\mathrm{Var}(R_i)$	组 件 i	R_i	$\mathrm{Var}(R_i)$
1	0.92	0.0052	3	0.96	0.0006
1	0.92	0.0008	3	0.96	0.0024
1	0.92	0.0002	4	0.78	0.0095
2	0.98	0.0007	5	0.90	0.0046

提示：可使用如下两个在本章节中推导出的表达式：

$$\mathrm{Var}(R_{\mathrm{series}}) = \prod_i [R_i^2 + \mathrm{Var}(R_i)] - \prod_i R_i^2$$

$$\mathrm{Var}(R_{\mathrm{parallel}}) = \prod_i \{(1 - R_i)^2 + \mathrm{Var}[R_i(t)]\} - \prod_i (1 - R_i)^2$$

第4章

失效时间分布参数估计

4.1 参数估计的意义

根据前面几章的内容可知,能够计算可靠度的前提是需要知道组件或建模系统的基本失效时间分布。另外,为了对加速寿命试验下组件或系统的可靠度或 MTTF 进行预计,需要估计描述试验样本失效时间的概率分布参数。这些基础工作需要基于参数估计的相关理论和方法。

根据概率论和数理统计的基本知识,参数估计的准确性取决于样本的大小和估计的方法。从用来估计总体参数的样本中计算出的统计量称为估计量。一个好的估计量应有如下性质。

(1)无偏性:估计量 $\hat{\theta}$ 是参数 θ 的一个无偏估计量[当且仅当 $E(\hat{\theta})=\theta$]。即一个无偏估计量不应始终低估或高估参数的真实值。

(2)一致性:一致估计量是一个随着样本大小增加逐渐收敛于总体参数真实值的量。即估计量 $\hat{\theta}$ 可以说是当 n(样本大小)趋向于无穷时,给定任意 ε 出现误差的概率趋向于 0 时 θ 的一个一致估计量,即

$$P(|\hat{\theta}-\theta|>\varepsilon)\to 0, n\to\infty, \forall\varepsilon>0 \tag{4-1}$$

(3)有效性:一个有效估计量是对于同一样本总体的参数标准差小于其他任何估计量的

一致估计量，通过以下两个统计量能衡量估计的有效性：①相对有效性为 $\mathrm{Var}(\hat{\theta}_2)/\mathrm{Var}(\hat{\theta}_1)$，其中 $\mathrm{Var}(\hat{\theta}_1)$ 和 $\mathrm{Var}(\hat{\theta}_2)$ 是两个估计量对于同一样本总体参数的方差，方差越小估计越准确。②渐进相对效率（ARE）：相对效率是关于 n 的函数，定义一个与 n 无关的函数：

$$\mathrm{ARE} = \lim_{n\to\infty}\frac{\mathrm{Var}(\hat{\theta}_2)}{\mathrm{Var}(\hat{\theta}_1)} \tag{4-2}$$

（4）充分性：一个充分估计量是一个利用所有样本信息的估计量。用作估计样本总体参数 θ 统计量的结果值称为点估计 $\hat{\theta}$。

使用最广泛的 3 种估计样本总体参数的方法是矩量法、极大似然法和最小二乘法。估计的过程中，应注重数据的质量，尤其注重检查异常值。

4.2 矩 量 法

矩量法的主要思想是使某些样本特性（如均值和方差）等于样本总体期望值，然后通过解此方程，从而获得未知参数值的估计值。

如果 $x_1, x_2, \cdots, x_n$ 代表一列数据，其 K 阶矩为

$$M_k = \frac{1}{n}\sum_{i=1}^{n} x_i^{\ k} \tag{4-3}$$

如果 $\theta_1, \theta_2, \cdots, \theta_m$ 是样本总体的未知参数，其矩估计为 $\hat{\theta}_1, \hat{\theta}_2, \cdots, \hat{\theta}_m$，通过将第 m 个样本矩等于与之对应的第 m 个总体矩，可解出 $\theta_1, \theta_2, \cdots, \theta_m$。

【例 4-1】 假设 $x_1, x_2, \cdots, x_n$ 代表参数为 λ 的指数分布中的一个随机样本，则 λ 的估计值是多少？

解：指数分布的概率密度函数是

$$f(x) = \lambda \mathrm{e}^{-\lambda x}$$

和

$$\mathrm{E}(x) = \frac{1}{\lambda}$$

则样本的一阶矩为

$$M_1 = \frac{\sum_{i=1}^{n} x_i}{n} = \mathrm{E}[X] = \frac{1}{\lambda}$$

λ 的估计值为

$$\hat{\lambda} = \frac{n}{\sum_{i=1}^{n} x_i}$$

【例 4-2】 某品牌固定红外线交通流调查设备，依靠设备间的红外线光束记录车辆通过调查断面的信号，由于天气和环境的干扰，使数据存在失效，记录下失效时间（单位：h），如下所示：47、81、127、183、188、221、253、311、323、360、489、496、511、725、772、880、1509、1675、1806、2008、2026、2040、2869、3104、3205。假设失效时间服从指数分布，则使用矩量法确定分

布的参数。计算系统在1000h时的可靠度。

指数分布的参数为

$$\hat{\lambda} = \frac{n}{\sum_{i=1}^{n} x_i}$$

$$\hat{\lambda} = \frac{25}{26209} = 0.00095387$$

$$\frac{1}{\hat{\lambda}} = 1048.36$$

则系统在1000h时的可靠度为

$$R(1000) = \mathrm{e}^{-0.95387} = 0.385247$$

【例4-3】 设$x_1,x_2,\cdots,x_n$为一个伽马分布的随机样本,其概率密度函数为

$$f(x) = \frac{1}{\Gamma(\alpha)\beta^{\alpha}} x^{\alpha-1}\mathrm{e}^{-x/\beta} \quad X > 0, \alpha \geqslant 0, \beta > 0$$

用矩量法求参数α和β的值。

解:根据概率知识,可知伽马分布的均值和方差分别为

$$\mathrm{E}(X) = \alpha\beta$$

$$\mathrm{Var}(X) = \alpha\beta^2 = \mathrm{E}(X^2) - [\mathrm{E}(X)]^2$$

用其预计值M_1和M_2分别代替E(X)和E(X^2),得

$$M_1 = \hat{\alpha}\hat{\beta}$$

$$M_2 - M_1^2 = \hat{\alpha}\hat{\beta}^2$$

解上面两个方程得到

$$\hat{\beta} = \frac{M_2 - {M_1}^2}{M_1} \tag{4-4}$$

$$\hat{\alpha} = \frac{{M_1}^2}{M_2 - {M_1}^2} \tag{4-5}$$

【例4-4】 已知显示器失效时间(单位:h)样本如下:130、150、180、40、90、125、44、128、55、102、126、77、95、43、170、130、112、106、93、71。假设失效时间的样本总体服从参数为α和β的伽马分布。这些参数的值是多少?

解:首先确定M_1和M_2如下:

$$M_1 = \frac{\sum_{i=1}^{n} x_i}{n} = \frac{2607}{20} = 103.35$$

$$M_2 = \frac{1}{20}\sum_{i=1}^{n} {x_i}^2 = \frac{1}{20} \times 244823 = 12241.15$$

由式(4-4)和式(4-5)可得

$$\hat{\beta} = \frac{12241.15 - 103.35^2}{103.35} = 15.09$$

$$\hat{\alpha} = \frac{103.35^2}{12241.15 - 103.35^2} = 6.847$$

则显示器的期望为 $\hat{\alpha}\hat{\beta} = 103.3\text{h}$。

【例 4-5】 运用矩量法计算正态分布的参数 μ 和 σ^2。

解:其概率密度函数为

$$f(x) = \frac{1}{\sigma\sqrt{2\pi}} e^{-\frac{1}{2}\left(\frac{x-\mu}{\sigma}\right)^2}$$

其一阶矩 M_1 为

$$M_1 = \int_{-\infty}^{\infty} \frac{x}{\sigma\sqrt{2\pi}} e^{-\frac{1}{2}\left(\frac{x-\mu}{\sigma}\right)^2} dx$$

令 $z = \frac{x-\mu}{\sigma}$, $x = \mu + \sigma z$ 且 $dx = \sigma dz$,则其一阶矩为

$$M_1 = \int_{-\infty}^{\infty} \frac{\mu + \sigma z}{\sqrt{2\pi}} e^{-\frac{z}{2}} dz$$

$$M_1 = \mu\int_{-\infty}^{\infty} \frac{1}{\sqrt{2\pi}} e^{-\frac{z}{2}} dz + \sigma\int_{-\infty}^{\infty} \frac{1}{\sqrt{2\pi}} e^{-\frac{z}{2}} dz$$

由于

$$\int_{-\infty}^{\infty} \frac{1}{\sqrt{2\pi}} e^{-\frac{z}{2}} dz = 1$$

且

$$\int_{-\infty}^{\infty} \frac{1}{\sqrt{2\pi}} e^{-\frac{z}{2}} dz = \int_{-\infty}^{\infty} \frac{e^{-\frac{z^2}{2}}}{\sqrt{2\pi}} d\left(\frac{z^2}{2}\right) = \frac{-1}{\sqrt{2\pi}} e^{-\frac{z^2}{2}} \Bigg|_{-\infty}^{\infty} = 0$$

则

$$M_1 = \mu = \sum_{i=1}^{n} x_i \tag{4-6}$$

则二阶矩 M_2 为

$$M_2 = \int_{-\infty}^{\infty} \frac{x^2}{\sigma\sqrt{2\pi}} e^{-\frac{1}{2}\left(\frac{x-\mu}{\sigma}\right)^2} dx$$

令 $z = (x-\mu)/\sigma$,则有

$$M_2 = \int_{-\infty}^{\infty} \frac{1}{\sqrt{2\pi}} (\mu + \sigma z)^2 e^{-\frac{z}{2}} dz = \mu^2\int_{-\infty}^{\infty} \frac{1}{\sqrt{2\pi}} e^{-\frac{z^2}{2}} dz + 2\sigma\mu\int_{-\infty}^{\infty} \frac{z}{\sqrt{2\pi}} e^{-\frac{z^2}{2}} dz + \sigma^2\int_{-\infty}^{\infty} \frac{z^2}{\sqrt{2\pi}} e^{-\frac{z^2}{2}} dz$$

以上方程中前两项的整数部分在之前已经得到。第三项的积分通过分部积分法得出结果:

$$\int_{-\infty}^{\infty} \frac{z^2}{\sqrt{2\pi}} e^{-\frac{z^2}{2}} dz = \frac{-1}{\sqrt{2\pi}} \int_{-\infty}^{\infty} z d\left(e^{-\frac{z^2}{2}}\right) = \frac{-1}{\sqrt{2\pi}} z e^{-\frac{z^2}{2}} \Bigg|_{-\infty}^{\infty} + \frac{1}{\sqrt{2\pi}} \int_{-\infty}^{\infty} e^{-\frac{z^2}{2}} dz = 0 + 1 = 1$$

所以

$$M_2 = \mu^2 + \sigma^2 = \frac{1}{n}\sum_{i=1}^{n} x_i^{\,2} \tag{4-7}$$

从式(4-6)和式(4-7)可得正态分布的参数为

$$\mu = \frac{1}{n}\sum_{i=1}^{n}x_i$$

$$\hat{\sigma}^2 = \frac{1}{n}\sum_{i=1}^{n}x_i{}^2 - \left(\frac{1}{n}\sum_{i=1}^{n}x_i\right)^2 = \frac{1}{n}\sum_{i=1}^{n}(x_i - \bar{x})^2$$

矩量法是在潜在分布已知的条件下计算失效分布参数的一种简便方法，当分布完全对称且失效时间没有截断时，计算出参数的误差很小。

在所求分布的参数估计值确定之后，需要确定衡量估计值与真实值接近程度的置信区间。定义两个极限：置信下限(LCL)和置信上限(UCL)，真实值落在区间内的概率为 $1-\alpha$，这里 $1-\alpha$ 被称为置信度。换句话说，参数 θ 的置信区间为

$$P(\text{LCL} \leqslant \theta \leqslant \text{UCL}) = 1 - \alpha \tag{4-8}$$

假设从一个平均值为 μ、方差为 σ^2 的总体中随机抽取样本 $x_1, x_2, \cdots, x_n$。令 $\bar{x}$ 为 μ 的点估计值。若 n 很大($x \geqslant 30$)，那么 $\bar{x}$ 服从一个均值为 μ、方差为 σ^2/n 的正态分布，或

$$Z = \frac{\bar{x} - \mu}{\sigma/\sqrt{n}}$$

服从标准正态分布。对于任意值 α 有(通过标准正态表)一个值 $Z_{\alpha/2}$，使得

$$P(-Z_{\alpha/2} \leqslant Z \leqslant +Z_{\alpha/2}) = 1 - \alpha$$

整理上式，可以得到

$$1 - \alpha = P\left(-Z_{\alpha/2} \leqslant \frac{\bar{x} - \mu}{\sigma/\sqrt{n}} \leqslant +Z_{\alpha/2}\right)$$

$$= P\left(\bar{x} - Z_{\alpha/2}\frac{\sigma}{\sqrt{n}} \leqslant \mu \leqslant \bar{x} + Z_{\alpha/2}\frac{\sigma}{\sqrt{n}}\right)$$

因此，区间为

$$\left(\bar{x} - Z_{\alpha/2}\frac{\sigma}{\sqrt{n}}, \bar{x} + Z_{\alpha/2}\frac{\sigma}{\sqrt{n}}\right)$$

组成了对参数 μ 估计的 $\bar{x}$，其置信度为 $1-\alpha$。注意，当 $x<30$ 时，其分布变为 t 分布，而不是正态分布。

【例 4-6】 考虑【例 4-4】中的失效时间。找到其平均失效时间置信度为 0.95 的置信区间。从数据中可得

$$\bar{x} = 103.35$$

$$\bar{s} = 40.52$$

式中，s 是标准差 σ 的估计值。

因为样本很小(<30)，在确定置信区间时更适合运用 t 分布。因此，置信区间为

$$\bar{x} \pm t_{\alpha/2}\frac{\sigma}{\sqrt{n}} \text{ 且 } 1 - \alpha = 0.95$$

得到 $t_{0.025} = 2.093$，且用 s 代替 σ 得到

$$103.35 \pm 2.093 \times \frac{40.52}{\sqrt{20}} = 103.35 \pm 18.96$$

则置信度区间表示为(84.39,122.31)。换句话说,对真实平均失效时间落在84.39～122.31h之间有95%的信心。

4.3 似然函数

在计算概率分布的参数时,另一种常用的方法是似然函数法。这在统计推断中是一个基础方法,并用到许多实际问题中。

考虑一个生产商通过随机抽取15个产品作为样本,来检查产品缺陷以保证产品质量。假设θ为在产品样本总体中有缺陷的比例,那么在样本总体中有x个缺陷的概率服从二项分布。

$$P(x) = \binom{15}{x}\theta^x(1-\theta)^{15-x} \quad i = 1,2,\cdots,15 \tag{4-9}$$

产品中有两个缺陷的概率为

$$P(2) = \binom{15}{2}\theta^2(1-\theta)^{13} \tag{4-10}$$

这个概率是关于θ的函数,并且对于不同的θ值$P(2)$的值可求,其结果如图4-1所示。概率$P(2)$和θ的值如表4-1所示。图4-1中的图形对应函数称为似然函数。可以由此推断,似然函数作为一个含有未知参数的函数表示了一个观测值的联合概率。

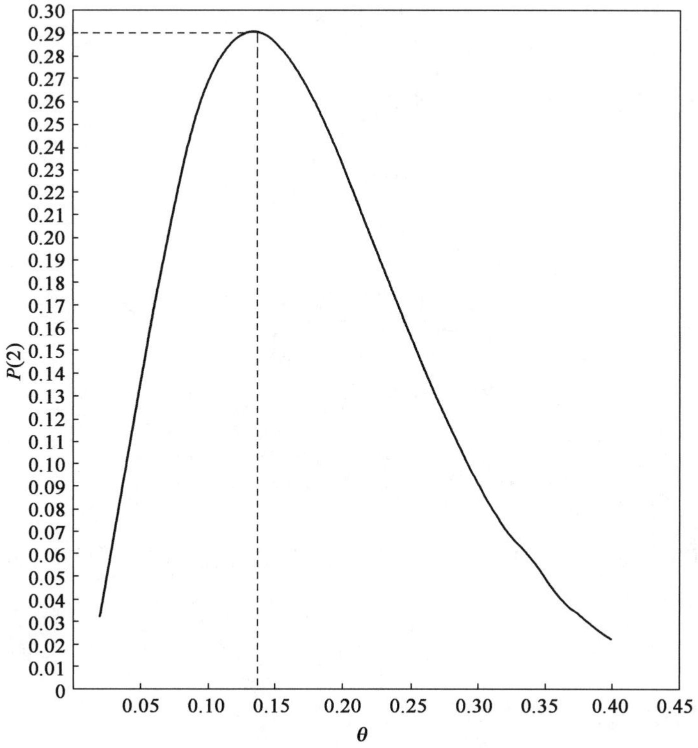

图4-1 θ和$P(2)$的关系图

θ 和 $P(2)$ 的值 表 4-1

θ	$P(2)$	θ	$P(2)$	θ	$P(2)$
0.02	0.0323	0.16	0.2787	0.30	0.0916
0.04	0.0988	0.18	0.2578	0.32	0.0715
0.06	0.1691	0.20	0.2309	0.34	0.0574
0.08	0.2273	0.22	0.2010	0.36	0.0411
0.10	0.2669	0.24	0.1707	0.38	0.0303
0.12	0.2870	0.26	0.1416	0.40	0.0219
0.14	0.2897	0.28	0.1150		

在样本非常大的情况下，会发现计算似然函数的对数值比计算它本身的值更方便。由于似然函数通常是通过独立事件的概率相乘获得的，所以似然函数的绘图将被大大简化。并且通过考虑函数的对数可以消除（或将其作为一个刻度）对数的常数项。这将通过下面的例子说明。

【例 4-7】 假设车辆到达服从一个均值为未知量 μ 的泊松分布。以相同的时间间隔调查了两批次随机到达的车辆样本，其到达的数目为 10 和 12，求其似然函数。

解：有 x 个车辆到达的泊松分布的概率为

$$P(x) = \frac{e^{-\mu}\mu^{x}}{x!} \quad i = 0,1,2,\cdots,n$$

有 10 辆车和 12 辆车到达的概率分别为

$$P(10) = \frac{e^{-\mu}\mu^{10}}{10!}$$

和

$$P(12) = \frac{e^{-\mu}\mu^{12}}{12!}$$

似然函数 $L(x;\mu)$ 是 $P(10)$ 和 $P(20)$ 的乘积，即

$$L(x;\mu) = \frac{e^{-\mu}\mu^{10}}{10!} \times \frac{e^{-\mu}\mu^{12}}{12!} = \frac{e^{-2\mu}\mu^{22}}{10!12!} \tag{4-11}$$

对于不同的值 μ，式(4-11)的预计值可以通过对 $L(x;\mu)$ 取对数进行简化。令 $I(x;\mu)$ 为 $L(x;\mu)$ 的对数，即

$$I(x;\mu) = \lg L(x;\mu)$$

在式(4-11)中给出的似然函数的对数为

$$I(\mu) = 22\lg\mu - 2\mu - \lg(10!12!)$$

对于不同的值μ,式(4-11)的预计值可以通过对$L(x;\mu)$取对数进行简化。令$I(x;\mu)$为$L(x;\mu)$的对数,即

$$I(x;\mu) = \lg L(x;\mu)$$

在式(4-11)中给出的似然函数的对数为

$$I(\mu) = 22\lg\mu - 2\mu - \lg(10!12!) \tag{4-12}$$

式(4-12)中最后一项是常数,可以忽略不计,然后画出对数似然函数的相对值,如图4-2所示。

从图4-2中很明显地看出,当泊松分布的平均值为11时,10和12出现的概率最大。图4-2对应的$I(\mu)$值如表4-2所示。

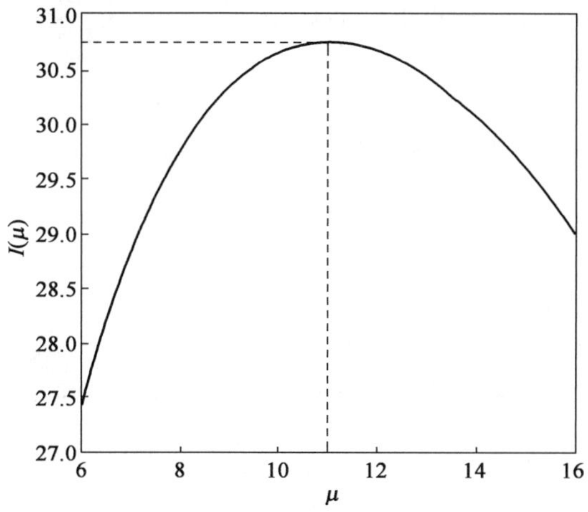

图4-2 似然函数的lg值与μ

图4-2对应的$I(\mu)$值 表4-2

μ	$I(\mu)$	μ	$I(\mu)$
6	27.4187	12	30.6679
7	28.8100	13	30.4289
8	29.7477	14	30.0593
9	30.3389	15	29.5771
10	30.6569	16	28.9970
11	30.7537		

【例4-8】 假设同一批产品中抽取10、15和25三批样本。经检查发现这些样本中分别有2个、3个和5个缺陷。那么这些概率的似然函数是什么?

解:由于这3个样本是从同一批产品中抽取的,那么其概率分布有相同的参数θ,其概率为

$$\binom{10}{2}\theta^2(1-\theta)^8;\ \binom{15}{3}\theta^3(1-\theta)^{12};\ \binom{25}{5}\theta^5(1-\theta)^{20}$$

似然函数是3个概率的乘积:

$$L(\theta) = \binom{10}{2}\theta^2(1-\theta)^8\binom{15}{3}\theta^3(1-\theta)^{12}\binom{25}{5}\theta^5(1-\theta)^{20}$$

$$L(\theta) = K\theta^{10}(1-\theta)^{40}$$

式中,K是一个所有不含θ的常数项的项。

至此,展示了如何逐步得到不连续概率分布(二项分布和泊松分布)的似然函数。可以用同样的步骤获取连续概率分布的似然函数。

假设有一个概率密度函数为$f(x;\theta)$的单参数θ分布,令观测结果为$x_1,x_2,\cdots,x_n$。对于任

意连续的随机变量,得到确定 x 值的概率为零。然而,在 x 附近长为 dx 的一个区间内 x 的概率为 $f(x;\theta)dx$。如果 $x_1,x_2,\cdots,x_n$ 独立,那么,似然函数为(Wetherill,1981;Myung,2003)

$$L(x_i;\theta)=\prod_{i=1}^{n}f(x_i;\theta)dx_i \tag{4-13}$$

由于 $dx_1,dx_2,\cdots,dx_n$ 的乘积与 θ 无关,整理式(4-13)可得

$$L(x_i;\theta)=K\prod_{i=1}^{n}f(x_i;\theta)$$

【例 4-9】说明了得到一个连续概率分布的似然函数的步骤。

【例 4-9】 假设【例 4-8】中的 3 批样本并观测到它们分别有 5 个、7 个和 9 个缺陷。还发现此批产品中的缺陷数服从均值为 μ、方差为 1 的正态分布。求其似然函数。

解:观测值 x_i 的概率密度函数为

$$\frac{1}{\sqrt{2\pi}}\exp[-1/2\ (x_i-\mu)^2]\quad i=1,2,3$$

则似然函数为

$$L(\mu)=\frac{1}{2\pi\ \sqrt{2\pi}}\exp[-1/2\ (5-\mu)^2-1/2\ (7-\mu)^2-1/2\ (9-\mu)^2] \tag{4-14}$$

展开二次项将得到含有 $\mu^2,\mu x_i,x_i^2$ 的项。最后一项不包含 μ 可忽略。则通过 $x_i-\mu$ 项来简化式(4-14),有

$$x_i-\mu=x_i-\bar{x}+\bar{x}-\mu$$

将上式平方再相加,得到

$$\sum_{i=1}^{n}(x_i-\mu)^2=\sum_{i=1}^{n}(x_i-\bar{x})^2+n\ (\bar{x}-\mu)^2$$

由于观测样本的均值为 7,并且 $\exp[-1/2\sum(x_i-\bar{x})^2]$项由于不包含 μ 可以忽略不计,则式(4-14)转换为

$$l(\mu)=K-\frac{3}{2}(7-\mu)^2$$

式中,K 是常数。

显然,如果概率分布有一个以上未知参数,可以像下例这样将一个似然函数展开为含这些参数的项。

【例 4-10】 假设从一个均值为 μ、方差为 σ^2 的正态分布中任意抽取 n 个观测值 $x_1,x_2,\cdots,x_n$。求似然函数(Wetherill,1981)。

解:按照【例 4-9】中相同的步骤,得到观测值 x_i的概率密度函数,即

$$\frac{1}{\sigma\ \sqrt{2\pi}}\exp\left[-1/2\ \left(\frac{x_i-\mu}{\sigma}\right)^2\right]\quad i=1,2,\cdots,n$$

$$L(x;\mu,\sigma^2)=\frac{(2\pi)^{\frac{-n}{2}}}{\sigma^n}\exp\left[-\frac{1}{2\sigma^2}\sum_{i=1}^{n}(x_i-\mu)^2\right]$$

似然函数是这些概率密度函数的乘积,即

$$L(x;\mu,\sigma^2) = -n\lg\sqrt{2\pi} - n\lg\sigma - \frac{1}{2\sigma^2}\sum_{i=1}^{n}(x_i-\bar{x})^2 - \frac{n}{2\sigma^2}(\bar{x}-\mu)^2 \tag{4-15}$$

4.3.1 极大似然法

如前所述,分布的似然函数通常在某个值处有一个最大值。如果要求将一个单参数的值作为分布的一个预计值,那么最大似然的参数值为最优估计。

接下来利用似然函数确定参数的最优估计。这可以通过推导观测值的似然函数并获得其对数形式来完成,对此表达式求偏导并令其等于0。解此方程得到的似然函数最大值是参数的最优估计。

当然,在某些情况下,对似然函数本身求极大值也可以获得结果。

【例4-11】 求【例4-7】中用极大似然函数给出的泊松分布μ的最优估计。

解:对【例4-7】中给出的似然函数取对数:

$$l(\mu) = 22\lg\mu - 2\mu - \lg(10!12!)$$

$l(\mu)$关于μ的导数为

$$\frac{\mathrm{d}l(\mu)}{\mathrm{d}\mu} = \frac{22}{\mu} - 2 = 0$$

最优估计为11。

【例4-12】 对于例【例4-8】中θ的极大似然估计是多少?

解:

$$L(\theta) = K\theta^{10}(1-\theta)^{40}$$

$$l(\theta) = \lg K + 10\lg\theta + 40\lg(1-\theta)$$

$$\frac{\mathrm{d}l(\theta)}{\mathrm{d}(\theta)} = 0 + \frac{10}{\theta} - \frac{40}{1-\theta} = 0$$

最优估计值$\hat{\theta}$是1/5。

下面考虑指数、瑞利和正态分布参数的最极大似然估计(MLE)。

4.3.2 指数分布

参数为λ的指数分布概率密度函数为

$$f(x;\lambda) = \lambda e^{-\lambda x} \tag{4-16}$$

其观测值的概率密度函数为

$$f(x_i;\lambda) = \lambda e^{-\lambda x_i} \quad i = 1,2,\cdots,n \tag{4-17}$$

似然函数为$L(x_1,x_2,\cdots,x_n;\lambda)$为

$$L(x_1,x_2,\cdots,x_n;\lambda) = f(x_1;\lambda)f(x_2;\lambda)\cdots f(x_n;\lambda) = \prod_{i=1}^{n}f(x_i;\lambda) = \lambda^n\prod_{i=1}^{n}e^{-\lambda x_i} = \lambda^n e^{-\lambda\sum_{i=1}^{n}x_i} \tag{4-18}$$

对数似然函数为

$$l(x_1,x_2,\cdots,x_n;\lambda)=n\lg\lambda-\lambda\sum_{i=1}^{n}x_i \tag{4-19}$$

则

$$\frac{\partial l(x_1,x_2,\cdots,x_n;\lambda)}{\partial\lambda}=\frac{n}{\lambda}-\sum_{i=1}^{n}x_i=0 \tag{4-20}$$

λ 的最优估计为 $n/\sum_{i=1}^{n}x_i$。这与由矩量法得到的结果相同。

【例 4-13】 对一个由 6 个电子元件构成的样本进行可靠性实验,估计其平均失效时间。元件失效的时间:25h、75h、150h、230h、430h 和 700h。那么失效率是多少?求其失效分布参数。

解:经计算,平均失效时间为 260h,并且标准差为 232h。由于均值和标准差几乎相等,那么有理由相信其失效时间分布为指数分布。

参数$\hat{\lambda}$最优估计(指数分布参数)如极大似然法确定的那样,为

$$\hat{\lambda}=\frac{n}{\sum_{i=1}^{n}x_i}$$

式中,x_i 是第 i 次失效时间。

失效率为

$$\hat{\lambda}=\frac{6}{1610}=3.726\times10^{-3}$$

4.3.3 瑞利分布

瑞利分布用来表示失效率呈线性增加的组件的失效时间分布。瑞利分布的概率密度函数为

$$f(x)=\lambda x\mathrm{e}^{-\frac{\lambda x^2}{2}} \tag{4-21}$$

式中,λ 是瑞利分布的参数。

对于 n 个观测值的似然函数,有如下表达式:

$$L(x_1,x_2,\cdots,x_n;\lambda)=f(x_1;\lambda)f(x_2;\lambda),\cdots,f(x_n;\lambda) \tag{4-22}$$

即

$$L(x_1,x_2,\cdots,x_n;\lambda)=\prod_{i=1}^{n}\lambda x_i\mathrm{e}^{-\frac{\lambda x_i^2}{2}} \tag{4-23}$$

令

$$\prod_{i=1}^{n}x_i=X \tag{4-24}$$

则有

$$L(x_1,x_2,\cdots,x_n;\lambda)=\lambda^n X\mathrm{e}^{-\frac{\lambda}{2}\sum_{i=1}^{n}x_i^2} \tag{4-25}$$

以上函数取对数后为

$$l(x_1,x_2,\cdots,x_n;\lambda)=n\lg\lambda+\lg X-\frac{\lambda}{2}\sum_{i=1}^{n}x_i^2 \tag{4-26}$$

对式(4-26)关于 λ 求导并令其等于 0,得到

$$\frac{\partial l(x_1,x_2,\cdots,x_n;\lambda)}{\partial\lambda}=\frac{n}{\lambda}-\frac{1}{2}\sum_{i=1}^{n}x_i^2=0 \tag{4-27}$$

则

$$\hat{\lambda}=\frac{2n}{\sum_{i=1}^{n}x_i^2} \tag{4-28}$$

【例 4-14】 下列为在进行可靠性试验时观测到的失效时间:15h、21h、30h、39h、52h 和 68h。设符合其失效时间分布形式为瑞利分布。求这个分布的参数、失效时间的均值和标准差。

解:由式(4-28)可得瑞利分布的参数为

$$\hat{\lambda}=\frac{2\times 6}{10415}=0.00115$$

失效时间的均值和标准差为

$$\hat{\mu}=\sqrt{\frac{\pi}{2\hat{\lambda}}}=36.92$$

$$\hat{\sigma}=\sqrt{\frac{2}{\hat{\lambda}}\left(1-\frac{\pi}{4}\right)}=19.3$$

4.3.4 正态分布

在均值 λ 和方差 σ^2 未知的正态分布中,一个观测值的概率密度函数为

$$f(x)=\frac{1}{\sigma\sqrt{2\pi}}e^{-\frac{1}{2}\left(\frac{x-\mu}{\sigma}\right)^2} \tag{4-29}$$

对于 n 个观测值,似然函数为

$$L(x_1,x_2,\cdots,x_n;\mu,\sigma)=\left(\frac{1}{\sigma\sqrt{2\pi}}\right)^n\prod_{i=1}^{n}e^{-\frac{1}{2}\left(\frac{x_i-\mu}{\sigma}\right)^2} \tag{4-30}$$

对上面函数取对数有

$$l(x_1,x_2,\cdots,x_n;\mu,\sigma)=n\lg\frac{1}{\sigma\sqrt{2\pi}}-\frac{1}{2}\sum_{i=1}^{n}\left(\frac{x_i-\mu}{\sigma}\right)^2 \tag{4-31}$$

对式(4-31)关于 μ 求导,结果为

$$\frac{\partial l(x_1,x_2,\cdots,x_n;\mu,\sigma)}{\partial\mu}=\frac{1}{\sigma^2}\left(\sum_{i=1}^{n}x_i-n\mu\right)=0 \tag{4-32}$$

$$\hat{\mu}=\frac{1}{n}\sum_{i=1}^{n}x_i \tag{4-33}$$

相似地,对式(4-31)关于 σ 求导,得到

$$\begin{aligned}\frac{\partial l(x_1,x_2,\cdots,x_n;\mu,\sigma)}{\partial\sigma}&=\frac{\partial}{\partial\sigma}\left[n\lg\frac{1}{\sqrt{2\pi}}-n\lg\sigma-\frac{1}{2}\sum_{i=1}^{n}\left(\frac{x_i-\mu}{\sigma}\right)^2\right]\\&=-\frac{n}{\sigma}-\sum_{i=1}^{n}\frac{(x_i-\mu)^2}{2\sigma^3}\times-2\\&=\frac{1}{\sigma}\left[-n+\sum_{i=1}^{n}\frac{(x_i-\mu)^2}{\sigma^2}\right]=0\end{aligned} \tag{4-34}$$

σ^2 的估计值为

$$\sigma_2 = \frac{1}{n}\sum_{i=1}^{n}(x_i - \mu)^2 \tag{4-35}$$

【例 4-15】 假设在组件上施加的外加作用力和相应的失效时间组成的一对观测值 $(x_1, y_1), \cdots, (x_n, y_n)$ 服从正态分布,且

$$\mathrm{E}(Y) = \alpha + \beta x \tag{4-36}$$

$$\mathrm{Var}(Y) = \sigma^2 \tag{4-37}$$

由于 Y 是独立的且服从正态分布的,那么运用式(4-31)得到对数似然函数为

$$l[(x_1, y_1), \cdots, (x_n, y_n); \alpha, \beta] = \frac{-n}{2}\lg 2\pi - n\lg\sigma - \frac{1}{2\sigma^2}\sum(y_i - \alpha - \beta x_i)^2 \tag{4-38}$$

式(4-38)右边前两项与 α 和 β 无关。因此,为了使对数似然函数取最大值,可以把这一项舍去,即

$$K = \sum_{i=1}^{n}(y_i - \alpha - \beta x_i)^2 \tag{4-39}$$

对 K 关于 α 和 β 求偏导,然后令其等于 0,得到两个关于 α 和 β 线性方程,解方程得

$$\hat{\beta} = \frac{\sum_{i=1}^{n} y_i(x_i - \bar{x})}{\sum_{i=1}^{n}(x_i - \bar{x})^2} \tag{4-40}$$

$$\hat{\alpha} = \bar{y} - \hat{\beta}\bar{x} \tag{4-41}$$

其中

$$\begin{aligned} \bar{x} &= \frac{1}{n}\sum_{i=1}^{n} x_i \\ \bar{y} &= \frac{1}{n}\sum_{i=1}^{n} y_i \end{aligned} \tag{4-42}$$

正如之前讨论的,为了得到极大似然估计,令对数似然函数关于参数的导数为零,并计算所得到的方程从而得到参数的值。但是,有时没有关于参数的封闭表达形式。在这种情况下,可以运用其他方法去估计参数值。下面介绍这两种方法(Wetheriiil,1981)。

1)似然函数梯度法

似然函数梯度法适用于有一个未知参数 θ 的情况。可以在 θ 取不同值时计算 $\mathrm{d}L/\mathrm{d}\theta$ 并绘出和 θ 的关系图,得到一条 $\mathrm{d}l/\mathrm{d}\theta$ 与 θ 轴相交($\mathrm{d}l/\mathrm{d}\theta = 0$)于 θ 估计值的直线。画这样一条直线所需的计算量很少。这条直线的斜率是似然函数关于 θ 的二阶导数($\mathrm{d}^2 l/\mathrm{d}\theta^2$),它是方差的一个近似估计。

2)牛顿迭代法

牛顿迭代法在计算方程 $f(x) = 0$ 的根中的运用已广为人知。下面应用牛顿法来求对数似然函数关于 θ 的导数。

$$f(\theta) = \left\{\frac{\mathrm{d}l}{\mathrm{d}\theta}\right\}_{\theta = \hat{\theta}} = 0 \tag{4-43}$$

若 $\hat{\theta}_1$ 是 θ 的粗略预估值,那么运用泰勒展开将式(4-43)关于 $\hat{\theta}_1$ 展开,可得到

$$\left\{\frac{\mathrm{d}l}{\mathrm{d}\theta}\right\}_{\hat{\theta}} = \left\{\frac{\mathrm{d}l}{\mathrm{d}\theta}\right\}_{\hat{\theta}_1} + (\hat{\theta} - \hat{\theta}_1)\left\{\frac{\mathrm{d}^2 l}{\mathrm{d}\theta^2}\right\}_{\hat{\theta}_1} + \cdots = 0 \tag{4-44}$$

若$\hat{\theta}_1-\hat{\theta}$约为0,可以忽略式(4-44)展开式中的高次项,所以

$$\left\{\frac{\mathrm{d}l}{\mathrm{d}\theta}\right\}_{\hat{\theta}_1}+(\hat{\theta}-\hat{\theta}_1)\left\{\frac{\mathrm{d}^2 l}{\mathrm{d}\theta^2}\right\}_{\hat{\theta}_1}\cong 0 \tag{4-45}$$

则一个预计值$\hat{\theta}_2$为

$$\hat{\theta}_2=\hat{\theta}_1-\left\{\frac{\mathrm{d}l}{\mathrm{d}\theta}\right\}_{\hat{\theta}_1}\Bigg/\left\{\frac{\mathrm{d}^2 l}{\mathrm{d}\theta^2}\right\}_{\hat{\theta}_1} \tag{4-46}$$

可以逐步迭代式(4-46)直到参数预计值收敛。显然,收敛的速率取决于初始值$\hat{\theta}$的选择。目前没有一个通用的选取初值的办法,但对似然函数进行绘图可以提供一个较好的初值。

在一定规律下,极大似然的渐近线是连续、有效、无偏的。随着观测数量的增加,估计值的偏差也增加。这种方法需要对单参数分布进行计算,但对于多参数分布则需要额外的计算。另外,这种方法对截止或未截止的数据都适用。

4.3.5 信息矩阵和方差-协方差矩阵

运用极大似然估计(MLE)去得到分布参数的优点之一,就是似然函数的对数形式可以用来构造 Fisher 信息矩阵(或 Hessian 矩阵)。该矩阵的逆矩阵就是方差-协方差矩阵。

在介绍构建信息矩阵的步骤之前,首先定义方差与协方差矩阵(简称为协方差矩阵)。如果$X_1,X_2,\cdots,X_k$相互独立并且属于同一分布在概率密度函数$f(x,\theta_0)$中的随机变量,这里θ中含有多个组件并且是θ的真实值,那么协方差矩阵可定义为

$$\begin{pmatrix} \mathrm{Var}(\theta_1) & \mathrm{Cov}(\theta_1,\theta_2) & \mathrm{Cov}(\theta_1,\theta_3) & \cdots & \mathrm{Cov}(\theta_1,\theta_k) \\ \mathrm{Cov}(\theta_1,\theta_2) & \mathrm{Var}(\theta_2) & \mathrm{Cov}(\theta_2,\theta_3) & \cdots & \mathrm{Cov}(\theta_2,\theta_k) \\ \vdots & & \ddots & \vdots & \\ \mathrm{Cov}(\theta_1,\theta_k) & \mathrm{Cov}(\theta_2,\theta_k) & & \cdots & \mathrm{Var}(\theta_k) \end{pmatrix} \tag{4-47}$$

式中,$\mathrm{Cov}(\theta_i,\theta_j)$是关于$\theta_i$和$\theta_j$的协方差,而$\mathrm{Var}(\theta_i)$是关于$\theta_i$的方差。这个协方差矩阵可以从信息矩阵中得到。

正如本章所述,当数据的样本大小增大时极大似然估计值的偏差减小,并且它们逐渐变得无偏,即

$$\lim_{n\to\infty}\mathrm{E}(\hat{\theta}_i)=\theta_i \quad i=1,2,\cdots,k \tag{4-48}$$

为了找到估计值的渐近方差和协方差,首先构造信息矩阵I,把相似性视为已知的样本中观测到的随机变量的一个函数。

信息矩阵$\boldsymbol{I}$中第(i,j)个元素为

$$I_{ij}=\mathrm{E}\left[-\frac{\partial^2 l(X;\theta)}{\partial\theta_i\partial\theta_j}\right] \tag{4-49}$$

逆矩阵$\boldsymbol{I}^{-1}$是$\hat{\theta}$的协方差矩阵(Elandt-Johnson 和 Johnson,1980),即

$$\begin{aligned} \mathrm{Var}(\hat{\theta}_i) &= I_{ii} \\ \mathrm{Cov}(\hat{\theta}_i,\hat{\theta}_j) &= I_{ij} \end{aligned} \tag{4-50}$$

【例 4-16】 一个随机样本 $x_1,x_2,\cdots,x_n$ 服从参数为 μ 和 σ^2 的正态分布。运用信息矩阵得到其方差。

解:正态分布的对数似然函数在【例 4-15】中已给出,为

$$l(x_1,x_2,\cdots,x_n;\mu,\sigma) = n\lg\frac{1}{\sigma\sqrt{2\pi}} - \frac{1}{2}\sum_{i=1}^{n}\left(\frac{x_i-\mu}{\sigma}\right)^2$$

l 关于 μ 和 σ 求偏导,为

$$\frac{\partial l}{\partial\mu} = \frac{1}{\sigma^2}(\sum_{i=1}^{n}x_i - n\mu)$$

$$\frac{\partial l}{\partial\mu} = \frac{1}{\sigma}\left[-n + \sum_{i=1}^{n}\frac{(x_i-\mu)^2}{\sigma^2}\right]$$

$$\frac{\partial^2 l}{\partial\mu^2} = \frac{-n}{\sigma^2} \tag{4-51}$$

$$\frac{\partial^2 l}{\partial\mu\partial\sigma} = \frac{-2}{\sigma^3}(\sum_{i=1}^{n}x_i - n\mu) \tag{4-52}$$

$$\frac{\partial^2 l}{\partial\sigma^2} = \frac{n}{\sigma^2} - \frac{3}{\sigma^4}\left[\sum_{i=1}^{n}(x_i-\mu)\right]^2 \tag{4-53}$$

为构造信息矩阵,先求式(4-51)、式(4-52)、式(4-53)的期望,即

$$\mathrm{E}\left(\frac{\partial^2 l}{\partial\mu^2}\right) = \frac{-n}{\sigma^2} = -I_{11}$$

$$\mathrm{E}\left(\frac{\partial^2 l}{\partial\mu\partial\sigma}\right) = 0 = -I_{12} = -I_{21}$$

$$\mathrm{E}\left(\frac{\partial^2 l}{\partial\sigma^2}\right) = \frac{-2n}{\sigma^2} = -I_{22}$$

因此,信息矩阵 $\boldsymbol{I}$ 构造为

$$\boldsymbol{I} = \begin{pmatrix} n/\sigma^2 & 0 \\ 0 & 2n/\sigma^2 \end{pmatrix} \text{ 并且 } \boldsymbol{I}^{-1} = \begin{pmatrix} \sigma^2/n & 0 \\ 0 & \sigma^2/2n \end{pmatrix}$$

方差与协方差矩阵 $\boldsymbol{I}^{-1}$ 为

$$\begin{pmatrix} \mathrm{Var}(\hat{\mu}) & \mathrm{Cov}(\hat{\mu},\hat{\sigma}) \\ \mathrm{Cov}(\hat{\mu},\hat{\sigma}) & \mathrm{Var}(\hat{\sigma}) \end{pmatrix} = \begin{pmatrix} \sigma^2/n & 0 \\ 0 & \sigma^2/2n \end{pmatrix}$$

【例 4-17】 质量查验机由以下三个主要部件组成:一个天平、一个控制器、一个转向器。在典型的高速生产系统如罐头产品业或制药业中,通常有一个或多个质量查验机安装在系统中,以确保产品质量在可接受的范围内。如果一个产品没有达到要求,它会被从良品中移走。转向器是最容易受影响而失效的组件。下面是检测到的转向器失效的时间(单位:周):14、18、18、20、21、22、22、20、17、17、15 和 13。

解:假设这些观测值遵循一个均值为 μ、方差为 σ^2 的正态分布。确定$\hat{\mu}$、$\hat{\sigma}$和方差-协方差矩阵。从 4.3.4 节中得到$\hat{\mu}$和$\hat{\sigma}$为

$$\hat{\mu}=\frac{1}{n}\sum_{i=1}^{n}x_i=\frac{1}{12}\times 217=18.08$$

$$\hat{\sigma}^2=\frac{1}{n}\sum_{i=1}^{n}(x_i-\hat{\mu})^2=8.409$$

则

$$\hat{\sigma}=2.9$$

在【例4-16】中，方差-协方差矩阵为

$$\boldsymbol{I}^{-1}=\begin{pmatrix}\sigma^2/n & 0\\ 0 & \sigma^2/2n\end{pmatrix}=\begin{pmatrix}0.700 & 0\\ 0 & 0.350\end{pmatrix}$$

所以，$\hat{\mu}$的方差为0.700而$\hat{\sigma}$的方差为0.350。

4.4 最小二乘法

最小二乘法提供了一种对分布参数高效且无偏的估计法。这种方法通过使观测数据与分布间平方误差和最小来确定最佳拟合(Elsayed 和 Boucher, 1994)。此方法常用于一元线性、多元线性和非线性回归模型，在此只介绍线性模型。

考虑一系列可能含有极值数据点（或噪声）的数据，很想找到一个可以反映数据形式的函数并使误差最小。对数据进行绘图，可以揭示数据生成过程是线性的还是非线性的。假设数据生成过程可以用线性模型表示为

$$f(x_i)=\alpha+\beta x_i+\varepsilon_i \tag{4-54}$$

式中：$f(x_i)$——x_i 函数的观测值；

α、β——截值和斜率；

x_i——独立变量，如时间；

ε_i——在时间 x_i 时刻的随机噪声。

假设 ε_i 是一个均值为$\bar{\varepsilon}_i=0$ 且 $\mathrm{Var}(\varepsilon_x)=\sigma^2$ 的独立正态分布。基于线性模型的假设，假设拟合模型形式为

$$\hat{f}(x)=\hat{\alpha}+\hat{\beta}x \tag{4-55}$$

式中：$\hat{f}(x)$——关于函数$f(x)$估计；

$\hat{\alpha}$、$\hat{\beta}$——α、β 的估计值。

令

$$e(x_i)=\hat{f}(x_i)-f(x_i) \tag{4-56}$$

表示 $\hat{f}(x_i)$ 与真实值$f(x_i)$ 之间的误差，那么定义平方误差和为 SS_E，即

$$SS_E=\sum_{x=1}^{n}e^2(x_i) \tag{4-57}$$

式中，n 是用来估计$\hat{f}(x_i)$的样本数。

式(4-57)可以变为

$$SS_E=\sum_{x=1}^{n}[\hat{f}(x_i)-f(x_i)]^2 \tag{4-58}$$

SS_E 的最小值可以通过对 SS_E 关于 $\hat{\alpha}$、$\hat{\beta}$ 部分求导，并令导数为零，得到

$$SS_E=\sum_{i=1}^{n}[f(x_i)-\hat{\alpha}-\hat{\beta}x_i]^2 \tag{4-59}$$

$$\frac{\partial SS_E}{\partial\hat{\alpha}}=-2\sum_{i=1}^{n}[f(x_i)-\hat{\alpha}-\hat{\beta}x_i]=0 \tag{4-60}$$

$$\frac{\partial SS_E}{\partial\hat{\beta}}=-2\sum_{i=1}^{n}[f(x_i)-\hat{\alpha}-\hat{\beta}x_i]x_i=0 \tag{4-61}$$

式(4-60)和式(4-61)可以重新写为

$$\sum_{i=1}^{n}f(x_i)=n\hat{\alpha}+\hat{\beta}\sum_{i=1}^{n}x_i \tag{4-62}$$

$$\sum_{i=1}^{n}x_if(x_i)=\hat{\alpha}\sum_{i=1}^{n}x_i+\hat{\beta}\sum_{i=1}^{n}x_i^2 \tag{4-63}$$

从而得到

$$\hat{\alpha}=\frac{\sum_{i=1}^{n}x_i^2\sum f(x_i)-\sum x_i\sum x_if(x_i)}{n\sum x_i^2-(\sum x_i)^2} \tag{4-64}$$

$$\hat{\beta}=\frac{n\sum x_if(x_i)-\sum x_i\sum f(x_i)}{n\sum x_i^2-(\sum x_i)^2} \tag{4-65}$$

得到模型参数之后，需要知道模型与数据的拟合程度，因此引入决定系数和相关系数作为典型判据。

$$r^2=\frac{\sum[\hat{f}(x_i)-\bar{f}(x)]^2}{\sum[f(x_i)-\bar{f}(x)]^2} \tag{4-66}$$

和

$$\rho=\frac{\sigma_{x,f(x)}}{\sigma_x\sigma_{f(x)}} \tag{4-67}$$

式中：r^2——决定系数，$0\leqslant r^2\leqslant 1$；

ρ——相关系数，$0\leqslant\rho\leqslant 1$；

$\sigma_{x,f(x)}$——x 和 $f(x)$ 的协方差，表示为

$$\sigma_{x,f(x)}=\sum_{i=1}^{n}(x_i-\bar{x})[f(x)-\bar{f}(x)] \tag{4-68}$$

$$\sigma_x=\sum(x_i-\bar{x})^2 \tag{4-69}$$

$$\sigma_{f(x)}=\sum[f(x)-\bar{f}(x)]^2 \tag{4-70}$$

式(4-66)和式(4-67)的导数已由 Elsayed 和 Boucher(1994)给出。决定系数为 0，说明这个模型与数据不相符；而当 $r^2=1$ 时，这个模型为理想模型。类似地，$\rho=1,-1$，分别代表完全正相关或完全负相关。当 $r=0$ 时，x 和 $f(x)$ 没有相关性。所以，当 r^2 接近 1 或 r 接近 ±1 时，模型与数据相符得很好。

式(4-65)可以写为

$$\hat{\beta} = \frac{\sum_{i=1}^{n}(x_i - \bar{x})f(x_i)}{\sum_{i=1}^{n}(x_i - \bar{x})^2} \tag{4-71}$$

由于

$$\sum_{i=1}^{n}(x_i - \bar{x}) = 0 \tag{4-72}$$

那么,可以得到$\hat{\beta}$的期望值为

$$\mathrm{E}(\hat{\beta}) = \frac{\sum_{i=1}^{n}(x_i - \bar{x})\mathrm{E}[f(x_i)]}{\sum_{i=1}^{n}(x_i - \bar{x})^2} = \frac{\sum_{i=1}^{n}(x_i - \bar{x})(\alpha + \beta x_i)}{\sum_{i=1}^{n}(x_i - \bar{x})^2} = \beta\frac{\sum_{i=1}^{n}(x_i - \bar{x})x_i}{\sum_{i=1}^{n}(x_i - \bar{x})^2} = \beta \tag{4-73}$$

所以,$\hat{\beta}$是β的无偏估计。相似地,$\hat{\alpha}$是α的无偏估计。这两个参数的方差为

$$\mathrm{Var}(\hat{\beta}) = \frac{\sum_{i=1}^{n}(x_i - \bar{x})^2\mathrm{Var}[f(x_i)]}{[\sum_{i=1}^{n}(x_i - \bar{x})^2]^2} = \frac{\sigma^2}{\sum_{i=1}^{n}(x_i - \bar{x})^2} \tag{4-74}$$

$$\mathrm{Var}(\hat{\alpha}) = \frac{\sigma^2\sum_{i=1}^{n}x_i^2}{n\sum_{i=1}^{n}(x_i - \bar{x})^2} \tag{4-75}$$

对于特殊值x,$f(x)$的方差即$\hat{f}(x) = \hat{\alpha} + \hat{\beta}x$为(Weerahandi,2003)

$$\begin{aligned}\mathrm{Var}[\hat{f}(x)] &= \mathrm{Var}(\hat{\alpha}) + x^2\mathrm{Var}(\hat{\beta}) + 2x\mathrm{Cov}(\hat{\alpha},\hat{\beta}) \\ &= \frac{\sigma^2\sum_{i=1}^{n}x_i^2}{n\sum_{i=1}^{n}(x_i - \bar{x})^2} + \frac{x^2\sigma^2}{\sum_{i=1}^{n}(x_i - \bar{x})^2} - \frac{2x\sigma^2\bar{x}}{\sum_{i=1}^{n}(x_i - \bar{x})^2} \\ &= \sigma^2\left[\frac{1}{n} + \frac{(x - \bar{x})^2}{\sum_{i=1}^{n}(x_i - \bar{x})^2}\right]\end{aligned} \tag{4-76}$$

【例4-18】 某交通检测设备通过测试得到如下失效时间:10h、20h、30h、40h、50h、60h、70h、80h、93h和111h。假设失效率以$h(t) = \alpha + \beta t$的形式关于t线性增加。求常数α和β,并预估当$t = 30\mathrm{h}$时的可靠度。

解:运用中位秩方法,得到如表4-3所示与参数无关的失效率估计值。通过拟合一个失效率的线性回方程,得到常数α和β的估计值为

$$h(t) = 0.007541 + 0.000434t$$

则$t = 30\mathrm{h}$时的可靠度为

$$R(t) = \mathrm{e}^{-(0.007541t + 0.0000217t^2)}$$

$$R(30) = 0.78211$$

失效率计算　　表 4-3

t	$h(t)\times10^{-3}$	t	$h(t)\times10^{-3}$	t	$h(t)\times10^{-3}$
10	10.00	50	16.66	93	38.40
20	11.11	60	20.00	111	55.45
30	12.50	70	25.00		
40	14.28	80	33.33		

通过式(4-74)和式(4-75)得到 α 与 β 的方差,结果分别为 $\mathrm{Var}(\hat{\alpha})=4.79923\times10^{-5}$ 和 $\mathrm{Var}(\hat{\beta})=1.16008\times10^{-8}$。

最小二乘法提供了一个高效、连续和无偏的参数估计法。最小二乘法简便、计算高效并且可以对简单线性、多元线性和非线性模型使用。另外,许多非线性形式可以通过简单变化变为线性形式。例如:

$$f(x)=ax^b \tag{4-77}$$

对等式两边取对数,结果为

$$\lg f(x)=\lg a+b\lg x \tag{4-78}$$

令

$$Y=\lg f(x),X=\lg x,A=\lg a$$

则式(4-77)可以以线性形式表示如下:

$$Y=A+bX \tag{4-79}$$

总之,对于一个线性模型,最小二乘预估值有如下优点(Wetherill,1981):①无偏;②在线性无偏估计中方差最小;③得到的残差与估计值无关。

4.5 贝叶斯法

前面介绍的估计参数的方法都基于确定失效数据的最优拟合分布,且假设所估计的参数为固定值。但是,在很多情况下失效数据有限或不存在,使得很难确定最佳分布。在这种情况下,贝叶斯法是估计分布参数的一种选择。这种方法把分布参数视为随机变量。它运用了关于组件失效的先验信息,与目前根据工程经验和主观假设来构造一个优先分布模型的做法相似。

模型使用贝叶斯方程结合当前数据做出的参数先验估计来得到后验分布。参数的置信区间可以通过一系列标准步骤得到。

首先对贝叶斯理论做一个简要描述,之后使用其对分布参数进行估计。考虑一个空间大小为 S 的试验样本,且 $[B_1,B_2\cdots,B_r]$ 代表 S 的一部分。令 $\{P(A);A\subseteq S\}$ 表示 S 中所有事件的概率分布,对于 S 中任意事件 A 和 B,$P(A)>0$,在 A 发生的前提下 B 发生的条件概率为

$$P(B\mid A)=P(A\cap B)/P(A) \tag{4-80}$$

因此

$$P(B_i \mid A) = \frac{P(A \mid B_i)/P(B_i)}{P(A)} \quad i = 1,2,\cdots,r \tag{4-81}$$

对于任何 $P(A) > 0$,这里运用全概率公式计算(Leonard 和 Hsu,1999):

$$P(A) = \sum_{j=1}^{r} P(A \mid B_j)P(B_j) \tag{4-82}$$

式中,事件 B_j 相互独立且都包含事件 A。

令 $g(\theta)$ 作为参数 θ 的先验分布模型,并令 $g(\theta|t)$ 为观测值 t(以失效时间为例)为前提时 θ 的后验分布模型,同时令 $f(t|\theta)$ 为参数 θ 未知的前提下观测值 t 的概率,将式(4-81)改写为

$$g(\theta \mid t) = \frac{f(t \mid \theta)g(\theta)}{\int_0^{\infty} f(t \mid \theta)g(\theta)\mathrm{d}\theta} \tag{4-83}$$

概率模型 $f(t|\theta)$ 和先验分布 $g(\theta)$ 称为共轭分布,并且 $g(\theta)$ 是 $f(t|\theta)$ 的共轭先验分布。式(4-83)用来获得分布的推断和性质。现在说明贝叶斯法在估计模型参数中的作用。

假设一个失效率为 $1/\theta$ 的组件,其失效时间的概率密度函数为

$$f(t \mid \theta) = \frac{1}{\theta}\mathrm{e}^{-\frac{t}{\theta}} \quad 0 < t < \infty, \theta > 0 \tag{4-84}$$

假设历史观测值表明 θ 是一个随机变量,它的先验密度已被 Bhattacharya (1967)给出,具体如下:

$$g(\theta) = \begin{cases} \dfrac{(\alpha - 1)(\alpha\beta)^{\alpha-1}}{\beta^{\alpha-1} - \alpha^{\alpha-1}} \cdot \dfrac{1}{\theta^{\alpha}} & 0 < \alpha < \theta \leqslant \beta \\ 0 & \text{其他} \end{cases} \tag{4-85}$$

当 $\alpha = 0$ 时,$g(\theta)$ 在区$[\alpha,\beta]$上均匀分布。也可以假设相同类型的 n 个单元在正常运行状态下测试,这是一个完全测试,即所有部件都失效且失效时间为 $t_1,t_2,\cdots,t_n$。目标是估计参数 $\hat{\theta}$ 和它的方差。

样本 θ 的条件似然函数为

$$L(t_1,t_2,\cdots,t_n/\theta) = \frac{n!}{\theta^n}\mathrm{e}^{-\frac{T}{\theta}} \tag{4-86}$$

运用式(4-83)中贝叶斯的方法和式(4-85)中给出的先验密度,得到一个先验分布如下:

$$g(\theta \mid t_1,t_2,\cdots,t_n) = \frac{\dfrac{1}{\theta^{n+\alpha}}\mathrm{e}^{-\frac{T}{\theta}}}{\int_{\alpha}^{\beta} \dfrac{1}{\theta^{n+\alpha}}\mathrm{e}^{-\frac{T}{\theta}}\mathrm{d}\theta} \quad 0 \leqslant \alpha < \theta \leqslant \beta \tag{4-87}$$

式(4-87)是一个截断的逆伽马密度且 $\hat{\theta}$ 的估计值为 $g(\theta|t_1,t_2,\cdots,t_n)$ 的期望,即

$$\hat{\theta} = \frac{\gamma\left(n + a - 2, \dfrac{T}{\alpha}\right) - \gamma\left(n + a - 2, \dfrac{T}{\beta}\right)}{\gamma\left(n + a - 1, \dfrac{T}{\alpha}\right) - \gamma\left(n + a - 1, \dfrac{T}{\beta}\right)} \cdot T \tag{4-88}$$

式中,$\gamma(n,x) = \int_0^x \mathrm{e}^{-t}t^{n-1}\mathrm{d}t$ 是一个不完全伽马函数。

参数 $\hat{\theta}$ 的方差通过式(4-87)中的后验密度函数得到且结果为(Bhattacharya,1967)

$$\operatorname{Var}(\hat{\theta})=\frac{\{\gamma^*(n+a-3,T)\gamma^*(n-1,T)-[\gamma^*(n+a-2,T)]^2\}T}{[\gamma^*(n-1,T)]^2} \tag{4-89}$$

其中

$$\gamma^*(n,y)=\gamma\left(n,\frac{y}{\alpha}\right)-\gamma\left(n,\frac{y}{\beta}\right) \tag{4-90}$$

【例 4-19】 下列失效时间抽取自一个电场中的纳米电容器样本：0.237118、2.48843、20.9423、30.5254、62.339。根据经验指数分布的参数 θ 在 1100～1300 间均匀分布。求 $\hat{\theta}$ 和它的方差。

解：根据数据，得到 $T=116.5322$，$a=0$（均匀分布），$\alpha=1100$ 且 $\beta=1300$。由式(4-88)可得

$$\hat{\theta}=\frac{\gamma\left(n-2,\frac{T}{\alpha}\right)-\gamma\left(n-2,\frac{T}{\beta}\right)}{\gamma\left(n-1,\frac{T}{\alpha}\right)-\gamma\left(n-1,\frac{T}{\beta}\right)}\cdot T=\frac{0.000143}{0.000014}\times 116.5322=1190.29$$

由式(4-89)估计的参数如下：

$$\begin{aligned}\operatorname{Var}(\hat{\theta})&=\frac{\{\gamma^*(n-3,T)\gamma^*(n-1,T)-[\gamma^*(n-2,T)]^2\}T}{[\gamma^*(n-1,T)]^2}\\&=\frac{0.001445\times 0.000014-0.000142^2}{0.000014^2}\times 116.5322=39.24\end{aligned}$$

值得注意的是，例中的数据是从一个参数为 $\theta=1250$ 的指数分布中得到的。显然，对参数模型的假设对参数估计有很大影响。在多数情况下，假设均匀分布是合理的。

考虑【例 4-19】并假设参数 θ 是一个有先验密度的随机变量，则

$$g(\theta)=\frac{1}{\theta}e^{-\frac{1}{\theta}}$$

假设失效数据 $t_1,t_2,\cdots,t_n$ 服从指数分布，即

$$f(t_i \mid \theta)=\frac{1}{\theta}e^{-\frac{t_i}{\theta}}$$

且

$$f(t_1,t_2,\cdots,t_n \mid \theta)=\prod_{j=1}^{n}\frac{1}{\theta}e^{-\frac{t_i}{\theta}}=\left(\frac{1}{\theta}\right)^n e^{-\frac{1}{\theta}\sum_{j=1}^{n}t_j}$$

所以

$$g(\theta \mid t_1,t_2,\cdots,t_n)\propto\left(\frac{1}{\theta}\right)^2 e^{-\frac{1}{\theta}\sum_{j=1}^{n}t_j}\cdot\frac{1}{\theta}e^{-\frac{1}{\theta}}\propto\left(\frac{1}{\theta}\right)^{n+1}e^{-\frac{1}{\theta}(1+\sum_{j=1}^{n}t_j)} \tag{4-91}$$

为了让式(4-91)变为一个合适的概率密度函数，该式的右边必须乘以 $\dfrac{\left(1+\sum_{j=1}^{n}t_j\right)^{n+2}}{\Gamma(n+2)}$，则式(4-91)可以变为

$$g(\theta \mid t_1,t_2,\cdots,t_n)=\frac{\left(1+\sum_{j=1}^{n}t_j\right)^{n+2}}{\Gamma(n+2)}\left(\frac{1}{\theta}\right)^{n+1}e^{-\frac{1}{\theta}\left(1+\sum_{j=1}^{n}t_j\right)} \tag{4-92}$$

式(4-92)是一个含有参数 $n+2$ 和 $\dfrac{1}{1+\sum_{j=1}^{n}t_j}$ 的伽马分布。由于伽马分布的平均值是这两个

参数的乘积,那么对$\hat{\theta}$的贝叶斯估计值为

$$\hat{\theta}(t_1,t_2,\cdots,t_n) = \frac{n+2}{1+\sum_{j=1}^{n} t_j} \tag{4-93}$$

方差为

$$\mathrm{Var}(\hat{\theta}) = \frac{n+2}{\left(1+\sum_{j=1}^{n} t_j\right)^2} \tag{4-94}$$

4.6 失效时间数据生成

从已知参数的分布中生成失效时间可用于验证一个方法论或模拟测试单元中的失效时间。这一节简要描述从已知分布中得到随机失效时间的方法。目前存在几种生成随机变量的技术,但是每种都有自己的精度,如计算机精度和均匀 $U(0,1)$ 随机数生成的精度等。在此将展示运用最广泛的技术——逆变换技术。

逆变换的定义为:令 x 为一个从连续且严格关于 x 递增的分布函数 $F(x)$ 中得到的随机变量。同时,令 F^{-1}表示 F 的反函数。其算法为

(1)构造 $U \sim U(0,1)$,从一个均匀分布(0,1)中取一个随机数字 U;

(2)在反函数 F^{-1}中用 U 替代 X,所以,$X = F^{-1}(U)$。

以下通过从几个失效时间分布中生成随机变量来说明这种方法。

4.6.1 指数分布

从式(4-95)所示的指数分布中生成随机失效时间。

$$F(t) = \begin{cases} 1-\mathrm{e}^{-\lambda t} & t \geqslant 0 \\ 0 & \text{其他} \end{cases} \tag{4-95}$$

首先得出分布函数的反函数 F^{-1}。

令 $u = F(t)$ 并解出 t。

$$F^{-1}(u) = -\frac{1}{\lambda}\ln(1-u) \tag{4-96}$$

因此,为了算出随机变量,构造一个 $U \sim U(0,1)$ 并令 $t = -\frac{1}{\lambda}\ln(U)$。

由于 U 和 $1-U$ 有相同的分布,那么

$$t = -\frac{1}{\lambda}\ln(1-U) \tag{4-97}$$

4.6.2 威布尔分布

式(4-98)给出了威布尔分布生成的随机失效时间:

$$F(t) = 1-\mathrm{e}^{-(t/\theta)^{\gamma}} \tag{4-98}$$

与指数分布相似,可以得到分布函数的反函数为

$$F^{-1}(u) = \theta[-\ln(1-u)]^{1/\gamma} \tag{4-99}$$

因此,构造 $U \sim U(0,1)$,并令 $t = \theta[-\ln(U)]^{1/\gamma}$。

4.6.3 瑞利分布

式(4-98)给出了服从瑞利分布的随机失效时间:

$$F(t) = 1 - e^{-\left(\frac{t-a}{b}\right)^2} \quad t \geqslant a \tag{4-100}$$

得到分布函数的反函数为

$$F^{-1}(u) = a + b[\ln(1-u)]^{1/2} \tag{4-101}$$

因此,构造 $U \sim U(0,1)$,并令 $t = a + b[-\ln(U)]^{1/2}$。

4.6.4 Birnbaum-Saunders 分布

求出遵循式(4-102)中已给出可靠性函数的 Birnbaum-Saunders 分布的随机失效时间。

$$R(t) = 1 - \Phi\left(\frac{1}{\alpha}\left(\sqrt{\frac{t}{\beta}} - \sqrt{\frac{\beta}{t}}\right)\right) \quad 0 < t < \infty; \alpha, \beta > 0 \tag{4-102}$$

式中,$\Phi(\cdot)$是标准正态累积分布函数,α 是形状参数,β 是尺度参数。Kundu、Kannon 和 Balakrishnan(2008)认为下列关于随机变量 T 的变换遵循 BS(α,β)分布:

$$X = \frac{1}{2}\left[\left(\frac{T}{\beta}\right)^{1/2} - \left(\frac{T}{\beta}\right)^{-1/2}\right] \tag{4-103}$$

与下式等价:

$$T = \beta[1 + 2X^2 + 2X(1 + X^2)^{1/2}] \tag{4-104}$$

则 x 是均值为零且方差为($\alpha^2/4$)的正态分布。式(4-104)将用于从 BS(α,β)中生成随机失效时间。

本章习题

1. 给出如下失效时间数据:40、45、55、68、78、85、94、99、120、140、160、175。

(1)假设数据服从指数分布,求出失效率的函数表达式。

(2)运用矩量法估计指数分布的参数。

(3)当 t = 49h 时,属于同一样本空间的组件的可靠性是多少?

(4)画出组件可靠度与时间的关系图。

2. 贝塔分布的参数变化范围使得它能够对一个变化范围很广的失效时间数据进行建模,因此,贝塔分布在实际可靠性工程应用中广泛使用,贝塔分布的概率密度函数为

$$f(t) = \frac{\Gamma(\alpha+\beta+2)}{\Gamma(\alpha+1)\Gamma(\beta+1)} t^{\alpha}(1-t)^{\beta}$$

式中,$0 < t < 1$,$\beta > -1$ 且 α,β 是形状参数。该分布的平均值和标准方差为

$$\mu = \frac{\alpha+1}{\beta+\alpha+2}$$

$$\sigma = \left[\frac{(\alpha+1)(\beta+1)}{(\alpha+\beta+2)^2(\alpha+\beta+3)}\right]^{1/2}$$

下列失效时间数据是从一次测试中获得的：50d、100d、130d、140d、142d、150d、160d、172d、179d、200d、220d（注意：由于 $0<t<1$，最小单位为1年）。

（1）运用矩量法预估贝塔分布的参数。

（2）给出 $f(t)$、$F(t)$、$R(t)$ 和 $h(t)$ 的表达式。

（3）画出 $R(t)$ 和 $h(t)$ 与时间的关系图。

3. 下列威布尔分布的失效时间是从一次可靠性测试中得到的：320h、370h、410h、475h、562h、613h、662h、770h、865h 和 1000h。

（1）运用矩量法确定与以上数据相符的参数。

（2）运用极大似然得到威布尔的参数，运用牛顿法算出参数的值，用（1）中得到的 γ 和 θ 作为牛顿法的起始值。

（3）用最小二乘法解出（2）的结果。

（4）比较前三问中得出的结果。

4. 运用极大似然估计求出一个含有两参数的指数分布，其概率密度函数为 $f(t)=\lambda e^{-\lambda(1-\gamma)}$，$f(t)\geqslant 0, \lambda>0, t\geqslant\gamma$，这里 γ 是该分布的位置参数。

5. 用极大似然估计概率密度函数为 $f(t)=\frac{1}{\sigma t\sqrt{2\pi}}\exp\left[-\frac{1}{2}\left(\frac{\ln t-\mu}{\sigma}\right)^2\right]$ 的对数正态分布的参数。

（1）构造一个信息矩阵并确定其协方差矩阵。

（2）构造 μ 的置信区间。

第 5 章

失效时间分布模型检验与参数置信度区间

5.1 模型检验与置信度区间估计的意义

由于失效率密度函数的确定一般是基于样本数据确定的,由样本估计总体是基于概率与数理统计原理,其中必然涉及参数估计的可信度问题。即根据第 4 章方法估计出分布函数的参数,并据此建立失效时间分布模型或者时间分布模型,那么该模型是否合适,需要依据一定的方法进行验证。此外,所采用的样本数据是否满足一定的精度要求也是需要进行评价的,由此,样本的置信度区间估计显得尤为重要。

5.2 样本数据的来源

样本数据的来源主要有以下几种:

(1)历史数据

根据对实际数据的收集和整理,获得产品或者单元失效时间或者工作时间的历史数据,从而基于这些数据建立相关模型或者函数。

(2)使用寿命试验

使用寿命试验(OLT)是对单组件产品(如交通监控摄像头、桥梁的梁板结构)及多组件产品(如交通监控系统、桥面系)的原件在其正常运行条件下施加应力和环境条件的一种试验。通过对试验结果进行分析,可以对产品的可靠度和失效率进行检测和评估,以判断产品是否达到要求。

(3)老化试验

在大批量产品中,一些个别的产品会由于质量缺陷而影响其寿命。为了去除这些产品,需要在应力条件下进行老化试验,即对时间和应力进行加速。测试条件的确定非常重要,条件的选取需要保证检测出绝大多数失效产品,同时不能造成其他产品过应力损伤。另外,一个优化的老化试验应该考虑最小化生产者和使用者的总成本。

(4)加速寿命试验

加速寿命试验可以用来快速获得产品寿命分布、失效率和可靠度的信息。其实现方式是让产品在经受能够使其提前失效的试验环境中进行试验。因此,能够实现短时间内对高可靠产品寿命进行预计。

5.3 截尾类型数据及其可靠度

在上述数据来源中,存在截止条件满足之前并不是所有的试验样本都会失效的情况,这给数据的分析和处理带来了困难。此时,采用截尾的方法是一种有效的手段,目前有多种类型的截尾,下面主要讨论常见的几种。

5.3.1 Ⅰ型截尾

假设对 n 个产品进行时间为 T 的试验。记录其中 r 个失效样本的失效时间为 $t_1, t_2, \cdots, t_r \leqslant T$。在达到试验时间 T 时有 $n-r$ 个样本没有失效。失效数 r 是一个与试验时间和施加的应力类型和应力水平相关的随机变量。

如果在 T 时间内产品没有发生失效,对产品的可靠度和失效率进行分析将难以实施。因此确定合适的试验时间 T,对于确保试验中一些产品会发生失效是非常重要的。试验时间 T 称为截尾时间,这种截尾方式称为Ⅰ型截尾。

5.3.2 Ⅱ型截尾

假设对 n 个产品进行试验,同时记录每个失效产品的准确时间,试验持续进行直到第 r 个组件发生失效,试验在时间 t_r 时终止。由于在试验前指定了 r 个产品失效,从试验中能准确知道多少失效数据。显然,这种试验类型失效的时间必然会达到并能确保对可靠度的分析。当然,可靠度分析的准确性主要取决于失效时间的数目。时间区间 T 是一个与失效数 r 及应力水平相关物随机变量。在这种截尾类型中,截尾参数是试验中的失效数 r。

5.3.3 随机截尾

当 n 个试验样本被分在两个或更多的独立设备上进行试验时采用随机截尾。假设试验经过了 t_f 时间后，其中一个试验设备出现失效，在这台仪器上进行试验的样本被移除，在另一个试验仪器上继续进行试验直至试验完成。

观察试验设备失效的时间称为截止时间。由于试验设备的失效时间是一个随机变量，所以称这种截尾为随机截尾。

针对不同目的目前也存在其他类型的截尾方法。例如，首先假设有 n 个样本在同一时间进行试验，试验时间定为 t_1，随机选择 r_1 没有失效的样本并从中移除，而保留剩余 $n-r_1$ 个样本继续进行试验。其次确定另一个时间 t_2，随机选择 t_2 没有失效的样本并从中移除，而保留剩余 $n-r_1-r_2$ 个样本继续进行试验。这个过程持续进行至预定时间 t_s（试验终止时间）或者所有的样本全部失效。当 $r_1=r_2=\cdots r_{s-1}=0$ 时，这个截尾方式就变成了Ⅰ型截尾试验；当 $r_1\cdots r_{s-1}$ 这些从试验中移除的无失效样本为第 1 次到第 $s-1$ 次失效样本时，这种截尾方式就变成了Ⅱ型截尾试验。

5.3.4 截尾下失效率的计算

由第 2 章可知，一段时间内产品的失效率是在这段时间内失效样本的数目与在此时间开始之前所有无失效数目之比，在此时间内截止的样本不应计入失效的样本中，否则这样的失效率将比实际情况偏大。以下例子说明在截止情况下样本的失效率和累积失效率的计算。

【例 5-1】 200 个某品种电容器进行高加速寿命试验，由于在试验过程中试验设备失效，一些电容器的失效时间被截止。生存下来的和截止的电容器的数目如表 5-1 所示，求失效率和累积失效率。

失效率和累积失效 表 5-1

时间间隔	失效单元数	截止样本数	在此时间后的生存数	失效率	累积失效率
0~10	0	3	197	0.000	0.000
10~20	6	8	183	0.304	0.304
20~30	7	9	167	0.382	0.686
30~40	6	8	153	0.359	1.045
40~50	6	15	132	0.392	1.437
50~60	5	20	107	0.373	1.810
60~70	4	18	85	0.373	2.183
70~80	3	20	62	0.352	2.535
80~90	2	30	30	0.322	2.857
90~100	1	29	0	0.333	3.190

解：在 t_i 时间电容器的失效率可以表示为

$$h(t_i)=\frac{N_f(\Delta t_i)}{N_S(t_{i-1})\Delta t_i}$$

式中，$h(t_i)$ 是在 t_i 时电容器的失效数；$N_f(\Delta t_i)$ 是在时间间隔 Δt_i 内失效样本的数目；

$N_s(t_{i-1})$是在时间间隔 Δt_i 前存活的电容器数;Δt_i 为时间区间(t_{i-1},t_i)的长度。

应当指出,$N_f(\Delta t_i)$不包括截止的样本。失效率和累积失效的计算结果在表 5-1 中给出。表格显示失效率基本稳定于其均值 0.319。因此,平均无故障前时间是 31.35h。

5.4 指数分布失效时间分布模型检验和区间估计

5.4.1 指数分布失效时间分布模型检验

由于指数分布的失效率是恒定的,因此在实际中经常使用,首先介绍怎样评定运用指数分布作为产品失效时间模型的正确性。

设:t_i 为第一个失效的时间;t_i 为第 $i-1$ 和第 i 个失效或失效时间(这取决于是否观察到时间)之间的时间长;r 为在试验过程中所有的失效数(假设没有截止);T 为所有失效时间之和 $T=\sum_{i=1}^{r}t_i$;X 表示失效时间的一个随机变量。

为验证以下时间是否服从指数分布,运用巴特莱特试验进行验证。其统计量可以表示为

$$B_r=\frac{2r\left[\ln\left(\frac{T}{r}\right)-\frac{1}{r}\left(\sum_{i=1}^{r}\ln t_i\right)\right]}{1+(r+1)/6r} \tag{5-1}$$

式中,B_r 是 $r-1$ 个自由度的χ^2 分布统计量。其拒绝域为 $W=\{B_r>\chi^2_{(1-\alpha/2),r-1}$或者 $B_r<\chi^2_{(\alpha/2,r-1)}\}$。

【例 5-2】 假设 20 个样本失效的间隔时间如表 5-2 所示,验证这些产品的失效率是一个固定的值。

产品的失效间隔时间(单位:h) 表 5-2

200	32000	13000	43000
400	34000	20000	48000
2000	36000	24000	50000
6000	39000	26000	54000
9000	42000	29000	60000

由于在试验过程中所有的样本全部失效,所有的失效时间假设来自由 20 个产品构成的样本,每一个 t_i 都是一个自由变量,为失效间隔时间。

$$\sum_{i=1}^{20}\ln t_i=193.28$$

$$T=\sum_{i=1}^{20}t_i=567600(\text{h})$$

$$B_{20}=\frac{2\times20\times\left[\ln\left(\frac{567600}{3}\right)-\frac{1}{20}\times193.28\right]}{1+(21)/(6\times20)}=20.065$$

$\alpha = 0.10$ 时，双侧检验的极限值为

$$\chi^2_{0.95,19} = 10.117, \ \chi^2_{0.05,19} = 30.144$$

因此，B_{20}不能拒绝失效样本时间服从指数分布的假设。

【例 5-3】 20 个某产品进行加速寿命试验，当第 10 个样本发生失效时试验终止。确定在表 5-3 中的失效数据是符合指数分布。

失效间隔时间(单位:h)　　表 5-3

600	2800	2000	3300
700	3000	2500	3600
1000	3100		

$$\sum_{i=1}^{10} \ln t_i = 75.554$$

$$T = \sum_{i=1}^{10} t_i = 22600(\mathrm{h})$$

$$B_{10} = \frac{2 \times 10 \times \left[\ln\left(\frac{22600}{10}\right) - \frac{1}{10} \times 75.554\right]}{1 + (10 + 1)/(6 \times 10)} = 2.834$$

$\alpha = 0.10$ 时双侧检验的极限值为

$$\chi^2_{0.95,9} = 3.325, \chi^2_{0.05,9} = 16.919$$

因此，B_{10}拒绝了失效时间服从指数分布的假设。

5.4.2 异常短失效时间数据检验

由于受工艺水平的影响，可能会出现一些非常短的失效时间，而这些失效时间不能代表样本总体真正的失效时间。因此，在利用数据去拟合指数分布之前，需要确定失效时间是否为异常短时数据。如果失效时间为异常，这些数据应该被剔除而不能用来确定失效时间分布参数。

设$(t_1, t_2, \cdots, t_r)$是服从指数分布且相互独立的随机变量，分别表示前 r 个样本的失效时间，则 $2t_i/\theta$ 的值服从有两个自由度的χ^2 分布，θ 是指数分布的均值。

如果失效时间 t 服从均值是 θ 的指数分布，则

$$f(t) = \frac{1}{\theta} e^{-t/\theta} \tag{5-2}$$

随机变量 $y = 2t/\theta$ 服从有两个自由度χ^2 分布。

随机变量 t 的概率密度函数已经给出，其目的是对随机变量 y 求出其密度函数 $g(y)$，则有

$$\mathrm{d}y = \frac{2}{\theta}\mathrm{d}t \quad t = \frac{\theta}{2}y \tag{5-3}$$

对随机变量变形 $g(y)\mathrm{d}y = f(t)\mathrm{d}t$，则 $g(y)$ 可以变为

$$g(y) = \frac{\theta}{2} f\left(\frac{\theta}{2}y\right) \tag{5-4}$$

可得

$$g(y) = \frac{1}{2} e^{-\frac{y}{2}} \quad y \geqslant 0 \tag{5-5}$$

这个表达式实际上是一个有两个自由度分布的概率密度函数。一般的有 v 个自由度的 χ^2 分布的概率密度函数的表达式为

$$g(y) = \frac{e^{\frac{-y}{2}} y^{\frac{v}{2}-1}}{2^{\frac{v}{2}}\Gamma\left(\frac{v}{2}\right)} \tag{5-6}$$

两个或两个以上独立且服从 χ^2 分布的自由变量的和,服从以其各自自由度之和为新自由度的 χ^2 分布(Kapur 和 Lambeison, 1977),则 $\frac{2}{\theta}\sum_{i=2}^{r} t_i$ 服从自由度为 $2r-2$ 的 χ^2 分布,因此

$$F = \frac{\frac{2}{\theta}t_1/2}{\frac{2}{\theta}\sum_{i=2}^{r} t_i/(2r-2)} \tag{5-7}$$

则 F 分布可以表示为

$$F_{2,2r-2} = \frac{(r-1)t_1}{\sum_{i=2}^{r} t_i} \tag{5-8}$$

式中,失效时间 t_1 服从自由度为 2 和 $2r-2$ 的 F 分布。

如果 t_1 很小,F 的值就很小,则有

$$F_{1-\alpha,2,2r-2} > \frac{(r-1)t_1}{\sum_{i=2}^{r} t_i} \tag{5-9}$$

不等式也等价于

$$F_{\alpha,2r-2,2} < \frac{\sum_{i=2}^{r} t_i}{(r-1)t_1} \tag{5-10}$$

以式(5-9)和式(5-10)判断数据是否为异常短失效时间。

【例 5-4】 表 5-4 所示为通过试验记录的 20 个累加失效时间。问第一次失效是否异常?

涡轮叶片的失效时间(单位:h) 表 5-4

120	2112	2689	4256
1300	2192	2892	4368
1680	2215	2999	4657
1990	2290	3565	4933
2010	2581	3873	5832

解:总失效时间(除了第一个失效)为

$$\sum_{i=2}^{20} t_i = 5832 - 120 = 5712(\text{h})$$

$$t_1 = 120(\text{h})$$

$$F_{38,2} = \frac{5712}{19 \times 120} = 2.51$$

95% 置信度的 F 分布的临界值为

$$F_{0.05,38,2} = 19.47$$

因此,拒绝第一次失效时间是异常短数据的假设。

5.4.3 异常长失效时间数据检验

当 $F_{a,2,2r-2} < \frac{(r-1)t_{ab}}{\sum\limits_{i \neq ab}^{r} t_i}$ 时,失效时间 t_{ab} 是异常长失效时间。

如果 t_r 是最长的失效时间,则上述不等式可以写成

$$F_{a,2,2r-2} < \frac{(r-1)t_r}{\sum\limits_{i=1}^{r-1} t_i} \tag{5-11}$$

以式(5-11)判断数据是否为异常长失效时间。

【例 5-5】 假设下面的数据是失效时间数据(表 5-5),分析最后的时间是否为在置信度为 5% 的异常长失效时间。

失效时间　　表 5-5

30000	46585	63200	77990
34500	49970	66600	80330
37450	54430	70000	84450
39950	57600	73120	88960
43760	59990	75690	99550

解: 为了检验 99550 是否为异常长失效时间,有

$$\sum_{i=1}^{19} t_i = 1134575$$

$$F_{2,38} = \frac{19 \times 99550}{1134575} = 1.667$$

由于 $F_{2,38} < F_{0.05,2,38} = 3.25$,最后的失效时间非异常长数据。

5.4.4 指数分布失效时间的置信度区间估计

假设对 n 个样本进行试验,并记录下样本的准确失效时间分别是 $t_1, t_2, \cdots, t_n$,由于所有样本失效且没有进行截尾,则 λ 的极大似然估计(MLE)为

$$\hat{\lambda} = \frac{n}{\sum\limits_{i=1}^{n} t_i} \tag{5-12}$$

式中,$\hat{\lambda}$ 是失效率的极大似然估计。

指数分布的平均值 μ 为 $1/\lambda$,则 μ 的极大似然估计为

$$\hat{\mu} = \frac{1}{\hat{\lambda}} = \frac{\sum\limits_{i=1}^{n} t_i}{n} = \bar{t} \tag{5-13}$$

式中,$\hat{\mu}$ 是指平均寿命的极大似然估计。

因为 $2n\hat{\mu}/\mu$ 服从自由度为 $2n$ 的 χ^2 分布,再由 $\lambda = 1/\mu$ 且 $\hat{\lambda} = 1/\hat{\mu}$,则 $(1-\alpha)\%$ 置信度下 $\hat{\lambda}$

的置信区间(假设最小寿命为0)为

$$\frac{\hat{\lambda}\chi^2_{1-\alpha/2,2n}}{2n} < \lambda < \frac{\hat{\lambda}\chi^2_{\alpha/2,2n}}{2n} \tag{5-14}$$

式中,$\chi^2_{\alpha,2n}$为自由度为 $2n$ 的χ^2 分布的 α 分位点。

$$P(\chi^2_{2n} > \chi^2_{\alpha,2n}) = \alpha$$

由方程(5-14)可以得到平均寿命的置信区间为

$$\frac{2n\hat{\mu}}{x^2_{\alpha/2,2n}} < \mu < \frac{2n\hat{\mu}}{x^2_{1-\alpha/2,2n}} \tag{5-15}$$

当 n 足够大($n \geqslant 25$)时,可以通过近似得到的$\hat{\lambda}$构成的区间来估计 λ,其中$\hat{\lambda}$服从均值为 λ、方差为 λ^2/n 的正态分布:

$$\hat{\lambda} - \frac{\hat{\lambda}Z_{\alpha/2}}{\sqrt{n}} < \lambda < \hat{\lambda} + \frac{\hat{\lambda}Z_{\alpha/2}}{\sqrt{n}} \tag{5-16}$$

式中,$Z_{\alpha/2}$为标准正态分布的 $\alpha/2$ 分位点,即 $P(Z > Z_{\alpha/2}) = \alpha/2$。

5.4.5 I 型截尾数据的区间估计

假设 n 个样本进行试验,记录失效样本的失效时间 t_i,并且按照递增的规律记录。设时间 T 为试验的截尾时间,因此 $t_1 \leqslant t_2 \leqslant t_3 \leqslant \cdots \leqslant t_r \leqslant t_1^+ = \cdots = t_{n-r}^+ = T$,式中 t_i^+ 为第 i 个终止样本的截止时间。在此运用极大似然估计来估计分布参数,似然函数为

$$L = \prod_{i=1}^{r} f(t_i) \prod_{i=1}^{n-r} R(t_i^+) = \prod_{i=1}^{r} \lambda e^{-\lambda t_i} \prod_{i=1}^{n-r} e^{-\lambda t_i^+} \tag{5-17}$$

对式(5-17)取对数(用 l 表示 $\ln L$),可得

$$l = r\ln\lambda - \sum_{i=1}^{r} \lambda t_i - \sum_{i=1}^{n-r} \lambda t_i^+ \tag{5-18}$$

将 l 对 λ 求导得

$$\frac{dl}{d\lambda} = \frac{r}{\lambda} - \sum_{i=1}^{r} t_i - \sum_{i=1}^{n-r} t_i^+ \tag{5-19}$$

令方程的值为0,则可以求出 λ 的极大似然估计:

$$\hat{\lambda} = \frac{r}{\sum_{i=1}^{r} t_i + \sum_{i=1}^{n-r} t_i^+} \tag{5-20}$$

其平均寿命估计值为

$$\hat{\mu} = \frac{1}{\hat{\lambda}} = \frac{1}{r}\left(\sum_{i=1}^{r} t_i + \sum_{i=1}^{n-r} t_i^+\right) \tag{5-21}$$

统计量 $2r\lambda/\hat{\lambda}$服从自由度为 $2r$ 的χ^2 分布,$\hat{\lambda}$的均值和方差分别是 $r\lambda/(r-1)$ 和 $\lambda^2/(r-1)$ (Lee,1992)。λ 以$(1-\alpha)\%$ 为置信度的置信区间为

$$\frac{\hat{\lambda}\chi^2_{1-\alpha/2,2r}}{2r} < \lambda < \frac{\hat{\lambda}\chi^2_{\alpha/2,2r}}{2r} \tag{5-22}$$

平均寿命 μ 的置信区间为

$$\frac{2r\hat{\mu}}{\chi^2_{\alpha/2,2r}} < \mu < \frac{2r\hat{\mu}}{\chi^2_{1-\alpha/2,2r}}$$

当 n 足够大时($n\geqslant25$),$\hat{\lambda}$的分布可以近似看成以 λ 为均值、以 $\lambda^2/(r-1)$ 为方差的正态分布。置信度为 $100(1-\alpha)\%$ 的置信区间为

$$\hat{\lambda}-\frac{\hat{\lambda}Z_{\alpha/2}}{\sqrt{r-1}}<\lambda<\hat{\lambda}+\frac{\hat{\lambda}Z_{\alpha/2}}{\sqrt{r-1}} \tag{5-23}$$

【例 5-6】 对 10 个某产品样本持续进行 50000min 的试验,表 5-6 为记录下来的失效时间,计算产品的平均寿命;当置信度为 90% 时,计算平均寿命的置信区间;计算该产品在 60000min 时的可靠度。

产品失效数据(单位:min) 表 5-6

失效时间(TTF)	失效间隔时间(TBF)	失效时间(TTF)	失效间隔时间(TBF)
3000	3000	18000	6000
7000	4000	20000	2000
12000	5000	30000	10000

解:利用表 5-6 给出的失效间隔时间估算 B_6,来检验失效数据是否服从指数分布。

$$T=\sum_{i=1}^{6}\mathrm{TBF}_i=30000(\mathrm{min})$$

$$\sum_{i=1}^{6}\ln\mathrm{TBF}_i=50.33$$

$$B_6=1.2973$$

χ^2 分布统计量为

$$\chi^2_{0.95,5}=1.145$$

$$\chi^2_{0.05,5}=11.070$$

因此,数据服从指数分布。

根据式(5-21)可以得出

$$\hat{\mu}=\frac{1}{6}\times(90000+4\times50000)=48333(\mathrm{min})$$

置信度为 90% 时,$\hat{\mu}$的置信区间为

$$\frac{2\times6\times48333}{21.026}<\hat{\mu}<\frac{2\times6\times48333}{5.226}$$

即

$$21584<\hat{\mu}<110982$$

而产品使用 60000min 时仍然能够使用的概率为

$$\hat{R}(60000)=\mathrm{e}^{-\lambda t}=\mathrm{e}^{\frac{1}{48333}\times60000}=0.289$$

式中,$\hat{R}(t)$ 为在时间 t 时可靠度的估计值。

5.4.6 Ⅱ型截尾数据的区间估计

在初始时间 0 时对 n 个样本进行试验,按照递增的顺序记录其失效时间。当 n 个样本中有 r 个失效时终止试验。n 个样本的失效时间为 $t_1 \leqslant t_2 \leqslant t_3 \leqslant \cdots \leqslant t_r, t_1^+ \cdots = t_{n-r}^+$,式中 t_i 为第 i 个样本的失效时间,t_i^+ 为第 i 个样本的截尾时间(也是整个试验的截止时间)。

按照Ⅰ型截尾试验的数据分析步骤,根据极大似然估计(MLE)可以得到相同的 λ 和 μ 方程。因此Ⅰ型截尾试验和Ⅱ型截尾试验的结果并没有区别。

下面考虑在初始时间 0 时对 n 个样本进行随机截尾试验。在时间 T 时试验被终止,试验中 r 个样本失效,$n-r$ 个样本没有失效或它们的试验设备发生故障。采集的数据为:$t_1, t_2, \cdots, t_r; t_1^+, t_2^+, \cdots, t_{n-r}^+$,符号"+"表示截止,确定失效时间和截尾时间的顺序为 $t_1 \leqslant t_2, \cdots, t_{r-1} \leqslant t_r$; $t_1^+, t_2^+, \cdots, t_{n-r}^+$。用 MLE 的方法可得

$$\hat{\lambda} = \frac{r}{\sum_{i=1}^{r} t_i + \sum_{i=1}^{n-r} t_i^+} \tag{5-24}$$

当所有的观察值都是截尾数时,则 $\hat{\mu}$ 的一个估计值就是所有样本的截尾时间的总和。

$$\hat{\mu} = \sum_{i=1}^{n} t_i^+ \tag{5-25}$$

当被测试的样本数目足够大($n \geqslant 25$)时,$\hat{\lambda}$ 的分布接近正态分布,均值为 λ,方差为

$$\mathrm{Var}(\hat{\lambda}) = \frac{\lambda^2}{\sum_{i=1}^{n}(1 - \mathrm{e}^{-\lambda T_i})} \tag{5-26}$$

式中,T_i 为处在观察状态下(直到失效或试验结束)的第 i 个样本的时间。

如果对于一个异常截尾试验,T_i 未知,则方差可以近似为

$$\hat{\mathrm{Var}}(\hat{\lambda}) \approx \frac{\hat{\lambda}^2}{r} \tag{5-27}$$

式中,r 为试验终止前失效样本的数目。

置信度为 $100(1-\alpha)\%$ 的置信区间为

$$\hat{\lambda} - Z_{\alpha/2}\sqrt{\hat{\mathrm{Var}}(\hat{\lambda})} < \lambda < \hat{\lambda} + Z_{\alpha/2}\sqrt{\hat{\mathrm{Var}}(\hat{\lambda})} \tag{5-28}$$

$\hat{\mu}$ 的分布可以近似为一个正态分布,均值为 μ,方差为

$$\hat{\mathrm{Var}}(\hat{\mu}) = \frac{\hat{\mu}^2}{\sum_{i=1}^{n}(1 - \mathrm{e}^{-\lambda T_i})} \tag{5-29}$$

如果 T_i 未知,则有

$$\hat{\mathrm{Var}}(\hat{\mu}) = \frac{\hat{\mu}^2}{r} \tag{5-30}$$

μ 的置信度区间为

$$\hat{\mu} - Z_{\alpha/2}\sqrt{\hat{\mathrm{Var}}(\hat{\mu})} < \mu < \hat{\mu} + Z_{\alpha/2}\sqrt{\hat{\mathrm{Var}}(\hat{\mu})} \tag{5-31}$$

5.5 瑞利分布的参数估计和区间估计

5.5.1 非截尾试验数据的瑞利分布参数估计

瑞利分布是一个失效率随着时间呈线性增长的分布。其概率密度函数为

$$f(t) = \lambda t e^{\frac{-\lambda t^2}{2}} \tag{5-32}$$

n 个设备进行加速寿命试验,记录每个设备失效的时间。失效时间分别是 $t_1, t_2, \cdots, t_n$。由于所有的设备都失效,瑞利分布参数的极大似然估计(MLE)可以表示为

$$L(\lambda, t) = \prod_{i=1}^{n} f(t_i) = \prod_{i=1}^{n} \lambda t_i e^{\frac{-\lambda t_i^2}{2}} \tag{5-33}$$

可以化简为

$$L(\lambda, t) = \lambda^n \prod_{i=1}^{n} t_i e^{\frac{-\lambda t_i^2}{2}} \tag{5-34}$$

对方程(5-33)取对数得

$$l(\lambda, t) = n\ln\lambda + \sum_{i=1}^{n} \ln t_i - \frac{\lambda}{2} \sum_{i=1}^{n} t_i^2 \tag{5-35}$$

为了估计 λ 的值,方程(5-34)对 λ 求导,然后让结果等于0。

$$\frac{dl(\lambda, t)}{d\lambda} = \frac{n}{\lambda} - \frac{1}{2} \sum_{i=1}^{n} t_i^2 \tag{5-36}$$

化简后得

$$\hat{\lambda} = \frac{2n}{\sum_{i=1}^{n} t_i^2} \tag{5-37}$$

瑞利分布的方差为

$$\mathrm{Var}(t) = \frac{2}{\hat{\lambda}}\left(1 - \frac{\pi}{4}\right) \tag{5-38}$$

5.5.2 对于截尾试验数据的瑞利分布参数估计

假设 n 个设备进行试验,记录 r 个失效样本的失效时间,按照递增的顺序为 $t_1 \leqslant t_2 \leqslant \cdots \leqslant t_r$,剩余的 $n-r$ 个样本被截尾,在试验被截止之前这个样本没有失效。假设截尾只用Ⅰ型截尾、Ⅱ截尾试验的一种,截尾时间 $t_1^+ = t_2^+ = \cdots = t_{n-r}^+$。

似然函数为

$$L(\lambda, t) = \prod_{i=1}^{r} \lambda t_i e^{\frac{-\lambda t_i^2}{2}} \prod_{i=1}^{n-r} e^{\frac{-\lambda t_i^{+2}}{2}} \tag{5-39}$$

对似然函数求导,可得

$$l(\lambda, t) = r\ln\lambda + \sum_{i=1}^{n} \ln t_i - \frac{\lambda}{2}\left(\sum_{i=1}^{n} t_i^2 + \sum_{i=1}^{n-r} t_i^{+2}\right) \tag{5-40}$$

参数$\hat{\lambda}$的估计值为

$$\hat{\lambda} = \frac{2r}{\sum_{i=1}^{n} t_i^2 + \sum_{i=1}^{n-r} t_i^{+2}} \tag{5-41}$$

5.5.3 截尾和非截尾数据的瑞利分布参数的最佳线性无偏估计

当观测值很少时,瑞利分布参数的极大似然估计是有偏的。偏移量随着观察数目的减少而增加。如果失效数据能够线性化,则称这种估计为最佳线性无偏估计(BLUE)。

1)瑞利分布参数的BLUE

一个可靠性试验中,n 个设备的失效数据为 $t_1 \leqslant t_2 \leqslant \cdots \leqslant t_n$,式中 t_i 为第 i 个失效率数据。假设 n 个失效率数据服从瑞利分布,有

$$\begin{cases} f(t) = \dfrac{1}{\theta_2^2}(t-\theta_1)\mathrm{e}^{-(t-\theta_1)^2/2\theta_2^2} & t > \theta_1 \geqslant 0, \theta_2 > 0 \\ f(t) = 0 & \text{其他} \end{cases} \tag{5-42}$$

式中,θ_1 为位置参数;θ_2 为形状参数。式(5-42)是式(5-32)中 $\theta_1 = 0$ 和 $\lambda = 1/\theta_2^2$ 的特殊情况。

当 θ_1 已知时,θ_2 的最佳线性无偏估计 θ_2^* 可由(5-43)估计出:

$$\theta_2^* = \sum_{i=1}^{n} b_i t_i - \theta_1 \frac{K_3}{K_2} \tag{5-43}$$

式中,k_2、k_2 为参数,可参照相关文献计算出来。

如果位置参数 $\theta_1 = 0$,方程(5-42)可以变为

$$f(t) = \frac{1}{\theta_2^2} t \mathrm{e}^{-t^2/2\theta_2^2} \tag{5-44}$$

估计 θ_2^* 的方程变为

$$\theta_2^* = \sum_{i=1}^{n} b_i t_i \tag{5-45}$$

2)无截尾试验中 θ_2^2 的置信区间估计

如果 $t_1 \leqslant \cdots \leqslant t_n$ 是顺序统计量且服从瑞利分布,则

$$f(t) = \frac{1}{\theta_2^2} t \mathrm{e}^{-t^2/2\theta_2^2} \tag{5-46}$$

$y_1 = t_1^2/2, y_2 = t_2^2/2, \cdots, y_n = t_n^2/2$ 是表格中按次序的指数分布的数值,则

$$f(y) = \frac{1}{\theta_2^2} \mathrm{e}^{-y/\theta_2^2} \tag{5-47}$$

另外,$2/\theta_2^2 \sum_{i=1}^{n} y_i = 1/\theta_2^2 \sum_{i=1}^{n} t_i^2$ 服从自由度为 $2n$ 的 χ^2 分布。

则置信度为 $1-\alpha$ 时 θ_2^2 的置信区间为

$$\frac{1}{\chi_{\alpha/2}^2} \sum_{i=1}^{n} t_i^2 \leqslant \theta_2^2 \leqslant \frac{1}{\chi_{1-\alpha/2}^2} \sum_{i=1}^{n} t_i^2 \tag{5-48}$$

置信度为 $1-\alpha$ 的 θ_2 的置信区间为

$$\sqrt{\frac{1}{\chi_{\alpha/2}^2} \cdot \sum_{i=1}^{n} t_i^2} \leqslant \theta_2 \leqslant \sqrt{\frac{1}{\chi_{1-\alpha/2}^2} \cdot \sum_{i=1}^{n} t_i^2} \tag{5-49}$$

式中,$\chi_{\alpha/2}^2$ 和 $\chi_{1-\alpha/2}^2$ 为自由度为 $2n$ 的上下 $\alpha/2$ 分位点。

3）截尾试验中 θ_2^2 的置信区间估计

假设有容量为 n 且带有最大截尾数为 r 的样本。则带有 $n-r$ 个非截尾观测值且置信度为 $1-\alpha$ 的 θ_2^2 的置信区间为

$$\frac{1}{\chi_{\alpha/2}^2}\cdot\sum_{i=1}^{n-r}t_i^2 \leqslant \theta_2^2 \leqslant \frac{1}{\chi_{1-\alpha/2}^2}\cdot\sum_{i=1}^{n-r}t_i^2 \tag{5-50}$$

置信度为 $1-\alpha$ 的 θ_2 的置信区间为

$$\sqrt{\frac{1}{\chi_{\alpha/2}^2}\cdot\sum_{i=1}^{n-r}t_i^2} \leqslant \theta_2 \leqslant \sqrt{\frac{1}{\chi_{1-\alpha/2}^2}\cdot\sum_{i=1}^{n-r}t_i^2} \tag{5-51}$$

式中，$\chi_{\alpha/2}^2$ 和 $\chi_{1-\alpha/2}^2$ 是自由度为 $2(n-r)$ 的上下 $\alpha/2$ 分位点。

5.6 威布尔分布的参数估计和区间估计

5.6.1 非截尾试验失效数据的参数估计

已知威布尔分布的概率密度函数为

$$f(t)=\frac{\gamma}{\theta}\left(\frac{t}{\theta}\right)^{\gamma-1}\mathrm{e}^{-\left(\frac{t}{\theta}\right)^{\gamma}}\quad t\geqslant 0,\gamma>0,\theta>0 \tag{5-52}$$

式中，γ 和 θ 分别为形状参数和尺度参数。当假设失效数据服从威布尔分布时，能够通过极大似然估计对参数$\hat{\gamma}$和$\hat{\theta}$进行估计。

试验条件下 n 个样本的准确失效时间如下：$t_1,t_2,\cdots,t_n$。假设失效数据服从威布尔分布，似然函数为

$$L(\gamma,\theta,t)=\left(\frac{\gamma}{\theta^{\gamma}}\right)^{n}\prod_{i=1}^{n}t_i^{\gamma-1}\mathrm{e}^{-\left(\frac{t_i}{\theta}\right)^{\gamma}} \tag{5-53}$$

按照指数分布和瑞利分布的步骤进行计算，对方程(5-53)求导；而对数函数分别对 γ 和 θ 求导。可以得到如下两个方程：

$$\frac{n}{\hat{\gamma}}-n\ln\hat{\theta}+\sum_{i=1}^{n}\ln t_i-\frac{1}{\hat{\theta}^{\hat{\gamma}}}\sum_{i=1}^{n}t_i^{\hat{\gamma}}(\ln t_i-\ln\hat{\theta})=0 \tag{5-54}$$

$$-n+\frac{1}{\hat{\theta}^{\hat{\gamma}}}\sum_{i=1}^{n}t_i^{\hat{\gamma}}=0 \tag{5-55}$$

通过解式(5-54)和式(5-55)，可以得到 γ 和 θ 的极大似然估计值。把(5-55)中得到的$\hat{\theta}$代入式(5-54)中可以得到

$$D(\hat{\gamma})=\frac{\sum_{i=1}^{n}t_i^{\hat{\gamma}}\ln t_i}{\sum_{i=1}^{n}t_i^{\hat{\gamma}}}-\frac{1}{\hat{\gamma}}-\frac{1}{n}\sum_{i=1}^{n}\ln t=0 \tag{5-56}$$

方程(5-56)中的$\hat{\gamma}$可以通过 Newton-Raphson 法或试错法求出。求得$\hat{\gamma}$之后，便可得到

$$\hat{\theta}=\left(\sum_{i=1}^{n}\frac{t_i^{\hat{\gamma}}}{n}\right)^{\frac{1}{\hat{\gamma}}} \tag{5-57}$$

与指数分布一样，假设有大量的失效数据，则置信度为 $1-\alpha$ 的 γ 和 θ 的置信区间为

$$\hat{\gamma} - Z_{\alpha/2}\sqrt{\mathrm{Var}(\hat{\gamma})} < \gamma < \hat{\gamma} + Z_{\alpha/2}\sqrt{\mathrm{Var}(\hat{\gamma})} \tag{5-58}$$

$$\left[\hat{\theta}_1 - Z_{\alpha/2}\sqrt{\mathrm{Var}(\hat{\theta}_1)}\right]^{\frac{1}{\hat{\gamma}}} < \theta < \left[\hat{\theta}_1 + Z_{\alpha/2}\sqrt{\mathrm{Var}(\hat{\theta}_1)}\right]^{\frac{1}{\hat{\gamma}}} \tag{5-59}$$

式中，$\hat{\theta}_1 = \hat{\theta}^{\hat{\gamma}}$，$\mathrm{Var}(\hat{\gamma})$ 和 $\mathrm{Var}(\hat{\theta}_1)$ 在样本量足够大时，可以依以下方法获得：

$$S_0 = \sum_{i=1}^{n} t_i^{\hat{\gamma}} \quad S_1 = \sum_{i=1}^{n} t_i^{\hat{\gamma}}(\ln t_i) \quad S_2 = \sum_{i=1}^{n} t_i^{\hat{\gamma}}(\ln t_i)^2 \tag{5-60}$$

$$\mathrm{Var}(\hat{\gamma}) \approx \frac{\hat{\gamma}^2 S_0^2}{n(S_0^2 + \hat{\gamma}^2 S_0 S_2 - \hat{\gamma}^2 S_1^2)} \tag{5-61}$$

$$\mathrm{Var}(\hat{\theta}) \approx \frac{S_0}{n^2}\left(\frac{S_0}{\hat{\gamma}^2} + S_2\right)\mathrm{Var}(\hat{\gamma}) \tag{5-62}$$

$$\mathrm{Cov}(\hat{\gamma}, \hat{\theta}_1) \approx \frac{S_1}{n}\mathrm{Var}(\hat{\gamma}) \tag{5-63}$$

5.6.2 截尾试验失效数据

假设对试验的样本分别进行Ⅰ型或Ⅱ型截尾试验。失效数据为 $t_1 \leqslant t_2 \leqslant t_3 \cdots \leqslant t_r = t_{r+1}^{+} = \cdots t_n^{+}$，如果这些数据服从威布尔分布，根据式(5-54)和式(5-55)可得

$$\frac{n}{\hat{\gamma}} - r\ln\hat{\theta} + \sum_{i=1}^{r}\ln t_i - \frac{1}{\hat{\theta}^{\hat{\gamma}}}\left[\sum_{i=1}^{r} t_i^{\hat{\gamma}}(\ln t_i - \ln\hat{\theta}) + (n-r)t_r^{\hat{\gamma}}(\ln t_r - \ln\hat{\theta})\right] = 0 \tag{5-64}$$

$$-r + \frac{1}{\hat{\theta}^{\hat{\gamma}}}\left[\sum_{i=1}^{r} t_i^{\hat{\gamma}} + (n-r)t_r^{\hat{\gamma}}\right] = 0 \tag{5-65}$$

把式(5-65)中的$\hat{\theta}$代入方程(5-64)可以得到 $D(\hat{\gamma})$ 为

$$D(\hat{\gamma}) = \frac{\sum_{i=1}^{r} t_i^{\hat{\gamma}}\ln t_i + (n-r)t_r^{\hat{\gamma}}\ln t_r}{\sum_{i=1}^{r} t_i^{\hat{\gamma}} + (n-r)t_r^{\hat{\gamma}}} - \frac{1}{r}\sum_{i=1}^{r}\ln t_i - \frac{1}{\hat{\gamma}} = 0 \tag{5-66}$$

由式(5-66)，用试错法或 Newton-Raphson 法可以得到$\hat{\gamma}$的估计值，则

$$\hat{\theta} = \left\{\frac{1}{r}\left[\sum_{i=1}^{r} t_i^{\hat{\gamma}} + (n-r)t_r^{\hat{\gamma}}\right]\right\}^{1/\hat{\gamma}} \tag{5-67}$$

5.7 对数正态分布的参数估计和区间估计

5.7.1 对数正态分布的参数估计

当失效数据假设服从对数正态分布时，可以得到概率密度函数 $f(t)$ 为

$$f(t) = \frac{1}{\sigma t\sqrt{2\pi}}\exp\left[-\frac{1}{2}\left(\frac{\ln t - \mu}{\sigma}\right)^2\right] \quad t \geqslant 0 \tag{5-68}$$

令 $x=\ln t$,式中 x 为均值为 μ 、标准差为 σ 的正态分布,则有

$$\mathrm{E}(x)=\mathrm{E}(\ln t)=\mu \tag{5-69}$$

$$\mathrm{Var}(x)=\mathrm{Var}(\ln t)=\sigma^2 \tag{5-70}$$

由于 $t=\mathrm{e}^x$,可以得到

$$\mathrm{E}(t)=\mathrm{E}(\mathrm{e}^x)=\int_{-\infty}^{\infty}\frac{1}{\sigma\sqrt{2\pi}}\exp\left[x-\frac{1}{2}\left(\frac{x-\mu}{\sigma}\right)^2\right]\mathrm{d}x \tag{5-71}$$

$$\mathrm{E}(t)=\exp\left(\mu+\frac{\sigma^2}{2}\right)\int_{-\infty}^{\infty}\frac{1}{\sigma\sqrt{2\pi}}\exp\left\{-\frac{1}{2\sigma^2}[x-(u+\sigma)]^2\right\}\mathrm{d}x \tag{5-72}$$

即

$$\mathrm{E}(t)=\exp\left(\mu+\frac{\sigma^2}{2}\right) \tag{5-73}$$

$$\mathrm{E}(t^2)=\mathrm{E}(\mathrm{e}^{2x})=\exp[2(u+\sigma^2)] \tag{5-74}$$

$$\mathrm{Var}(t)=\mathrm{e}^{2\mu+\sigma 2}(\mathrm{e}^{\sigma 2}-1) \tag{5-75}$$

$$F(t)=\int_0^1\frac{1}{\tau\sigma\sqrt{2\pi}}\exp\left[-\frac{1}{2}\left(\frac{\ln\tau-\mu}{\sigma}\right)^2\right]\mathrm{d}\tau \tag{5-76}$$

可靠度为

$$R(t)=p(t>t)=p\left(z>\frac{\ln t-\mu}{\sigma}\right) \tag{5-77}$$

$$F(t)=p(t\leqslant t)=p\left(z\leqslant\frac{\ln t-\mu}{\sigma}\right) \tag{5-78}$$

失效率为

$$h(t)=\frac{f(t)}{R(t)}=\frac{\varphi\left(\frac{\ln t-\mu}{\sigma}\right)}{t\sigma R(t)} \tag{5-79}$$

5.7.2 非截尾试验失效数据的参数估计

当失效时间 T 服从对数正态分布时,其概率密度函数为

$$f(t)=\frac{1}{t\sigma\sqrt{2\pi}}\exp\left[-\frac{1}{2\sigma^2}(\ln t-\mu^2)\right] \tag{5-80}$$

均值为

$$\exp\left(\mu+\frac{\sigma^2}{2}\right) \tag{5-81}$$

方差为

$$(\mathrm{e}^{\sigma 2}-1)\mathrm{e}^{2\mu\sigma 2} \tag{5-82}$$

参数 $\hat{\mu}$ 和 $\hat{\sigma}$ 的估计值可以由式(5-80)直接得到。计算 μ 和 σ^2 有一个简单的方法,可以考察 $Y=\ln T$ 分布的性质。假设 $t_1,t_2,\cdots,t_n$ 是进行试验的 n 个样本的准确失效时间,则 Y 中 μ 和 σ^2 的极大似然估计为

$$\hat{\mu}=\frac{1}{n}\sum_{i=1}^{n}\ln t_i \tag{5-83}$$

$$\hat{\sigma}^2 = \frac{1}{n}\left[\sum_{i=1}^{n}(\ln t_i)^2 - \frac{(\sum_{i=1}^{n}\ln t_i)^2}{n}\right] \tag{5-84}$$

$\hat{\mu}$ 的估计是无偏的，但是 $\hat{\sigma}^2$ 的估计不是无偏的，因此为了得到 $\hat{\sigma}^2$ 的无偏估计，可利用

$$s^2 = \hat{\sigma}^2[n/(n-1)] \tag{5-85}$$

式中，s^2 为样本方差。显然，当 n 足够大时，$s^2 \approx \hat{\sigma}^2$，时间 T 的均值和方差的估计为

$$\exp\left(\hat{\mu} + \frac{\hat{\sigma}^2}{2}\right)\text{和}(e^{\hat{\sigma}^2} - 1)e^{2\hat{\mu}+\hat{\sigma}^2} \tag{5-86}$$

置信度为 $1-\alpha$ 的 μ 的置信区间为

$$\hat{\mu} - Z_{\alpha/2}\frac{\sigma}{\sqrt{n}} < \mu < \hat{\mu} + Z_{\alpha/2}\frac{\sigma}{\sqrt{n}} \tag{5-87}$$

如果 σ 未知或 n 足够小($n<25$)，可以用 s 代替 σ 并且用学生 t 分布进行代替。则有

$$\hat{\mu} - t_{\alpha/2,n-1}\frac{s}{\sqrt{n}} < \mu < \hat{\mu} + t_{\alpha/2,n-1}\frac{s}{\sqrt{n}} \tag{5-88}$$

同时，$\hat{\sigma}^2(n\hat{\sigma}^2/\hat{\sigma}^2)$服从自由度为 $n-1$ 分布，置信度为 $1-\alpha$ 的置信区间为

$$\frac{n\hat{\sigma}^2}{X^2_{\alpha/2,n-1}} < \sigma^2 < \frac{n\hat{\sigma}^2}{X^2_{1-\alpha/2,n-1}} \tag{5-89}$$

为了得到服从对数正态分布的失效时间均值的 $100(1-\alpha)\%$ 置信区间，令

$$\tau = \mu + \frac{\sigma^2}{2} \tag{5-90}$$

$$\hat{\tau} = \hat{\mu} + \frac{n}{n-1}\frac{\sigma^2}{2} \tag{5-91}$$

式中，$\hat{\mu}$和$\hat{\sigma}$是分别从式(5-83)和式(5-84)中获得的，对于大样本试验，$\hat{\tau}$近似服从方差为 $\sigma^2_{\hat{\tau}}$(Shapiro 和 Groos，1981)的正态分布。

$$\sigma^2_{\hat{\tau}} = \mathrm{Var}(\hat{\mu}) + \mathrm{Var}[n\hat{\sigma}^2/(n-1)]/4 \tag{5-92}$$

且

$$\mathrm{Var}[n\hat{\sigma}^2/(n-1)] = n^2\sigma^4/(n-1)^3 \tag{5-93}$$

$$\mathrm{Var}(\hat{\mu}) = \hat{\sigma}^2/(n-1) \tag{5-94}$$

因此，式(5-92)可以化简为

$$\sigma^2_{\hat{\tau}} = \frac{\hat{\sigma}^2}{n-1} + \frac{n^2\sigma^4}{4(n-1)^3} \tag{5-95}$$

当分别通过式(5-91)和式(5-95)得到 $\hat{\tau}$和 $\sigma^2_{\hat{\tau}}$之后，平均故障前时间在置信度 $1-\alpha$ 的置信区间可以表示为

$$\exp(\hat{\tau} - Z_{1-\alpha/2}\hat{\sigma}_i) < \mathrm{MTTF} < \exp(\hat{\tau} + Z_{1-\alpha/2}\hat{\sigma}_i) \tag{5-96}$$

5.7.3 截尾试验失效数据的参数估计

对 n 个样本进行试验，r 个失效样本的准确失效时间如下：$t_1 \leqslant t_2 \leqslant \cdots\cdots \leqslant t_r$。由于试验截至条件为在第 r 个样本发生失效或试验时间到达 T_C，假设 r 个失效样本都发生在 T_C 时间内，这样Ⅰ型截尾或Ⅱ型截尾试验可以同时考虑。正如以前介绍的，统计量 $Y=\ln T$ 服从均值为 μ、方差为 σ^2 的正态分布，能够利用 $y_i=\ln t_i$ 代换数据估计 μ 和 σ^2。Sarhan 和 Greenberg (1956,1957,1958,1962)提出了估计 μ 和 σ^2 的方法，他们提出的最优估计是对失效时间的对数形式进行线性拟合，具体如下：

$$\hat{\mu}=\sum_{i=1}^{r} a_i \ln t_i \tag{5-97}$$

$$\hat{\sigma}=\sum_{i=1}^{r} b_i \ln t_i \tag{5-98}$$

式中，$n \leqslant 20$ 时 a_i 和 b_i 的值及 μ 和 σ^2 的方差和协方差已经由 Sarhan 和 Greenberg 给出。

如果样本容量大于 20，正态分布的参数估计可以用来估计对数正态分布的参数(截尾试验)，具体步骤如下：

$$\bar{y}=\frac{1}{r}\sum_{i=1}^{r} \ln t_i \tag{5-99}$$

$$s^2=\frac{1}{r}\left[\sum_{i=1}^{r}(\ln t_i)^2-\frac{1}{r}\left(\sum_{i=1}^{r}\ln t_i\right)^2\right] \tag{5-100}$$

μ 和 σ^2 的极大似然估计为

$$\hat{\mu}=\bar{y}-\lambda(\bar{y}-\ln t_r) \tag{5-101}$$

$$\hat{\sigma}^2=s^2+\lambda(\bar{y}-\ln t_r)^2 \tag{5-102}$$

系数 λ 是 α 和 β 的函数(Cohen,1961)，这里：

$$\alpha=s^2(\bar{y}-\ln t_r)^2 \tag{5-103}$$

$$\beta=(n-r)/n^2 \tag{5-104}$$

正如式(5-104)所示，100β 是截尾样本的分位点。Cohen(1961)给出了计算 λ 结果的表格。也可以近似计算为

$$\lambda=[1.13\alpha^3-\ln(1-\alpha)](1+0.437\beta-0.25\alpha\beta^{1.3})+0.08\alpha(1-\alpha) \tag{5-105}$$

式(5-105)展示了误差在 5% 以内的 λ 近似值。

μ 和 σ^2 对应的渐进方差为

$$\mathrm{Var}(\hat{\mu})=m_1\hat{\sigma}^2/n \tag{5-106}$$

$$\mathrm{Var}(\hat{\sigma})=m_2\hat{\sigma}^2/n \tag{5-107}$$

Cohen 同时给出了函数 $\hat{c}$ 中 m_1 和 m_2 结果的表格，$\hat{c}=(\ln t_r-\hat{\mu})/\hat{\sigma}$。另外，$m_1$ 和 m_2 的值也可以用下面的公式近似计算：

当 $y<0$ 时，有

$$m_1=1+0.51e^{2.5y} \tag{5-108}$$

$$m_2=0.5+0.74e^{1.6y} \tag{5-109}$$

当 $y>0$ 时，有

$$m_1 = 0.52 + e^{(1.838y+0.354y^2)} - 0.391y - 0.676y^2 \tag{5-110}$$

$$m_2 = 0.24 + e^{(y+0.34y^2)} + 0.0507y + 0.2735y^2 \tag{5-111}$$

式中，$y = -\hat{c}$。

5.8 伽马分布的参数估计和置信度区间

5.8.1 非截尾试验失效数据

两参数伽马分布密度函数为

$$f(t;\theta,\gamma) = \frac{t^{\gamma-1}}{\theta^{\gamma}\Gamma(\gamma)}e^{-\frac{t}{\theta}} \tag{5-112}$$

式中，$\Gamma(x)$表示伽马分布的形状参数，$\theta = \frac{1}{\lambda}$（$\lambda$ 有时可以表示为尺度参数）。值得注意的是，χ^2 分布是伽马分布 $\theta=2$ 和 $\gamma=\nu/2$ 的特殊情况（ν 是一个整数，也是χ^2 分布的自由度）。另外，指数分布也是伽马分布当 $\gamma=1$ 时的特殊情况。

对 n 个样本进行可靠性试验，记录下所有样本的失效时间。假设失效时间服从两参数伽马分布，它的概率密度函数可以由式(5-112)给出，γ 和 θ 的估计值可由极大似然估计或矩量法进行估计，相比之下，极大似然估计能够得到一个更加精确的结果。下面介绍极大似然估计的步骤。

完全样本的似然函数为

$$L(\theta,\gamma) = \frac{1}{\theta^{n\gamma}\Gamma^{n}(\gamma)}\left(\prod_{i=1}^{n}t_i\right)^{(\gamma-1)}e^{-\frac{\sum_{i=1}^{n}t_i}{\theta^{n\gamma}}} \tag{5-113}$$

针对变量 γ 和 θ 对式(5-113)求偏导，令所得的公式值为 0，可得

$$\hat{\theta} = \frac{\bar{t}}{\hat{\gamma}} \tag{5-114}$$

$$\ln\bar{y} - \psi(\hat{\gamma}) - \ln\bar{t} + \ln\tilde{t} = 0 \tag{5-115}$$

式中

$$算数平均值\bar{t} = \left(\sum_{i=1}^{n}t_i\right)/n \tag{5-116}$$

$$几何平均值\ \tilde{t} = \left(\prod_{i=1}^{n}t_i\right)^{1/n} \tag{5-117}$$

定义 ψ 函数为 $\psi(x) = \Gamma'(x)/\Gamma(x)$，式中 $\Gamma'(\hat{\gamma})$ 为 $\Gamma(\hat{\gamma})$ 的导数，即

$$\Gamma'(\hat{\gamma}) = \int_0^{\infty}x^{j-1}\ln x\, e^{-x}dx \tag{5-118}$$

Greenwood 和 Durand(1960)提出如下近似算法：

$$\hat{\gamma} = \frac{0.50009 + 0.16488M - 0.054427M^2}{M} \quad 0 < M \leqslant 0.5772 \tag{5-119}$$

$$\hat{\gamma} = \frac{8.8989 + 9.0599M + 0.97754M^2}{M(17.797 + 11.968M + M^2)} \quad 0.5772 < M \leqslant 17 \tag{5-120}$$

$$\hat{\gamma} = \frac{1}{M} \quad M > 17 \tag{5-121}$$

式中，$M = \ln(\bar{t}/\tilde{t})$，近似方法提供了从极大似然估计得出的估计参数的很好的方法。一旦估计出了 $\hat{\gamma}$，利用式(5-114)即可到 $\hat{\theta}$ 的估计值。

与其他分布一样，对于小样本（n 比较小时），运用极大似然估计得到的参数估计是有偏的，下面介绍 γ 和 θ 的无偏估计方法：

$$\hat{\gamma}_{无偏} = \hat{\gamma}\frac{n-3}{n} + \frac{2}{3n} \tag{5-122}$$

$$\hat{\theta}_{无偏} = \frac{\bar{t}}{\hat{\gamma}_{无偏}[1 - 1/(\hat{\gamma}_{无偏}n)]} \tag{5-123}$$

式(5-122)和式(5-123)分别基于 Bain、Engelhardt(1991)和 Lee(1922)给出的结果。

5.8.2 截尾试验失效数据

当观察的数据中存在截尾数据时，Wilk、Gnanadesikan、Huyett(1962)和 Bain、Engelhardt(1991)提供了表格，辅助计算 $\hat{\gamma}$ 和 $\hat{\theta}$，也可以通过下面的算法进行近似计算。

(1)计算截尾试验样本中可用观测值的算数平均值和几何平均值

$$\bar{t}_c = \frac{\sum_{i=1}^{r} t_i}{r} \tag{5-124}$$

$$\tilde{t}_c = \left(\prod_{i=1}^{r} t_i\right)^{1/r} \tag{5-125}$$

(2)计算 NR、S 和 Q

$$\mathrm{NR} = \frac{n}{r} \tag{5-126}$$

$$S = \frac{\bar{t}_c}{t_r} \tag{5-127}$$

$$Q = 1\Big/\left(1 - \frac{\tilde{t}_c}{\bar{t}_c}\right) \tag{5-128}$$

(3)最终计算 $\hat{\gamma}_{无偏}$（$\hat{\gamma}_{无偏}$ 是 NR、S 和 Q 的函数）

如果 $S < 0.42$，则用

$$\hat{\gamma}_{无偏} = 1.061(1 - \sqrt{Q}) + 0.2522Q[1 + (\sqrt{S}/\mathrm{NR}^4)] + 1.953(\sqrt{S} - 1/Q) - 0.220/\mathrm{NR}^4 + 0.1308Q/\mathrm{NR}^4 + 0.4292/(Q\sqrt{S}) \tag{5-129}$$

当 $0.42 < S < 0.80$ 时，用

$$\hat{\gamma}_{无偏} = 0.5311Q[(1/\mathrm{NR}^2) - 1] + 1.436\lg Q + 0.7536(QS - S) - 2.040/\mathrm{NR} - 0.260QS/\mathrm{NR}^2 + 2.489/(Q/\mathrm{NR})^{1/2} \tag{5-130}$$

当 $S>0.80$ 时,用

$$\hat{\gamma}_{无偏}=1.151+1.448[Q(1-S)/NR]-1.024(Q+S)+0.5311\lg Q+1541QS-0.515(Q/NR)^{1/2} \tag{5-131}$$

当得到 $\hat{\gamma}$ 后, $\hat{\theta}$ 便可以利用下式求解:

$$\hat{\theta}=\frac{[\sum_{i=1}^{r}t_i+(n-r)t_r]/n}{\hat{\gamma}_{无偏}[1-1/(\hat{\gamma}_{无偏}r)]} \tag{5-132}$$

在上述(3),当 $S\geqslant0.12$,$1.2\leqslant Q\leqslant12$,$NR\leqslant3.0$ 时,对 $\hat{\gamma}$ 的估计是非常好的近似。估计的精度没有超出所要求的范围,标准差约为0.04。当 $\hat{\gamma}$ 的值比较小时($\hat{\gamma}<1$),最大的误差百分比会很大,大约为10%;当 $\hat{\gamma}$ 的值较大时($\hat{\gamma}>2$),最大的误差百分比小于5%。

5.8.3 $\hat{\gamma}$ 和 $\hat{\theta}$ 方差估计

对于完全样本试验,$\hat{\gamma}$ 和 $\hat{\theta}$ 方差为 γ 和 n(样本容量)本身的函数。Bain、Engelhardt(1991)提供了系数(C_γ 和 C_θ)值结果的表格,通过这些值可以确定 $\hat{\gamma}$ 和 $\hat{\theta}$ 的方差:

$$\mathrm{Var}(\hat{\gamma})=\frac{C_\gamma\hat{\gamma}^2}{n} \tag{5-133}$$

$$\mathrm{Var}(\hat{\theta})=\frac{C_\theta\hat{\theta}^2}{n} \tag{5-134}$$

此外,这些系数也能利用下面的近似表达式计算:

$$C_\gamma=2.076A-0.3697A^2+0.01654A^3+5.463B-0.3917B^2-7.274\sqrt{B}+0.0006823BA^4 \tag{5-135}$$

$$C_\theta=1.976+\frac{0.608}{\gamma_{无偏}^{1.2}}-\frac{1.8942}{n} \tag{5-136}$$

式中

$$A=8-\frac{1}{\hat{\gamma}_{无偏}} \tag{5-137}$$

$$B=\frac{n}{n-6} \tag{5-138}$$

对于截尾样本,$\hat{\gamma}$ 和 $\hat{\theta}$ 方差取决于 $p=r/n$,Hartery(1969)提供了 C_γ 和 C_θ,及 $\mathrm{Var}(\hat{\gamma})$ 和 $\mathrm{Var}(\hat{\theta})$ 的近似结果($n\to\infty$,$r/n\to P$),其结果相对于截尾试验偏大。因此,对于截尾样本 $\mathrm{Var}(\hat{\gamma})$ 和 $\mathrm{Var}(\hat{\theta})$ 需要由下式计算:

$$\mathrm{Var}(\hat{\gamma})=C_1C_\gamma\frac{\hat{\gamma}^2}{n} \tag{5-139}$$

$$\mathrm{Var}(\hat{\theta})=C_2C_\theta\frac{\hat{\theta}^2}{n} \tag{5-140}$$

式中,C_1 和 C_2 是大于1的参数。依据 Hartery(1969)提出的极限结果,其值可以通过下式近似计算:

$$C_1 = 1 + 0.2942(1 - p) + 0.5744\frac{1-p}{p} + 0.1021\frac{1-p}{p}\hat{\gamma}_{无偏} \tag{5-141}$$

$$C_2 = 1 + 2.848(1-p) - 6.736(1-p)^2 + 14.49(1-p)^3 + 0.3832\frac{1-p}{\hat{\gamma}_{无偏}p^2} \tag{5-142}$$

5.8.4 γ的置信区间

当完全样本且γ很大时,置信度为$1-\alpha$的γ的置信区间已由Ban和Engelhardt(1991)给出如下:

$$\gamma^{L} = \frac{\chi^2_{\alpha/2}(n-1)}{2nS} \qquad \gamma^{U} = \frac{\chi^2_{1-\alpha/2}(n-1)}{2nS} \tag{5-143}$$

式中,$S=\ln(\bar{t}/\tilde{t})$。当γ趋向0时,自由度的数目趋近于$2(n-1)$;当γ趋向∞时,自由度的数目趋近$n-1$,即当γ的值较小时,自由度为$2(n-1)$,反之自由度为$n-1$。

当$\hat{\gamma}$的值较小时,式(5-143)中自由度和表达式的分母需要修正,下面介绍修正的步骤。例如要求出γ^{L},$\gamma^{L}=\gamma_{无偏}$。

(1)先求

$$c = c(\gamma^{L},n) = \frac{n\varphi_1(\gamma^{L}) - \varphi_1(n\gamma^{L})}{n\varphi_2(\gamma^{L}) - \varphi_2(n\gamma^{L})} \tag{5-144}$$

$$v = v(\gamma^{L},n) = [n\varphi_1(\gamma^{L}) - \varphi_1(n\gamma^{L})]c \tag{5-145}$$

式中

$$\varphi_1(x) = 1 + 1/(1+6x) \tag{5-146}$$

$$\varphi_2(x) = \begin{cases} 1 + 1/(1+2.5x) & 0 < x < 2 \\ 1 + 1/(3x) & 2 \leqslant x < \infty \end{cases} \tag{5-147}$$

(2)代换γ^{L}

$$\gamma^{L} = \frac{\chi^2_{1-\alpha/2}(v)}{2ncS} \tag{5-148}$$

(3)返回(1),重复计算步骤直至收敛

同样,求γ^{U}也能够通过同样的步骤替换$X^2_{\alpha/2}$和$\chi^2_{1-\alpha/2}$进行估计。

对于截尾样本,可以运用同样的步骤,不同之处为用A_r和G_r,分别替代了$\bar{t}$和$\tilde{t}$。其中

$$A_r = \frac{1}{n}\left[\sum_{i=1}^{r} t_i + (n-r)t_r\right] \tag{5-149}$$

$$G_r = \left[\left(\prod_{i=1}^{r} t_i\right)(t_r^{n-r})\right]^{1/n} \tag{5-150}$$

用式(5-144)对式(5-148)进行修正是非常必要的,这是由于当γ很大时,

$$2n\hat{\gamma}S = \chi^2(n-1) \tag{5-151}$$

当γ比较小($\gamma\to0$)时,

$$2n\hat{\gamma}S = \chi^2 2(n-1) \tag{5-152}$$

5.9 极值分布的参数估计

极值分布对模拟显著老化的组件非常有效,这些组件有很高的失效增长率,极值分布是由威布尔分布导出的,具体如下:

威布尔分布的概率密度函数为

$$f(t) = \frac{\gamma}{\theta}\left(\frac{t}{\theta}\right)^{\gamma-1}\exp\left[-\left(\frac{t}{\theta}\right)^{\gamma}\right] \quad t \geqslant 0,\gamma \geqslant 1,\theta > 0 \tag{5-153}$$

式中,γ 和 θ 分别是威布尔分布的形状参数和尺度参数。威布尔分布的可靠度函数为

$$R(t) = e^{-\left(\frac{t}{\theta}\right)^{\gamma}} \quad t \geqslant 0 \tag{5-154}$$

假设 n 个样本进行可靠性试验,对实验进行Ⅱ型截尾,当失效数达到 $r(r \leqslant n)$ 时终止试验。r 个失效样本的失效时间服从威布尔分布,失效时间的数值为

$$t_1 \leqslant t_2 \leqslant t_3 \cdots \leqslant t_r, t_{r+1}^{+} = t_{r+2}^{+} = \cdots = t_n^{+} \tag{5-155}$$

令 $x_1 \leqslant x_2 \leqslant x_3 \cdots \leqslant x_r, x_{r+1}^{+} \leqslant x_{r+2}^{+} = \cdots = x_n^{+}$ 是相应的寿命极值,其中 $x_i = \ln t_i (i=1,2,\cdots,r)$ 并且 $x_i^{+} = \ln t_i^{+} (i=r,r+1,\cdots,n)$。极值分布的概率密度函数和可靠度函数分别为

$$f(x,a,b) = \frac{1}{b}e^{\left(\frac{x-a}{b}\right)}e^{-e^{\left(\frac{x-a}{b}\right)}} \quad -\infty < x < \infty \tag{5-156}$$

$$R(x,a,b) = e^{-e^{\left(\frac{x-a}{b}\right)}} \quad -\infty < x < \infty \tag{5-157}$$

式中,$a = 1/\gamma\lg\theta, b = 1/\gamma$ 分别是极值分布的位置参数和尺度参数。

为进行参数估计,建立完全样本或Ⅱ型截尾寿命的似然函数为

$$L(a,b) = \prod_{i=1}^{r} f(x_i,a,b)\prod_{i=1}^{n-r} R(x_i^{+},a,b) \tag{5-158}$$

或者

$$L(a,b) = \frac{1}{b^r}\exp\left[\sum_{i=1}^{r}\left(\frac{x_i - a}{b}\right) - \sum_{i=1}^{r} e^{\left(\frac{x_i-a}{b}\right)} - (n-r)e^{\left(\frac{x_{r+1}^{+}-a}{b}\right)}\right] \tag{5-159}$$

对似然函数取对数,可以得到

$$l(a,b) = -r\ln b + \sum_{i=1}^{r}\left(\frac{x_i - a}{b}\right) - \sum_{i=1}^{r} e^{\left(\frac{x_i-a}{b}\right)} - (n-r)e^{\left(\frac{x_{r+1}^{+}-a}{b}\right)} \tag{5-160}$$

a,b 的极大似然估计可以通过式(5-160)分别对 a 和 b 求偏导,然后令得到的两个公式的值为0,再解公式得到,得到的两个公式为

$$\frac{\partial l(a,b)}{\partial a} = \frac{-r}{b} + \frac{1}{b}\sum_{i=1}^{r} e^{\left(\frac{x_i-a}{b}\right)} + \frac{n-r}{b}e^{\left(\frac{x_{r+1}^{+}-a}{b}\right)} \tag{5-161}$$

$$\frac{\partial l(a,b)}{\partial b} = \frac{-r}{b} - \frac{1}{b}\sum_{i=1}^{r}\left(\frac{x_i - a}{b}\right) + \frac{1}{b}\sum_{i=1}^{r}\left(\frac{x_i - a}{b}\right)e^{\left(\frac{x_i-a}{b}\right)} + \left(\frac{n-r}{b}\right)\left(\frac{x_{r+1}^{+} - a}{b}\right)e^{\left(\frac{x_{r+1}^{+}-a}{b}\right)} \tag{5-162}$$

解式(5-160),得出用 $\hat{b}$ 表示的 $\hat{a}$ 为

$$\hat{a} = \hat{b}\ln\left[\frac{1}{r}\sum_{i=1}^{r} e^{x_i/\hat{b}} + \left(\frac{n-r}{n}\right)e^{x_{r+1}^{+}/\hat{b}}\right] \tag{5-163}$$

把式(5-163)代入式(5-164),可以得到

$$-\hat{b}-\frac{1}{r}\sum_{i=1}^{r}x_i+\frac{\sum_{i=1}^{r}x_i e^{x_i/\hat{b}}+(n-r)x_{r+1}^{+}e^{x_{r+1}^{+}/\hat{b}}}{\sum_{i=1}^{r}e^{x_i/\hat{b}}+(n-r)e^{x_{r+1}^{+}/\hat{b}}}=0 \tag{5-164}$$

解式(5-164),可以得到 $\hat{b}$ 的极大似然估计。

5.10 半 Logistic 分布

半 Logistic 分布(Half-logistic Distribution)主要用来拟合失效率增加的组件的失效数据。标准的半 logistic 分布的一个特征是其失效率是 $x=(t-\mu)/\sigma$ 的单调递增函数,并且当 $x\to\infty$ 时失效率趋近 1,其中 t 表示失效时间,μ 和 σ 分别是分布的参数。半 Logistic 分布的概率密度函数和累积密度函数分别为

$$g(y;\mu,\sigma)=\frac{2\exp\left(-\frac{y-\mu}{\sigma}\right)}{\sigma\left[1+\exp\left(-\frac{y-\mu}{\sigma}\right)\right]^2} \tag{5-165}$$

$$G(y;\mu,\sigma)=\frac{1-\exp\left(-\frac{y-\mu}{\sigma}\right)}{1+\exp\left(-\frac{y-\mu}{\sigma}\right)}\quad y\geqslant\mu,\sigma>0 \tag{5-166}$$

令随机变量 $X=(Y-\mu)/\sigma$,可以把上面的半 Logistic 分布转化为标准半 Logistic 分布,标准半 Logistic 的概率密度函数和累积分布函数分别为

$$f(x)=\frac{2e^{-x}}{(1+e^{-x})^2}\quad 0\leqslant x<\infty \tag{5-167}$$

$$F(x)=\frac{1-e^{-x}}{1+e^{-x}}\quad 0\leqslant x<\infty \tag{5-168}$$

可靠度函数和失效率函数分别为

$$R(x)=\frac{2e^{-x}}{1+e^{-x}} \tag{5-169}$$

$$h(t)=\frac{f(x)}{R(x)}=\frac{1}{1+e^{-x}} \tag{5-170}$$

图 5-1 和图 5-2 分别示出了 μ 和 σ 取不同值时 $f(x)$ 和 $h(x)$ 的值。

随机变量 X 第 r 个时刻的值可以通过直接积分得到

$$E(X^r)=2\int_0^{\infty}\frac{x^r e^{-x}}{(1+e^{-x})^2}dx \tag{5-171}$$

$$E(X^r)=2(r!)\sum_{i=1}^{\infty}(-1)^{i-1}i^{-r} \tag{5-172}$$

分布的平均值为

$$E(X)=\ln 4 \tag{5-173}$$

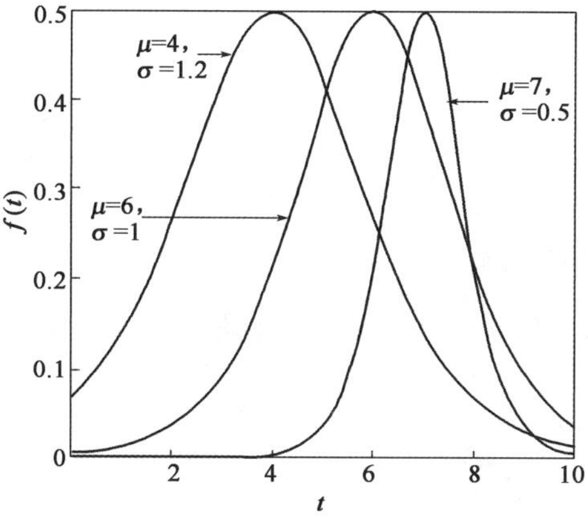

图 5-1 标准半 Logistic 分布的概率密度函数

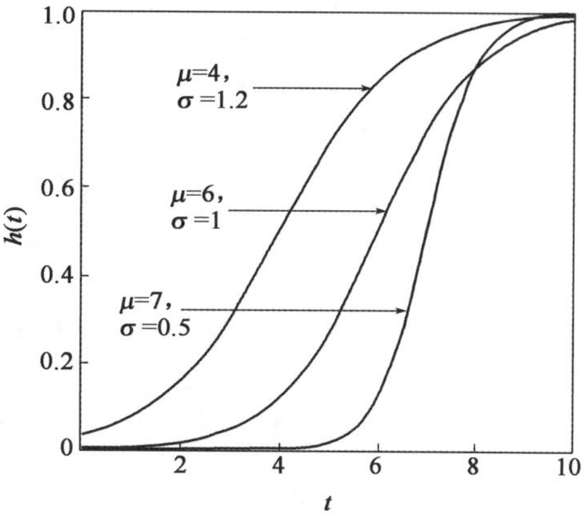

图 5-2 标准半 Logistic 分布的失效率函数

方差为

$$\mathrm{Var}(X) = \mathrm{E}(X^2) - (\ln 4)^2 = \frac{\pi^2}{3} - (\ln 4)^2 \tag{5-174}$$

假设对 n 个样本进行可靠性试验,并详细记录失效数据,当第 r 个样本失效时停止试验,剩下的 $n-r$ 个样本为Ⅱ型截尾。失效数据为

$$y_1 \leqslant y_2 \leqslant \cdots \leqslant y_r \tag{5-175}$$

Ⅱ型截尾试验的似然函数为

$$L = \frac{n!}{(n-r)!}[1 - \overline{G}(y_r)]^{n-r}\prod_{i=1}^{r} g(y_i) \tag{5-176}$$

由于 L 是 μ 的单调递增函数,则 μ 的极大似然估计为

$$\hat{\mu} = y_1 \tag{5-177}$$

把 $x = (y-\mu)/\sigma$ 代入式(5-176),可得

$$L = \frac{n!}{(n-r)!} \cdot \frac{1}{\sigma^r}[1 - F(x_r)]^{n-r}\prod_{i=1}^{r} f(x_i) \tag{5-178}$$

把

$$f(x) = \frac{1}{2}\{[1 - F(x)][1 + F(x)]\} \tag{5-179}$$

代入式(5-178)后取对数,再将得到的公式 L 对变量 σ 取偏导,可得

$$\frac{\partial L}{\partial \sigma} = \frac{-1}{2\sigma}[2r - (n-r)x_r - (n-r)x_r F(x_r) - 2\sum_{i=1}^{r} x_r F(x_i)] = 0 \tag{5-180}$$

式(5-180)不能给出 σ 的解析解,Arnold 和 Balakrishnan(1989),Balakrishnan 和 Wong(1991)、David、Johnson(1954)和 David(1981)给出了对函数 $F(x_i)$ 在点 $F^{-1}(P_i) = \ln[(1+P_i)/q_i]$ 进行泰勒级数展开可以进行粗略估计的方法:

$$F(x_i) \approx \alpha_i + \beta_i x_i \tag{5-181}$$

其中

$$\alpha_i = p_i - \frac{1}{2}q_i(1+p_i)\ln\left(\frac{1+p_i}{q_i}\right) \tag{5-182}$$

$$\beta_i = \frac{q_i(1 + p_i)}{2} \tag{5-183}$$

$$p_i = \frac{i}{n + 1} \tag{5-184}$$

$$q_i = 1 - p_i \tag{5-185}$$

根据 Balakrishnan、Wong(1991),把式(5-180)近似简化为

$$\frac{\partial l}{\partial \sigma} = \frac{-1}{2\sigma}\left[2r - (n - r)(1 + \alpha_{\mathrm{r}})x_r - 2\sum_{i=1}^{r}\alpha_i x_i - (n - r)\beta_{\mathrm{r}}x_r^2 - 2\sum_{i=1}^{r}\beta_i x_i^2\right] = 0$$

$$\hat{\sigma} = \frac{1}{4r}\left[B + (B^2 + 8rC)^{\frac{1}{2}}\right] \tag{5-186}$$

其中

$$B = (n - r)(1 + \alpha_{\mathrm{r}})(y_{\mathrm{r}} - y_1) + 2\sum_{i=2}^{r}\alpha_i(y_i - y_1) \tag{5-187}$$

$$C = (n - r)\beta_{\mathrm{r}}(y_{\mathrm{r}} - y_1)^2 + 2\sum_{i=2}^{r}\beta_i(y_i - y_1)^2 \tag{5-188}$$

当 y_i 被 $y_i + a(1 \leqslant i \leqslant r)$ 替换时,式(5-186)估计出的 $\hat{\sigma}$ 值不变,但是如果 y_i 被 $\beta y_i(1 \leqslant i \leqslant r)$ 替换,估计值就会变为 $\beta\hat{\sigma}$。因此,当样本量比较小时,$\hat{\sigma}$ 的估计是有偏的,Balakrishnan 和 Wong(1991)给出了服从半 Logistic 分布的截尾样本中 $\hat{\sigma}$ 的无偏因子,如表 5-7 所示,其中 $s = n - r$。

$\hat{\sigma}$ 的无偏因子　　表 5-7

N	$S=0$	$S=1$	$S=2$	$S=3$	$S=4$	$S=5$	$S=6$	$S=7$	$S=8$	$S=9$	$S=10$	$S=11$	$S=12$	$S=13$	$S=14$	$S=15$	$S=16$	$S=17$	$S=18$
2	1.882																		
3	1.458	2.054																	
4	1.296	1.523	2.085																
5	1.209	1.333	1.536	2.082															
6	1.179	1.258	1.369	1.556	2.119														
7	1.147	1.203	1.267	1.376	1.563	2.117													
8	1.129	1.171	1.217	1.279	1.389	1.579	2.141												
9	1.115	1.114	1.182	1.225	1.290	1.387	1.583	2.127											
10	1.101	1.125	1.153	1.186	1.231	1.291	1.386	1.567	2.135										
11	1.090	1.112	1.134	1.157	1.185	1.226	1.284	1.376	1.565	2.117									
12	1.085	1.101	1.117	1.135	1.158	1.189	1.230	1.291	1.393	1.580	2.133								
13	1.076	1.090	1.103	1.121	1.139	1.160	1.189	1.228	1.288	1.378	1.556	2.121							
14	1.075	1.087	1.100	1.113	1.127	1.145	1.167	1.198	1.237	1.295	1.383	1.559	2.079						
15	1.067	1.079	1.089	1.101	1.114	1.128	1.145	1.167	1.198	1.237	1.295	1.383	1.559	2.079					
16	1.059	1.069	1.076	1.087	1.098	1.111	1.123	1.140	1.162	1.189	1.224	1.279	1.370	1.536	2.075				
17	1.061	1.069	1.076	1.085	1.095	1.104	1.116	1.130	1.150	1.172	1.198	1.233	1.288	1.373	1.540	2.067			
18	1.057	1.064	1.071	1.080	1.087	1.097	1.106	1.118	1.131	1.146	1.165	1.192	1.230	1.282	1.371	1.543	2.065		
19	1.056	1.064	1.069	1.075	1.081	1.089	1.097	1.083	1.107	1.118	1.135	1.149	1.173	1.201	1.238	1.384	1.559	2.070	
20	1.048	1.053	1.059	1.063	1.070	1.076	1.083	1.090	1.101	1.114	1.129	1.146	1.165	1.189	1.228	1.284	1.374	1.556	2.084

σ 的无偏估计 $\hat{\sigma}$ 可以表示为

$$\sigma = b\hat{\sigma} \tag{5-189}$$

现在确定的无偏估计,从式(5-177)中可得

$$E(\hat{\mu}) = E(y_1) = \mu + \sigma E(x_1)$$

则 μ 的无偏估计为

$$\mu = \hat{\mu} - \sigma E(x_1) \tag{5-190}$$

式(5-189)中所需的 $E(x_1)$ 的值可以在表 5-8 中查到,此表格为 Balakrishnan(1985)给出的样本量不超过 15 的值,另外对于大样本的值,Balakrishnan(1985)也进行了讨论。

顺序统计量的均值 表 5-8

n	$E(x_1)$	n	$E(x_1)$
1	1.38629	9	0.20326
2	0.77259	10	0.18430
3	0.54518	11	0.16860
4	0.42369	12	0.15538
5	0.34738	13	0.14410
6	0.29475	14	0.13435
7	0.25617	15	0.12584
8	0.22663		

5.11 Frechet 分 布

5.11.1 非截尾试验失效数据

两参数 Frechet 分布的概率密度函数为

$$f(t) = \frac{r}{\theta}\left(\frac{t}{\theta}\right)^{-(\gamma+1)} e^{-\left(\frac{t}{\theta}\right)^{-\gamma}} \quad t \geqslant 0, \gamma > 0, \theta > 0 \tag{5-191}$$

式中,γ 和 θ 分别为形状参数和尺度参数。

对 n 个样本进行可靠性试验,失效数据记录为 $t_1, t_2, \cdots, t_n$。假设数据服从 Frechet 分布,可以对似然函数取最大值获得参数的估计。

$$L(\gamma;\theta;t_1,t_2,\cdots,t_n) = \prod_{i=1}^{n} f(\gamma,\theta,t_i)^{-(\gamma+1)} e^{-\left[\left(\frac{t_i}{\theta}\right)^{-\gamma}\right]} \tag{5-192}$$

对式(5-192)取导数可得

$$l(\gamma,\theta,t_i) = n(\ln\gamma - \ln\theta) - (\gamma + 1)\left(\sum_{i=1}^{n}\ln t_i - n\ln\theta\right) - \sum_{i-1}^{n}\left(\frac{t_i}{\theta}\right)^{-\gamma} \tag{5-193}$$

把式(5-193)对变量 γ 和 θ 偏导,令得到的公式值为 0,得到的公式为

$$\frac{\partial l}{\partial \gamma}=\frac{n}{r}-\left(\sum_{i=1}^{n}\ln t_i-n\ln\theta\right)+\sum_{i=1}^{n}\left(\frac{t_i}{\theta}\right)^{-\gamma}\ln\left(\frac{t_i}{\theta}\right)=0 \tag{5-194}$$

$$\frac{\partial l}{\partial \theta}=-\frac{n}{\theta}+n(\gamma+1)\frac{1}{\theta}-\gamma\theta^{(\gamma-1)}\sum_{i=1}^{n}t_i^{-\gamma}=0 \tag{5-195}$$

对式(5-194)和式(5-195)进行简单的代数操作，可以得到 γ(用 $\hat{\gamma}$)的极大似然估计为一个非线性方程的解，公式为

$$\frac{1}{n}\sum_{i=1}^{n}t_i^{-\hat{\gamma}}\left(\frac{n}{\hat{\gamma}}-\sum_{i=1}^{n}\ln t_i\right)+\sum_{i=1}^{n}t_i^{-\hat{\gamma}}\ln t_i=0 \tag{5-196}$$

则 $\hat{\theta}$ 的值为

$$\hat{\theta}=\left(\frac{1}{n}\sum_{i=1}^{n}t_i^{-\hat{\gamma}}\right)^{-\frac{1}{\hat{\gamma}}} \tag{5-197}$$

在式(5-196)中通过设 $y=\ln t_i$ 转换变量，可以得到 $\hat{\gamma}$ 为下式的根：

$$(1-\hat{\gamma}\cdot\bar{y})\sum_{i=1}^{n}\mathrm{e}^{-\bar{\gamma}y_i}+\hat{\gamma}\sum_{i=1}^{n}y_i\mathrm{e}^{-\hat{\gamma}y_i}=0 \tag{5-198}$$

式中，$\bar{y}=\frac{1}{n}\sum_{i=1}^{n}y_i$ 为样本转化数据的平均值。可以得到：如果 $\hat{\gamma}$ 存在，则式(5-198)的解是唯一的，即 $\hat{\gamma}$ 是唯一的。为了使估计值更加平稳，设 $z_i=y_i-\bar{y}$。把式(5-198)乘以 $\mathrm{e}^{\hat{\gamma}\bar{y}}$ 进行化简，可以得到以下公式：

$$\sum_{i=1}^{n}(1+\hat{\gamma}z_i)\mathrm{e}^{-\hat{\gamma}z_i}=0 \tag{5-199}$$

这个公式比式(5-198)更加简明。

由于式(5-199)的解是唯一的，因此标准的搜索方法是有效的，Harlow(2001)给出了个非常有效的初始值：

$$\hat{\gamma}=2+[1.55\mathrm{CV}(n)]^{1/0.7} \tag{5-200}$$

式中，CV(n)为样本的变异系数。迭代不超过 10 次获得的收敛误差就会小于 1×10^{-10}。

5.11.2 截尾试验失效数据

假设试验样本属于Ⅰ型或Ⅱ型截尾，失效数据为 $t_1\leqslant t_2\leqslant t_3\leqslant\cdots\leqslant t_r=t_{r+1}^{+}=\cdots=t_n^{+}$。假设失效数据服从 Frechet 分布，可以通过使似然函数取最大值得到参数的估计。

$$\begin{aligned}L(\gamma;\theta;t_1,t_2,\cdots,t_n)&=[\prod_{i=r+1}^{n}R(\gamma,\theta;t_i^{+})][\prod_{i=1}^{r}f(\gamma;\theta;t_i)]\\&=\left[1-\mathrm{e}^{-(\frac{t_r}{\theta})^{-r}}\right]^{(n-r)}\left(\frac{\gamma}{\theta}\right)^{r}\prod_{i=1}^{r}\left(\frac{t_i}{\theta}\right)^{-(\gamma+1)}\mathrm{e}^{-(\frac{t_i}{\theta})^{-r}}\end{aligned} \tag{5-201}$$

式(5-200)取对数可以得到

$$\begin{aligned}l(\gamma,\theta,t)=&(n-r)\ln\left[1-\mathrm{e}^{-(\frac{t_r}{\theta})^{-\gamma}}\right]+r(\ln\gamma-\ln\theta)-\\&(\gamma+1)(\sum_{i=1}^{r}\ln t_i-r\ln\theta)-\sum_{i=1}^{r}\left(\frac{t_i}{\theta}\right)^{-\gamma}\end{aligned} \tag{5-202}$$

把对数函数分别对变量 γ 和 θ 求偏导，然后令得到的公式的值为 0。得到的两个公式分

别为

$$\frac{\partial l}{\partial \gamma}=-\frac{(n-r)\ (t_r/\theta)^{-\gamma}(\ln t_r-\ln\theta)}{e^{(\frac{t_r}{\theta})^{-\gamma}}-1}+\frac{r}{\gamma}-(\sum_{i=1}^{r}\ln t_i-r\ln\theta)+$$

$$\sum_{i=1}^{r}\left(\frac{t_i}{\theta}\right)^{-\gamma}\ln\left(\frac{t_i}{\theta}\right)=0 \tag{5-203}$$

$$\frac{\partial l}{\partial \theta}=-\frac{(n-r)\gamma\theta^{(r-1)}t_r^{-\gamma}}{e^{(\frac{t_r}{\theta})^{-\gamma}}-1}-\frac{r}{\theta}+r(\gamma+1)\frac{1}{\theta}-\gamma\theta^{(r-1)}\sum_{i=1}^{r}t_i^{-\gamma}=0 \tag{5-204}$$

为了得到 γ 和 θ 的极大似然估计,需要解式(5-203)和式(5-204)得到变量 γ 和 θ,这两个公式没有解析解,因此利用数值方法来获得公式的解,如 Newton-Raphson 方法。

5.12 Birnbaum-Saunders 分布

5.12.1 非截尾试验失效数据

两参数 Birnbaum-Saunders 分布的失效率函数具有单峰特点,这种分布广泛用来分析经过循环荷载后其失效率随着时间先增加到峰值然后减小的产品的失效率数据,这个分布对于可伸展性的材料在屈服点附近的特性是类似的。用失效率函数的峰值点和屈服点来定义设计组件失效功能的极值点,双参数 Birnbaum-Saunders 分布的概率密度函数为

$$f(t;\alpha,\beta)=\frac{1}{2\sqrt{2\pi}\alpha\beta}\left[\sqrt{\frac{\beta}{t}}+\left(\frac{\beta}{t}\right)^{3/2}\right]\exp\left[-\frac{1}{2\alpha^2}\left(\frac{t}{\beta}+\frac{\beta}{t}\right)-2\right]\quad 0<t<\infty,\alpha,\beta>0 \tag{5-205}$$

假设失效数据服从 Birnbaum-Saunders 分布,可以用极大似然法估计(Ng、Kundu 和 Birnbaum,2003 和 2006)进行分布参数的估计,截尾试验和非截尾试验的失效数据的极大似然估计步骤如下。

假设 n 个样本进行可靠性试验,失效数据记载为 $t_1,t_2,\cdots,t_n$;假设失效数据服从 Birnbaum-Saunders 分布。可以令似然函数取最大值,从而得到分布的参数估计,其似然函数为

$$L(\alpha,\beta;t_1,t_2,\cdots,t_n)=\prod_{i=1}^{n}f(\alpha,\beta,t_i)$$

$$=\frac{1}{2\sqrt{2\pi}\alpha\beta}\prod_{i=1}^{n}\left[\sqrt{\frac{\beta}{t_i}}+\left(\frac{\beta}{t_i}\right)^{3/2}\right]\exp\left[-\frac{1}{2\alpha^2}\left(\frac{t_i}{\beta}+\frac{\beta}{t_i}\right)-2\right]$$

$$0<t_i<\infty,\alpha,\beta>0 \tag{5-206}$$

对式(5-206)取导数,可得

$$l(\alpha,\beta;t_1,t_2,\cdots,t_n)=-1.6144-(\ln\alpha+\ln\beta)+\ln\left\{\prod_{i=1}^{n}\left[\sqrt{\frac{\beta}{t_i}}+\left(\frac{\beta}{t_i}\right)^{3/2}\right]\right\}-$$

$$\frac{1}{2\alpha^2}\sum_{i=1}^{n}\left(\frac{t_i}{\beta}+\frac{\beta}{t_i}\right)-2n \tag{5-207}$$

把式(5-207)对变量 α、β 取偏导,让得到的两个公式的值为 0,解两个公式就可以得到

Birnbaum-Saunders 分布的参数估计值，Ng 等(2003)给出了估计的步骤，具体如下：

样本的算术和几何平均值为

$$s = \frac{1}{n}\sum_{i=1}^{n} t_i \tag{5-208}$$

$$r = \left(\frac{1}{n}\sum_{i=1}^{n} t_i^{-1}\right)^{-1} \tag{5-209}$$

另外，定义均值函数 K 为

$$K(x) = \left[\frac{1}{n}\sum_{i=1}^{n}(x + t_i)^{-1}\right]^{-1} \quad x \geqslant 0 \tag{5-210}$$

通过解非线性函数式(5-211)，可以得到 β 的极大似然估计为

$$\beta^2 - \beta[2r + K(\beta)] + r[s + K(\beta)] = 0 \tag{5-211}$$

从而对应的 α 的估计可表示为

$$\hat{\alpha} = \sqrt{\frac{s}{\hat{\beta}} + \frac{\hat{\beta}}{\gamma} - 2} \tag{5-212}$$

5.12.2 截尾试验失效数据

假设对失效样本进行Ⅱ型截尾试验。失效时间按照顺序为 $t_1 \leqslant t_2 \leqslant t_3 \leqslant \cdots \leqslant t_r = t_{r+1}^{+} = \cdots = t_n^{+}$。最大的 $n - r$ 个样本被截尾。假设失效数据服从 Birnbaum-Saunders 分布，可以通过令似然函数(Birnbaum 和 Cohen，1991；Ng 等，2006)取最大值获得分布的参数估计：

$$L(\alpha,\beta;t_1,t_2,\cdots,t_r) = \frac{n!}{(n-r)!}\left\{1 - \Phi\left[\frac{1}{\alpha}\xi\left(\frac{t_r}{\beta}\right)\right]\right\}^{n-r} \times \left\{\frac{1}{2\sqrt{2\pi}\alpha\beta}\left[\prod_{i=1}^{r}\xi'\left(\frac{t_i}{\beta}\right)\right]\exp\left[-\frac{1}{2\alpha^2}\xi^2\left(\frac{t_i}{\beta}\right)\right]\right\} \tag{5-213}$$

似然函数的对数公式为

$$l(\alpha,\beta;t_1,t_2,\cdots,t_r) = K + (n-r)\ln\left\{1 - \Phi\left[\frac{1}{\alpha}\xi\left(\frac{t_r}{\beta}\right)\right]\right\} - r\ln\alpha - r\ln\beta + \sum_{i=1}^{r}\xi'\left(\frac{t_i}{\beta}\right) - \frac{1}{2\alpha^2}\sum_{i=1}^{r}\xi^2\left(\frac{t_i}{\beta}\right) \tag{5-214}$$

式中，K 为常数，此外

$$\xi(t) = t^{1/2} - t^{-1/2} \tag{5-215}$$

$$\xi^2(t) = t + t^{-1} - 2 \tag{5-216}$$

把 $t^* = \dfrac{t_i}{\beta}$ 和 $H(y) = \dfrac{\varphi(y)}{1 - \Phi(y)}$ 代入式(5-225)，然后把化简后的对数公式对两个参数取偏导，可得

$$\frac{\partial l}{\partial \alpha} = \frac{n-r}{\alpha^2}H\left[\frac{1}{\alpha}\xi(t_r^*)\right]\xi(t_r^*) - \frac{r}{\alpha} + \frac{r}{\alpha^3}\sum_{i=1}^{r}\xi^2(t_i^*) = 0 \tag{5-217}$$

$$\frac{\partial l}{\partial \beta} = \frac{n-r}{\alpha\beta}H\left[\frac{1}{\alpha}\xi(t_r^*)\right]t_r^*\xi'(t_r^*) - \frac{r}{\beta} - \frac{1}{\beta}\sum_{i=1}^{r}\frac{t_i^*\xi''(t_i^*)}{\xi'(t_i^*)} + \frac{1}{\alpha^2\beta}\sum_{i=1}^{r}t_i^*\xi(t_i^*)\xi'(t_i^*) = 0 \tag{5-218}$$

解式(5-217)和式(5-218)就可以得到分布参数的估计值。

5.13 线性模型

当一组数据同时符合几种失效率函数时,区别这些函数并确定出最适合的函数是非常重要的,可以通过把不同失效函数得到的可靠性估计代入似然函数,以确定最适合的函数。最适合的函数可以使似然函数的值达到最大。当失效率函数是线性的时候,这是很容易实现的。但是绝大部分函数都是非线性的,但是通过简单的转化可以把非线性函数线性化。下面主要讲述运用线性失效率函数结合似然函数,确定适合给定数据的最佳的失效率函数。

考虑以下几个失效率函数:

(1)恒定的失效率 $h(t)=\lambda$;

(2)威布尔失效率 $h(t)=\dfrac{\gamma}{\theta}\left(\dfrac{t}{\theta}\right)^{\gamma-1}$;

(3)瑞利失效率 $h(t)=\lambda t$;

(4)Gompertz 失效率 $h(t)=\exp(a+bt)$;

(5)线性指数分布失效率 $h(t)=a+bt$。

上面所有的失效率函数要么已经是时间的线性函数,要么对函数两边同时取对数后是时间的线性函数。在所有的情况下,线性失效率函数可以表示为

$$y_i=a+bx_i \tag{5-219}$$

式中,y_i 为第 i 个区间估计的失效率函数或失效率函数的对数,x_i 为时间区间 t_i 或它的对数的中值,a 和 b 为常数。利用加权最小二乘法,得到对于 N 个区间实际值 y_i 和估计值 $\hat{y}_1=\hat{a}+\hat{b}x$ 差异的平方的加权和(WSS)为

$$\mathrm{WSS}=\sum_{i=1}^{N}w_i(y_i-\hat{a}-\hat{b}x_i)^2 \tag{5-220}$$

式中,w_i 为区间 t_i 的权重。考虑 $w_i=1$ 或 $w_1=n_1b_1$ 的情况,其中 b_i 和 n_i 分别为第 i 区间的长度和测试的组件数目。其他权重也能够指定。为了使 WSS 最小,把式(5-220)分别对变量 $\hat{a}$ 和 $\hat{b}$ 取偏导,然后令得到的公式的值为0。解两个公式皆可得到 $\hat{a}$ 和 $\hat{b}$:

$$\hat{b}=\frac{\sum_{i=1}^{N}w_i(x_i-\bar{x}_\mathrm{w})(y_i-\bar{y}_\mathrm{w})}{\sum_{i=1}^{N}w_i(x_i-\bar{x}_\mathrm{w})} \tag{5-221}$$

$$\hat{a}=\bar{y}_\mathrm{w}-\hat{b}\bar{x}_\mathrm{w} \tag{5-222}$$

式中,$\bar{x}_\mathrm{w}$ 和 $\bar{y}_\mathrm{w}$ 分别为 x_i 和 y_i 的权重水平,表示为

$$\bar{x}_\mathrm{w}=\frac{\sum_{i=1}^{N}w_ix_i}{\sum_{i=1}^{N}w_i} \tag{5-223}$$

$$\bar{y}_w = \frac{\sum_{i=1}^{N} w_i y_i}{\sum_{i=1}^{N} w_i} \tag{5-224}$$

获得失效率函数的参数 $\hat{a}$ 和 $\hat{b}$ 后，可估计相应的可靠度为

恒定的失效率 $R(t) = \mathrm{e}^{-\lambda t}$

威布尔失效率 $R(t) = \mathrm{e}^{-(\frac{t}{\theta})^{\gamma}}$

瑞利失效率 $R(t) = \mathrm{e}^{-\lambda t^2/2}$

Gompertz 失效率 $R(t) = \exp\left\{\frac{-\mathrm{e}^{a}}{b}\left[\exp(bt) - 1\right]\right\}$

线性指数分布失效率 $R(t) = \exp\left[-\left(at + \frac{1}{2}b\,t^2\right)\right]$

然后，代入似然函数 L 可得

$$L = \prod_{i=1}^{N-1}\left[1 - \frac{\hat{R}(t_{i+1})}{\hat{R}(t_i)}\right]^{r_i}\left[\frac{\hat{R}(t_{i+1})}{\hat{R}(t_i)}\right]^{n_i - r_i} \tag{5-225}$$

似然函数的对数为

$$l = \sum_{i=1}^{N-1} r_i \ln\left[1 - \frac{\hat{R}(t_{i+1})}{\hat{R}(t_i)}\right] + \sum_{i=1}^{N-1}(n_i - r_i)\ln\left[\frac{\hat{R}(t_{i+1})}{\hat{R}(t_i)}\right] \tag{5-226}$$

式中，n_i 和 r_i 分别是第 i 个区间进行试验样本的数目和失效样本的数目。最终比较观测数据在不同失效率函数下的对数似然值，选择能够使 l 最大的失效率函数为最佳函数。

5.14 多截尾数据参数估计

前面已经讲述Ⅰ型截尾、Ⅱ型截尾和随机截尾的失效数据的参数拟合。但是，在一个试验中可能出现截尾的组合。例如，在试验中由于实验设备故障而导致一些试验样本被终止试验，另一试验样本继续进行试验直到整个试验结束（试验出现事先确定的失效数目或出现事先确定的失效时间）。试验结果包含了多截尾数据，对于这种多截尾数据，现在没有适合的估计模型。但是，有两种非常简单的方法来处理这种数据，它们分别是 Kaplan 和 Meier（1958）提出的产品极限估计及 Neson（1979，1982）提出的累计失效估计。

5.14.1 产品极限估计（PLE）或 Kaplan and Meier（K-M）估计

这个估算基于组件在一段时间区间（t_i，t_{i+1}）内的任务成功概率，用整个时间区间内未失效的组件数与试验开始时的组件数（t_i 时刻）的比率来估算。可以通过区间的可靠度估算得到产品从 $0 \sim t_{i+1}$ 的所有比率。换句话说，对于特定的使用期 t_j，运用产品极限估计的方法得到其可靠度函数为

$$\hat{R}_{pl}(t_j) = \prod_{l=1}^{j} \frac{n_l - d_l}{n_l} = \prod_{l=1}^{j}(1 - x_l) \tag{5-227}$$

式中，t_j 为第 j 个特定的试用期，$j=1,2,\cdots,k$；t_0 为可靠性试验的开始时间；n_j 和 d_j 分别为样本的数目和失效样本的数目，一些样本在(t_j,t_{j+1})区间内是正确截尾的(Ⅱ型截尾)，得到在这个区间截尾的数目为 e_j，则

$$n_j = \sum_{l=j}^{k}(d_l + e_l), n_0 = n \tag{5-228}$$

其中，n 为试验样本的总数目；k 为特定的失效时间；$x_j = d_j/n_j$。

式(5-227)为可靠性函数的非参数极大似然估计，当失效时间的 t_i 的重数已知时，可以改写为

$$\hat{R}_{pl}(t) = \prod_{\substack{l=1 \\ l \leq t}} \left(1 - \frac{m_l}{n_l}\right) \tag{5-229}$$

K-M 点估计的 $\hat{R}_{pl}(t)$ 的标准差估计值为

$$\sigma_{R(t)} = \hat{R}_{pl}(t)\sqrt{\mathrm{Var}\{\lg[\hat{R}_{pl}(t)]\}} \tag{5-230}$$

式中，$\mathrm{Var}\{\lg[\hat{R}_{pl}(t)]\} = \sum_{\substack{l \\ t_l < t}} \frac{m_l}{n_l(n_l - m_l)}$是著名的 Greenwood 公式，置信度为 $1-\alpha$，$\hat{R}_{pl}(t)$的左侧置信区间为$(\hat{R}_{pl}(t) - u_{(1-\alpha)}\sigma[\hat{R}_{pl}(t)],1)$。

5.14.2 累计失效估计

累计失效估计(CHE)是处理多截尾数据的另一种可选择的方法，失效率和累计失效函数的估计为

$$\hat{h}(t_j) = \frac{d_j}{n_j} = x_j \tag{5-231}$$

$$\hat{H}(t_j) = \sum_{l=1}^{j}\hat{h}(t_l) = \sum_{l=1}^{j}x_l \tag{5-232}$$

其可靠度为

$$\hat{R}_{CH}(t_j) = \exp\left(-\sum_{l=1}^{j}x_l\right) \tag{5-233}$$

即

$$\hat{R}_{CH}(t_j) = \prod_{l=1}^{j}\exp(-x_l) \quad 对于所有 j \in \{1,2,\cdots,k\} \tag{5-234}$$

本章习题

1. 参考下列试验的失效时间：4000、4560、5800、7900、10000、12000、15000、17000、23000、

26000、30000、36000、40000、48000、52000、70000。

(1)验证这组数据是否符合指数分布(失效数据的单位为 m)。

(2)这个指数分布的参数是什么?

(3)给出这个分布的参数的置信度为95%的置信区间。

(4)给出在30000时的置信度为90%的可靠度。

2.为了验证某产品的MTTF是20000h,一个制造厂商提供10个样品来做可靠性试验,得到的失效前时间(单位为h)如下:10000、18000、21000、22000、22500、23000、25000、30000、40000、7000。

(1)为以上失效时间数据寻找一个相符合的指数分布(检查异常失效次数)。

(2)用3种不同的方法来估算该分布的参数。

第 6 章 道路交通运行数据采集和处理

第 5 章已经详细介绍了用于可靠性模型建模所需数据的来源,但是由于交通运行可靠度分析的专业性,前述的数据获得方法并不能满足全部需要,本章针对交通运行数据的采集和数据处理方法进行论述,以满足交通运行可靠度分析的需要。

6.1 新技术下的交通数据采集

近年来,随着技术的发展和交通信息系统的建设,逐步形成了新型的交通数据环境,交通数据的采集手段也取得了很大进展。

6.1.1 探测车交通数据采集

探测车交通数据采集技术受到了各国的重视,并成为交通工程界研究的热点。欧洲、美国、日本等都在积极研发和推广应用,典型的应用系统包括英国的 FVD、美国的 DVANCE 以及日本的新一代 VCS 试验系统。我国的许多城市,如北京、上海、深圳和宁波等,也开展了探测车技术的研究和应用。

探测车交通信息采集系统通常由 3 部分组成:①探测车辆;②车辆定位技术和数据传输通信系统;③交通信息中心。其数据处理过程如图 6-1 所示。目前,探测车交通信息系统主要采用出租车、公交车作为探测车辆,将来还可以考虑以公务车、私家车及商业车辆作为探测车辆。

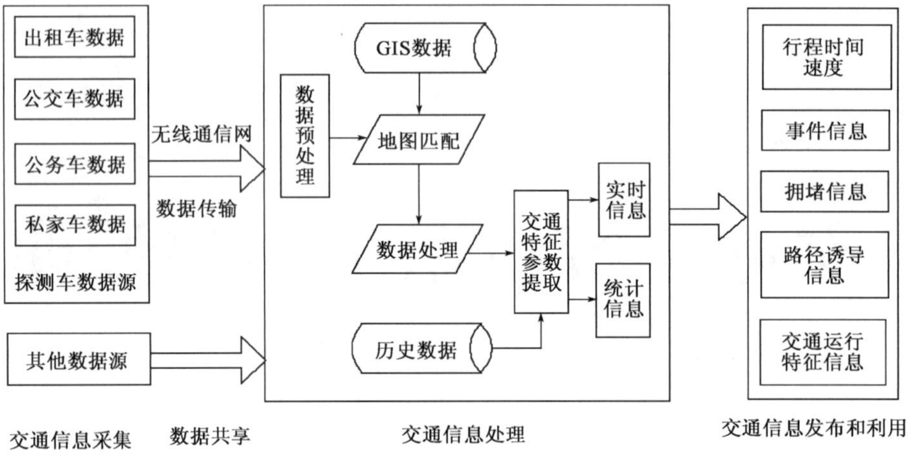

图 6-1　探测车交通信息系统结构框架

1)出租车

出租车的主要优点在于比其他车辆出行率高、出行范围广、出行时间长。此外,目前很多出租车公司具备现代化的通信和管理手段,出租车若作为探测车使用,其前期建设成本低。

出租车作为探测车的主要不足表现在:①出租车空驶率较高,在空驶状态时其行驶速度比正常行驶速度要低;②出租车的寻客、等客、上下客的无规律性,使得利用出租车行驶状态对交通状态进行判断变得不够准确,加大了后续数据处理工作的难度。

2)公交车

公交车作为探测车也有其独特的优势和局限性:①公交车的路网覆盖率高,一般情况下,能覆盖到大部分的城市区域;②公交车的运行时间较长,运行线路固定,能够反映固定线路和地点的交通流状态,方便建立历史数据库;③公交车在运行过程中需要频繁停靠公交站点,导致公交车不能够反映正常的交通流状态,这是公交车作为探测车的主要不足之处。

3)公务车

公务车辆分为有特殊通行权和无特殊通行权两类。有特殊通行权的公务车辆,如警车、消防车、救护车等;无特殊通行权的公务车辆,如邮政车、清洁车、垃圾车等。无特殊通行权的公务车辆遵守交通规则,可以反映出正常的交通流,而且行走线路灵活、运行时间长。

4)私家车

私家车已是城市交通流的主体部分,而且数量还在急剧增长。私家车作为探测车的主要障碍是初期的设备成本高和个人隐私问题。

作为示例,表 6-1 给出了某市出租车全球定位系统(GPS)的原始数据构成。

某市出租车 GPS 的原始数据构成　　表 6-1

字　段	示　例	备　注
日期	20060405	2006 年 4 月 5 日
时间	170236	17:02:36
车辆编号	13510232563	出租车的唯一标识
出租车公司	H	出租车公司代码

续上表

字　段	示　例	备　注
经度	114.114117	东经(°)
纬度	22.550917	北纬(°)
速度	45km/h	该时间点车辆的瞬时速度
车辆航向	4	与地理北极方向的夹角,表示车辆在该点的行驶方向
运营状态	1	0 代表空车,1 代表重车(载客)
设备状态	1	0 代表异常,1 代表正常

6.1.2　定点交通数据检测技术

为获得准确的交通流量等信息,要在控制路段每隔一定间距布设车辆检测器(约 200 ~ 800m 一组)。车辆检测器可检测出车辆交通流量(pcu/h)、平均车速(km/h)、车间距(m)、分类车长(m)、占有率(%)和车辆密度(veh/km)等信息,并上传至监控中心的监控计算机。

固定型检测器可以从多种角度进行区别,如果按检测方式来分类,可以分为磁频、波频和视频三种类型,具体见表 6-2。

基于不同采集方式的定点采集技术分类　　表 6-2

分类类型		采集技术
磁频采集技术		感应线圈检测器 磁力检测器
波频采集技术	主动式	微波检测器 超声波检测器 主动式红外检测器
	被动式	被动式红外线检测器 被动式声学检测器
视频采集技术		光学视频检测器 红外视频检测器

磁频采集技术是指当车辆通过检测区域时,在电磁感应作用下,交通检测器内的电流跳跃式上升。若该电流超过指定阈值,则会触发记录仪,实现对车辆数及通过时间点的检测。使用磁频采集技术采集动态交通数据的设备主要有感应线圈检测器、磁力检测器等。

波频采集技术工作方式共有两种,第一种是交通检测器区域发射具有一定波长的能量波,当有机动车辆穿过检测区域时,该波束经车辆反射后被检测器接收,然后经过处理分析获得所需的交通参数。这种类型的设备主要有微波检测器、超声波检测器和主动式红外检测器等。另一种是检测器对通过检测区域的机动车辆本身发射的具有一定波长的能量波束进行吸收,经过分析处理后获得所需的交通参数。这种类型的设备主要有被动式红外线检测器、被动式声学检测器等。

视频采集技术是一种将视频图像和计算机化模式判别技术相结合并应用于交通领域的采集技术。它通过视频摄像机和计算机模仿人眼的功能,将连续的模拟图像转换成离散的数字图像后,通过在成熟的物理模型和数字模型的基础上编制而成的软件进行处理。

表6-3是对各种检测器采集到的交通流参数的对比分析。交通流参数主要为交通流量、地点车速、时间占有率、车辆分型、车队长度、有效车辆长度、车头时距等。检测方式分为直接检测和间接检测,间接检测是指通过直接检测到的其他交通参数推导出需检测的交通参数,或者通过多个该检测器的配合来计算得到间接检测的交通参数。

检测器的检测参数 表6-3

检测技术	断面流量	占有率	地点车速	车辆存在	静止车辆探测	车队长度	多车道覆盖	其他参数
单环形感应线圈	D	D	I	D	N	I	N	VEL、VC
双环形感应线圈	D	D	D	D	N	I	N	VEL、VC
磁力式	D	D	D	D	N	I	N	
微波检测	D	D	D	D	D	I	D	TH
红外主动式	D	D	I	D	N	I	N	VC
红外被动式	D	D	I	D	D	I	N	
超声波检测	D	D	I	D	N	I	N	
声呐式	D	D	D	D	D	I	N	
视频检测	D	D	D	D	D	D	D	TH、VC

注:D-直接检测;I-间接检测;N-不能检测;VEL-车辆有效长度;VC-车型;TH-车头时距。

从表6-3可以看出,不同的检测技术所检测的交通参数是不同的,例如,单环检测线圈、红外检测器与超声波检测器不能直接检测地点车速;有些检测器不能多车道覆盖,只能单车道检测,只有微波、被动式红外、声呐式和视频检测可以多车道覆盖检测交通参数。所以,可根据不同交通流参数的监控需求来选择相应的检测器。

6.1.3 公交IC卡交通数据采集技术

通过IC卡数据可以分析乘客乘坐公共交通系统的情况。但是各城市的公交IC卡的制式存在明显的不同,在实际应用过程中还需具体分析。

例如,广西某市公交IC卡分为A、B、C、D、E、F、G卡,共7种。A卡:普通乘车卡,可在所有无人售票公共汽车上使用,按所乘线路票价的9折优惠扣款。任何人都可购买A卡。B卡:职工月票卡,每月充值50元,可乘坐原月票线路(1~19路)公交车100次。凡持有该市身份证或户口簿者,均可购买B卡。C卡:学生月票卡,每月充值30元,可乘坐原月票线路(1~19路)公交车100次。在校的全日制中、小学生(含职业高中学生)均可购买C卡。D~G卡:内部免费乘车卡,D卡为公交公司员工卡,E卡为家属卡(成人),F卡为家属卡(学生),G卡为退休职工卡。B卡、C卡的乘车次数只能是持卡本人在原月票线路使用,且为当月有效,跨月余次作废。B卡、C卡除乘次区外,还设有"备用车费存储区"(即"A卡"的功能)。乘客可在该区存上备用车费,其用法与A卡相同。该卡为记名卡,用户可以对卡进行挂失,卡中与乘车相关信息主要包括:

kbh为公交IC卡卡号。

xfrq为刷卡的日期。

xfsj为刷卡的时间。

qcbh 为乘坐的公交车的车辆编号。

xlbh 为乘坐的公交线路编号。

listino 为刷卡的记录编号。

此外,还包括消费金额、卡上余额、客户信息等字段内容。

而广东某市公交 IC 卡为不记名卡,不能挂失,使用范围为轨道交通、大巴公交车辆及便利店小额消费。乘坐地铁时,持卡人需在入闸机和出闸机刷卡方能通行;乘坐一票制公交线路,持卡人上车刷卡即完成付费;乘坐分段收费线路,持卡人在确定消费金额后进行刷卡即完成付费。卡内记录信息包括:

卡号:9 位编码。

交易类型:21-地铁进站;22-地铁出站;31-公交。

交易地址:地铁站闸机编号。

交易日期:刷卡日期。

交易时间:刷卡时间。

终端号:刷卡机编号。

操作员:××。

交易金额:补贴后消费的实际金额。

交易值:未补贴的消费金额。

换乘金额:换乘刷卡金额。

卡交易序号:公交卡刷卡总次数。

设备交易序号:刷卡机刷卡总次数。

该市 IC 卡数据中只有刷卡机终端号的字段,没有公交线路和车辆编号的字段。因此,终端号与线路、车辆(或地铁站点)之间对应关系数据需要另外采集。

6.1.4 移动通信数据交通信息采集

手机定位技术是进行交通数据采集的基础,根据定位精度可以分为模糊定位和精确定位两种。模糊定位的精度介于 50 ~ 300m 之间,精确定位的精度与差分 GPS 技术相当,可以在 5 ~ 30m之间。

1)模糊定位技术

模糊定位技术主要包括:

(1)基于小区识别号(CELL-ID)的定位技术:采用手机所属基站位置代表手机终端位置,定位精度为 100 ~ 2000m(取决于基站覆盖范围)。

(2)基于到达时间差(TDOA)的定位技术:利用通信信号在两个基站的时间差定位,是种基于网络的定位技术,无须手机与基站时间同步,定位精度为 30 ~ 50m。

(3)基于小区编号和定时提前信息(TA)的定位技术:利用通信信号在手机和基站之的传输时间来估算手机终端位置,定位精度为 100 ~ 550m。

(4)基于小区切换(Handover)的定位技术:利用手机切换信号估算手机终端位置,在城市中心区,定位精度可达 50 ~ 100m,可用于行程车速的估算。

作为模糊定位技术中最具有应用前景的一种,小区切换定位技术安装成本十分低廉、模型简洁、运行稳定,而且对移动通信网络的正常运行影响很小,是一项非常适合实时交通信息采集的技术。

2)精确定位技术

精确定位技术主要包括：

(1)增强观测时间差(E-OTD)定位技术。

(2)上行到达时间差(U-TDA)定位技术。

(3)辅助全球定位系统(A-GPS)定位技术。

其中,A-GPS技术结合基站信息和GPS信息进行定位,定位精度在5~20m之间,但需要在手机中增加GPS接收模块,并建设GPS参考网络。

通过记录用户通信信令,可以获得近似的用户移动轨迹记录,包括用户在不同时间、不同地点出现的不同信令。为了保护用户的隐私,每一个用户的手机号都被替换成了安全的哈希码(Hash Code)。移动通信数据的具体格式如表6-4和表6-5所示。

移动通信原始数据内容　　表6-4

字　段	示　例	备　注
日期	20090303	2009年3月3日
时间	042400	4:24:00
识别号	26B59320198678 QER129834ASFO	移动用户唯一识别号,单向加密结果,规避隐私问题
位置区编号	06182	移动通信系统中为寻呼而设置的一个区域,唯一标识该区域
基站小区编号	04113	区域内的基站小区编号,位置区编号与其能唯一标识基站小区
信令事件类型	001	包括开关机、短信等,详见表6-5
标识用户状态	000	0在一定范围内一致唯一(70%),1无法标识用户

移动通信信令类型　　表6-5

代　码	具体信令事件类型
0	LU过程:正常位置更新
1	LU过程:周期性位置更新
2	LU过程:开机IMSI ATTACH信令
51	关机过程:IMSI DETTACH信令
41	主叫和短信启呼过程:CM Service Request信令
61	被叫和短信接收过程:Paging Response信令
110	HO过程:BSC内切换(小区内或小区间)
120	HO过程:下行信号质量和强度变差产生的BSC间切换
121	HO过程:其他原因产生的BSC间切换
130	HO过程:下行信号质量和强度变差产生的跨MSC切换
131	HO过程:其他原因产生的跨MSC切换

6.1.5 车辆识别数据

自动车辆识别(Automatic Vehicle Identification,AVI)是当车辆经过某一特定地点时,自动将车辆的身份识别出来的技术统称。车辆的身份是指车辆本身的代表符号以及固有的属性。自动车辆识别实际有两大类：一是直接自动识别，如自动检测车辆的长、宽、高和质量等车辆属性；二是间接自动识别，通过接收装置对车辆的通信或感应，从车载标志或其记忆单元中读取车辆的身份和属性，一般所说的自动车辆识别系统是指后者。

自动车辆识别系统的主要构件有车载单元、解读单元、处理单元等。构件不同，系统实现的方式也不同。较为常见的识别系统有感应线圈式、无线电/微波式、光学式、平面音感微波式和智能卡式等。

1）感应线圈式自动车辆识别系统

感应线圈式 AVI 系统是最早被使用的一种自动车辆识别系统，设计构想源于收集交通数据使用的感应线圈。感应线圈式 AVI 系统主体构造分 3 部分：镶嵌在车底盘的发报机，或称为电子牌照；装置于道路的设备，含有埋设在路面下的感应线圈和路侧仪器；数据处理用的计算机设备。

当车辆经过线圈上方时，镶嵌在车底盘下的发报机会发送出信号，将线圈上的载波信号模数转换及编码，显示出数字信号。车上的发报机本身编有识别信号，感应线圈接收到此序列信号后，传递到与之连接的路侧仪器，加以解码。

2）无线电/微波式自动车辆识别系统

无线电微波式 AVI 系统是近年来被广泛使用、可靠度和方便性俱佳的技术。基本构成的元件有 3 个：贴在车上的电子识别卡（自动收发报器）；路侧的信号解读器（reader），包含发送电波和接收回信的天线；处理数据用的计算机设备。以下分别就各组成元件进行说明：电子识别卡是一片压有集成电路（IC）晶片和小型天线的塑胶卡片；信号解读器的主要功用是将天线接收到的电子识别卡所发送出来的无线电波（RF）信号转换成数字信号，并且校核识别码的有效性，进而再附加上车辆经过的日期、时间、地点等信号，最后将所有数据传送到计算机系统中。计算机设备主要用来校核电子识别卡的 ID 识别码及记录用户的交易状况，并控制其他配合运作的设施，同时定时检查系统内每一台设备是否正常运转。

3）光学式自动车辆识别系统

光学式自动车辆识别系统采用的是光学原理，利用光波成像及反射直接读取标签，加以分析解读，这种技术最早发展的是“条形码识别”系统，近年发展的则为“车牌识别”系统。

条形码识别式的 AVI 系统使用一种上面印刷有宽窄不一的连续黑线条纹的标签，作为车辆身份的代码，当车辆经过识别区时，路侧的扫描器就会发射 2mW 功率的氦氖光束至贴在车上的条形码上，光束照在条形码上所反射回来的能量被接收，并传送到条形码解读设备转换成数字信号。

4）车牌识别系统

车牌识别是近年来高新科技在交通管理领域上的重要应用之一。汽车牌照识别系统主要由车辆检测系统、摄像机及照明系统、图像采集系统、计算机、实时车辆牌照识别软件和数据管理系统等部分组成。其中，摄像机架设在道路中央上方，镜头对准车辆的前部或后部，同时道路上设置相应的照明系统。当车辆通过关卡，经过车辆位置传感器的敏感区域时，传感器发送一个信号给图像采集控制部分，采集控制部分控制摄像机采集一幅汽车图像送至图像预处理模块，做图像的预处理工作，送入计算机内的车牌识别模块，通过图像的预处理、车牌提取、车牌图像二值化、字符切分、字符识别等几个环节，最终达到对车牌字符的再现，给出识别结果。

识别结果和图像存入数据库中,留待以后车牌查询、交通流量统计、收费管理使用。

6.2 定点检测数据的质量控制与修补

定点采集技术是指运用安装在固定地点的交通检测器设备对移动的车辆进行监视,从而实现交通参数数据采集的方法。可以采集的动态交通信息主要是基于地点的交通参数数据,其中包括断面的交通流量、基于地点的时间平均速度、时间占有率以及车队长度、平均有效车辆长度、车头时距等。

6.2.1 交通流数据质量控制系统框架

由于现场交通检测器工作故障或网络传输设备故障等原因,道路交通流数据中通常包含错误、丢失、时间点不规则等若干类质量问题。

为此,研究人员提出了交通流数据质量控制系统框架,见图 6-2。该框架包括两个部分:故障数据判别模块部分和故障数据修正模块部分。故障数据判别模块主要分为 4 个分支:丢失数据的判断、不规则时间点的数据识别模型、异常数据的识别模型和故障检测器的判断方法。相对应的,故障数据修正模块中包括丢失数据的补缺模型、不规则时间点数据的修正模型、异常数据的修正模型和故障检测器处理方法。

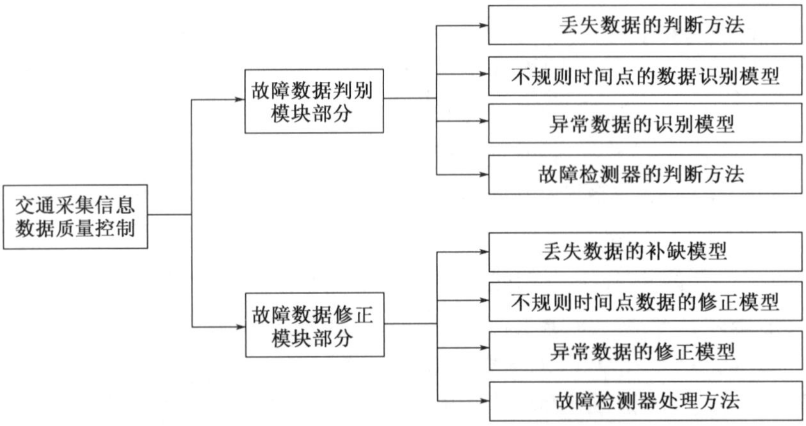

图 6-2 交通流数据质量控制系统框架

6.2.2 缺失数据修补模型

6.2.2.1 不规则时间点的识别与修正模型

定点检测器采集设备运行过程中会遵循统一时间标准进行数据的采集和处理工作,但是在实际系统运行过程中,由于检测器、通信网络或交通信息中心的软件或硬件的原因,致使上传周期数据记录的时刻不是严格按照基准时间间隔进行的,存在一定的时间误差。这种情况会对后续数据集成和数据对比分析工作造成障碍,必须正确进行时间修复。

不规则时间点具体表现为：相对于正常周期采集时刻，样本采集时间点左偏于正常周期时刻，或者右偏于正常周期时刻。

假设 ΔT 为检测器采集周期，$T_{r\text{-}s}$ 为 s 检测器 t 时刻的实际时间记录值，$T_{p\text{-}s}$ 是与 $T_{r\text{-}s}$ 时刻相距最近的正常采集周期时间点，则 $T_{r\text{-}s}$ 满足：

$$T_{p\text{-}s} - \Delta T < T_{r\text{-}s} < T_{p\text{-}s} + \Delta T \tag{6-1}$$

当 $T_{r\text{-}s} \in [T_{p\text{-}s} - \Delta T, T_{p\text{-}s}]$ 时，则称 $T_{r\text{-}s}$ 为左偏时间点；$T_{r\text{-}s} \in [T_{p\text{-}s}, T_{p\text{-}s} + \Delta T]$ 时，则称 $T_{r\text{-}s}$ 为右偏时间点。

$$|T_{r\text{-}s} - T_{p\text{-}s}| \leqslant \Delta T_{\mathrm{d}} \tag{6-2}$$

设 ΔT_{d} 为容许左（右）偏最大值，当满足式（6-2）时，认为该时间点在容许时间偏差范围内，则该样本时间记录值改记为 $T_{p\text{-}s}$，同时，该交通流数据记录进行下一个步骤处理。如果不满足式（6-2），则该不规则时间点在非容许时间偏差范围内，该样本不予使用，可作为丢失数据处理。

其中，ΔT_{d} 是由保留原始数据的比例及原始样本时间记录值总体分布确定的，设数据使用者保留原始数据的比例期望为 P，以一天的原始采集样本为例，其中数据采集周期为 T，则一天的样本数量为 n。对于容许左（右）偏最大值的计算，可以采取从零开始以 b 为步长依次递增的方式连续取值到 ΔT_{d}，直至满足：

$$\frac{\sum_{p=1}^{n} \theta(|T_{r\text{-}s} - T_{p\text{-}s}| \leqslant \Delta T_{\mathrm{d}})}{n} \geqslant P \tag{6-3}$$

式中，$n = 86400/T$；$\theta(\cdot)$ 为在 $T_{p\text{-}s}$ 时刻，满足在 ΔT_{d} 偏差范围内的原始样本数目。

6.2.2.2 异常数据的识别与修正方法

异常数据的识别是指对原始采集信息样本中的交通流参数记录值进行检验，判断这些交通参数值是否为异常数据，其识别和基本处理流程见图6-3。

异常数据识别主要步骤包括：

（1）特征字段类型与检验主要针对特征字段的变量类型，格式检验主要针对字段的具体格式，如字符段长度、日期书写格式、数字有效长度等。

（2）交通流参数的阈值检验目的是检验数据是否来自有故障的传感器，错误的交通数据数值会超出可能的数值范围。

（3）平均有效车辆长度（AEVL）是根据交通3个参数（流量 Q、时间占有率 O 和速度 V）之间的关系求得的平均有效车长，用来对3个参数进行联合检验，即 $\mathrm{AEVL} = 10V \cdot O/Q$。

（4）交通流参数一致性——根据交通流原理将各交通参数合理阈值范围组合为一组限制条件，利用该组合条件对原始交通流数据进行检验和过滤，例如流量不为零、地点车速为零则归类为异常数据样本。

剔除异常数据后会造成数据缺失，这时采用缺失数据修补模型加以修补。

6.2.2.3 丢失数据的修补模型

丢失数据修补主要考虑两个重要因素，即用于修正的数据来源和修正的方法（表6-6）。

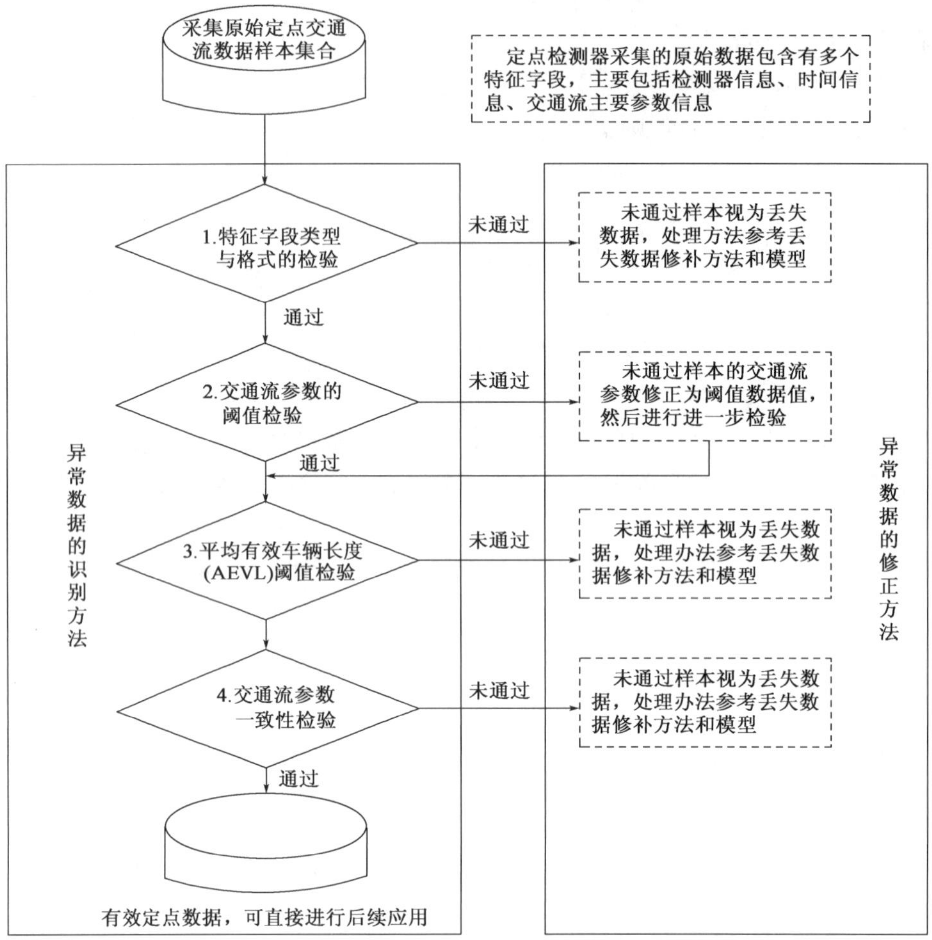

图 6-3　异常数据的识别和处理流程

修补的数据来源及方法　　表 6-6

分　　类	邻接方式	数据描述	补缺方法
时间相关数据	横向邻接	同检测器历史同期数据	标准库 + 动态因子方法
	纵向邻接	同检测器时间序列数据	时间序列分析方法
空间相关数据	横向邻接	同检测器相邻车道数据	相邻车道数据回归及合并方法
	纵向邻接	相邻检测器同期数据	相邻检测器回归估计方法

根据不同的修补数据来源使用不同的修补方法：对于同检测器时间序列数据，需要使用时间序列方法对丢失样本进行估计；对于空间相关数据，如相邻车道或相邻检测器的数据，需要使用空间相关数据回归估计方法；对于同检测器历史同期数据，需要使用标准库 + 动态因子方法。

1）基于时间序列的修补模型

将预测对象按照时间顺字排列起来构成一个时间序列，从时间序列过去的变化规律，推断今后变化的可能性及其变化趋势、变化规律。这种类型的方法有很多，例如加权移动平均法、线性内插法、自适应指数平滑法等，在此介绍最后一种方法 。

指数平滑法是在移动平均法基础上发展起来的一种时间序列分析预测法，其原理是任一期的指数平滑值都是本期实际观察值与前一期指数平滑值的加权平均。

一次指数平滑法的基本公式为

$$Y_t = y_{t-1} = \alpha x_{t-1} + (1-\alpha)Y_{t-1} \tag{6-4}$$

式中：x_{t-1}、Y_{t-1}——$t-1$ 时刻的实测值与预测值；

y_{t-1}——t 时刻的平滑值；

Y_t——t 时刻的预测值；

α——平滑系数，又称为加权因子，其取值范围为[0,1]。

新预测值是根据预测误差对原预测值进行修正得到的，α 的大小表明了修正的幅度，α 值越大修正的幅度越大，既代表了预测模型对时间序列数据变化的反应速度，又体现了预测模型修正误差的能力。与传统指数平滑模型进行预测时 α 值预先根据经验给定不同，对于交通流时变过程，引入动态权重因子 α。

假设在 t 时刻指数平滑预测误差 e_t 为

$$e_t = x_t - Y_t \tag{6-5}$$

取加权平均 E_t 为

$$E_t = \beta e_t + \beta(1-\beta)e_{t-1} + \beta(1-\beta)^2 e_{t-2} + \cdots + \beta(1-\beta)^{t-1}e_1 \tag{6-6}$$

其递推形式为

$$E_{t+1} = \beta e_{t+1} + (1-\beta)E_t \tag{6-7}$$

同时，t 时刻绝对平滑误差为

$$M_t = \beta\sum_{j=0}^{t-1}(1-\beta)^j |e_{t-j}| \tag{6-8}$$

自适应参数 α 的求取步骤如下：

(1)设置模型初始值：对于初值 β 的选取，由于经过多次平滑递推计算，其值对预测产生的影响将会越来越小，因此只需取经验值(0.1 或 0.2)即可。初值 Y_1、Y_2 一般取 x_1，相应地，e_1 和E_1 取 0，初值 M_1 一般取经验值 $0.1x_1$。

(2)求综合预测误差：

$$E_t = \beta e_t + (1-\beta)E_{t-1} \quad t=2,3,4,\cdots \tag{6-9}$$

(3)求绝对平滑误差：

$$M_t = \beta|e_t| + (1-\beta)M_{t-1} \quad t=2,3,4,\cdots \tag{6-10}$$

(4)得到自适应权重参数：

$$\alpha_t = |E_t|/M_t, t=2,3,4,\cdots \tag{6-11}$$

(5)求出自适应平滑参数后，就可以用动态的 α_t 代替恒定的 α，从而得到自适应指数平滑预测模型为

$$Y_{t+1} = y_t = \alpha_t x_t + (1-\alpha_t)Y_t \tag{6-12}$$

上述方法建模简单，没有参数辨识等烦琐过程，对历史数据依赖性比较小，这就从根本上保证了算法的快速性，因而能够确保估计算法的实时性。

2)相关空间数据回归估计方法

(1)相邻车道数据回归估计及合并

假设道路断面中 n'车道的交通流数据丢失，其他车道的数据均已由检测器采集得到，可利用相邻车道交通流数据的关联性进行参数估计。式(6-13)给出了流量的计算公式，速度、占

有率回归公式与此相似。

$$q_{t,n'} = \alpha q_{t,n} + \beta \tag{6-13}$$

式中：$q_{t,n'}$——t 时刻 n' 车道的交通流量估计值；

$q_{t,n}$——t 时刻 n 车道的实际采集交通流参数，其中两车道数据的相关系数较高，且 n 车道是与 n' 车道相关系数最高的车道；

α、β——可根据车道 n 和 n' 的历史交通流数据回归计算得到。

(2)上下游相邻检测器数据回归估计

根据道路纵向上两个相邻道路断面的交通流数据具有一定相关性，利用其中一个道路断面检测器采集的交通流数据，来估计另一个相邻道路断面检测器丢失的交通流数据，其方法仍然是建立相应的回归估计模型。

3)标准库 + 动态因子估计法

人的日常交通出行行为具有规律性，相似的交通流波形总能周期性出现。标准库 + 动态因子方法主要利用这些有规律的特点的历史时间相关数据，具体来讲，是使用同检测器历史同期数据对当前时段丢失数据进行估计的方法。具体方法如下：

(1)数据规律性、稳定性辨识

以每天一定时段的断面流量时间序列数据作为一个列向量 $\boldsymbol{f}_k$，k 为时段序列长度，选择欲加以分析的 n 个数据向量（即 n 天的数据）构成矩阵 $\boldsymbol{F} = [\boldsymbol{f}_{k1}, \boldsymbol{f}_{k2}, \cdots, \boldsymbol{f}_{kn}]$，定义相似系数 s 为两向量之间的相关程度，即设 $\boldsymbol{f}_a$ 和 $\boldsymbol{f}_b$ 是两组流量数据，则

$$S_{ab} = R(a,b) = \frac{\mathrm{Cov}(\boldsymbol{f}_a, \boldsymbol{f}_b)}{\sqrt{D(\boldsymbol{f}_a)D(\boldsymbol{f}_b)}} = \frac{\sum_{i=1}^{k}(\boldsymbol{f}_{ia} - \overline{\boldsymbol{f}_a})(\boldsymbol{f}_{ib} - \overline{\boldsymbol{f}_b})}{\sqrt{\sum_{i=1}^{k}(\boldsymbol{f}_{ia} - \overline{\boldsymbol{f}_a})^2(\boldsymbol{f}_{ib} - \overline{\boldsymbol{f}_b})^2}} \quad S_{ab} | \leqslant 1 \tag{6-14}$$

式中：S_{ab}——两个数据向量之间的协方差系数；

$D(\boldsymbol{f}_a)$、$D(\boldsymbol{f}_b)$——两组数据向量的方差；

$\mathrm{Cov}(\boldsymbol{f}_a, \boldsymbol{f}_b)$——两组数据向量 $\boldsymbol{f}_a$ 和 $\boldsymbol{f}_b$ 的协方差。

S_{ab}越大，表明两个交通数据向量之间的相似程度越大。

平均相似系数 MS 为各向量两两之间相关程度的平均值，即

$$\mathrm{MS} = \frac{\sum_{n \geqslant j \geqslant i \geqslant 1} \boldsymbol{R}(i,j)}{n(n-1)/2} \quad S \leqslant 1 \tag{6-15}$$

式中，$\boldsymbol{R}$ 为矩阵 $\boldsymbol{f}$ 的相似系数矩阵，MS 越大，表明 n 个交通数据向量之间的相似程度越大。相似系数的大小仅代表交通流量时间序列在时间轴上变化趋势的相似性。

为进一步说明各时段的流量变化情况，定义波动系数 Q 为交通流量在不同时段上的波动性的度量因子，以此来判别交通流信息在绝对数值上是否存在相似性。令向量 $\boldsymbol{M}_m^{i,j} = [\boldsymbol{f}_{im}, \boldsymbol{f}_{(i+1)m}, \cdots, \boldsymbol{f}_{jm}]$，$i$ 和 j 代表日期，m 代表时段，$\boldsymbol{M}$ 的每个元素代表从 i 到 j 天在 m 时间段的交通流量数据，例如可以是 12 月 4 日到 12 月 8 日在 6:00—6:05 的流量数据。

定义在$[i,j]$日期段内波动系数为

$$Q^{i,j} = \frac{\sqrt{D(\boldsymbol{M}_m^{i,j})}}{E(\boldsymbol{M}_m^{i,j})} \tag{6-16}$$

式中：$D(\boldsymbol{M})$——$\boldsymbol{M}$ 的方差；

$E(\boldsymbol{M})$——$\boldsymbol{M}$ 的均值。

(2)采用标准库 + 动态因子估计丢失数据

标准库 + 动态因子方法的计算模型具有两个重要变量:标准库推荐值和动态扰动因子。下面以交通流量估计为示例,其他交通流参数(加速度和时间占有率)同理,它的计算模型为

$$Q_{D,t,L} = R_{D,L} \cdot Q_{\text{normal}(t,L)} \quad t = 1,2,3,\cdots,n \tag{6-17}$$

式中: t——数据估计的一天内某个时间段,该方法主要针对发布时间周期下的样本估计,每个时间段设定为 3 ~ 5min;

n——一日内时间段数目;

$Q_{D,t,L}$——L 有向路段 D 日 t 时段内的交通流量的估计值;

$R_{D,L}$——L 有向路段 D 日的动态扰动因子;

$Q_{\text{normal}(t,L)}$——D 日所属类型日的 L 有向路段 t 时段的标准库交通流量推荐值。

其中,动态扰动因子是将当前日同类型日前一天的全天时段内的实际采集流量总和数值除以当前日同类型日前一天的全天时段内的标准库的流量总和数值得到的,其计算模型为

$$R_{D,L} = \frac{\sum_{t=1}^{n} Q_{(D-1),t,L}}{\sum_{t=1}^{n} Q_{\text{normal}(D-1),t,L}} \quad t = 1,2,3\cdots,n \tag{6-18}$$

标准库生成主要是利用历史月内所有类型日的数据进行统计实现的。标准库分为初始标准库和当前标准库两种。首先利用最初的历史交通流数据统计得到初始标准库,然后利用初始标准库数据和上月内相应所有类型日的数据共同运算生成当前标准库。随着时间推移,当前标准库变为初始数据库,当前标准库不断根据新的历史数据更新,保证标准值能够准确估计当前的丢失样本数据。

6.3 浮动车数据(FCD)的质量控制与修补

浮动车技术是指对车辆本身及驾驶员的驾驶行为不做任何要求,与一般社会车辆无异,完全利用跟踪车辆的瞬时位置、速度和时间动态获取大范围网络交通流信息的技术。

6.3.1 浮动车数据(FCD)路网匹配算法

路网匹配按既定原则将车辆的 GPS 轨迹点匹配到相应路段上的算法,从而杜绝由于各种误差使车辆定位点偏离车辆当前行驶的道路,实现车辆位置纠正。为了改善传统算法的缺陷,研究人员提出了综合考虑距离、方向角、连通性、历史数据及车流方向的多点到线的算法,将道路网络分块思想引入地图匹配中,以提高匹配算法的实时性。

为了便于检索,设置索引网格步长 $L = 2000\text{m}$(也可根据实际系统,设为其他合理步长),将道路网络纵横向均匀分块,记为 Grid($M \times N$),其中,M 和 N 分别为分块行列数。

考虑到车辆行驶是一个连续的过程,不可能从一点突变到距离较远的另一点,在给定前一个车辆定位点 $P(x,y)$ 后,快速找到 P 点所在的网格号 Grid(i,j),其中,$i = \text{Int}(x/L)$;$j = \text{Int}(y/L)$。将与该网格相邻的其他若干网格一并作为当前车辆定位点匹配候选网格,进而将

此候选网格包含的路段初步确定为候选路段。这样,匹配算法只需对落入匹配网格内的匹配候选路段进行处理,缩小了检索的规模。

最常用的传统地图匹配算法就是把距车辆定位位置一定范围内的道路作为一个匹配路段选择集,在路段选择集中选择垂直距离最小的路段作为匹配路段。另外,车辆方向与道路方向的夹角作为影响匹配可信度的基本因素,也可作为过滤条件,排除夹角大于一定限差的路段,有助于提高运算效率和匹配的准确率。

车辆行驶所经过的路段具有连续性,当前时刻车辆要么继续在前一时刻所处路段上行驶,要么在其后继路段上行驶。道路的连通性是影响匹配可信度的一个很重要的因素,引入道路连通性可以有效提高地图匹配的成功率。为此,研究人员建立了综合考虑距离、方向角、连通性、历史数据及车流方向的多点到线的地图匹配算法。该算法需完成如下工作:

1)拓扑关系的建立

采用节点表和路段线表描述道路网络的拓扑关系,如表6-7所示。

描述路网拓扑关系的数据表　　　　表6-7

点坐标表			线表			
ID	X	Y	ID	起点点号	终点点号	单行限制
G00001	204	217	100002	G00001	G00002	Y(是)
G00002	239	179	100003	G00002	G00003	N(否)
G00003	167	113	100004	G00004	G00011	N(否)

2)定位点到路段的距离计算

设任一时刻 i 定位传感器输出的车辆位置为 $P_i(x_i, y_i)$,路段两端点坐标分为 $A(x_a, y_a)$、$B(x_b, y_b)$,则匹配道路方程可表示如下:

当 $x_a \neq y_b$ 时,

$$y = k(x - x_a) + y_a \tag{6-19}$$

式中,$k = \dfrac{y_b - y_a}{x_b - x_a}$。由此可求得车辆位置到匹配道路的垂足横坐标为

$$x = \frac{x_i + (y_i - y_a)k + x_a k^2}{1 + k^2} \tag{6-20}$$

当且仅当判断函数 $B = (x - x_a)(x - x_b) \leqslant 0$ 时,车辆位置向路段的投影落在路段上,车辆位置到路段的距离为

$$d_i = \frac{|k(x_i - x_a) - y_i + y_a|}{\sqrt{1 + k^2}} \tag{6-21}$$

当 $B > 0$ 时,车辆位置向路段的投影落在路段延长线上,式(6-21)的计算值为车辆到两个端点的最短距离。当 $x_a = x_b$ 时,判断函数变形为 $B = (y_i - y_a)(y_i - y_b)$,$B \leqslant 0$ 时,距离 $d_i = |x_i - x_a|$。

3)方向角的计算

车辆方向与路段的夹角应满足 $\Delta\theta_i \in [0, 90°]$,设 i 时刻车行方向为 α_i,路段方向为 β(单行道取路段方向,双向道路可先行设定),取 $\varepsilon_i = |\alpha_i - \beta|$,则车辆方向与路段方向的夹角为

$$\Delta\theta_i=\begin{cases}\varepsilon_i & 0\leqslant\varepsilon_i\leqslant 90^\circ\\ 180^\circ-\varepsilon_i & 90^\circ<\varepsilon_i\leqslant 180^\circ\\ \varepsilon_i-180^\circ & 180^\circ<\varepsilon_i\leqslant 270^\circ\\ 360^\circ-\varepsilon_i & 270^\circ<\varepsilon_i\leqslant 360^\circ\end{cases}\tag{6-22}$$

对于单行道,如果 $\varepsilon_i\in(90^\circ,270^\circ]$,则应在排除之列。

改进后的地图匹配的基本流程如下:

(1)把定位经纬度数据转换到电子地图所在的坐标系。

(2)根据转换后的车辆位置,按道路网格划分原则确定道路网络分块。

(3)计算定位点与该道路网络分块内的所有路段/节点(节点是指有两条或多于两条路段经过的点)的距离,判断是否包含距离小于限值的节点,若包含,则匹配在最近的道路节点上;若不包含,则创建道路选择集,将所有距离小于限值的路段作为候选路段。

(4)若有多条满足条件的候选道路,则进行相似路段判别。

(5)确定匹配道路。

上述流程中的相似道路判别根据以下原则进行:

(1)检查匹配路径的速度是否超过限值。

(2)根据拓扑关系过滤不满足连通性和道路转向限制的路段。

(3)过滤车辆方向与路段方向差值过大的情况。

经研究人员验证,引入连通度和方向角等因素后,车辆在道路转弯和相似路段干扰的情况下,匹配的效果明显提高。

对于高架和主辅道数据分离的情况,采用以下两种方法:一是采用拓扑判别算法;二是采用聚类分析方法。

拓扑判别算法建立在路网拓扑结构表述的基础上,通过前继路段或后续路段的连通性,判断高架双层道路和主辅道关系。其优点是判断原则明确,但是在主辅道和高架双层道路的道路连通性一致的情况下,该算法失效。

6.3.2 单辆探测车的路段行程时间估计

6.3.2.1 数据的预清洗

为了确定有效的相邻定位点数据,必须先剔除异常数据。可能遇到的异常情况主要包括以下两种:

第一种情况是 GPS 工作不正常或输出数据不可靠。判断发生这种异常情况的方法是判断车辆是否出现行驶速度异常。一旦检测出异常,则进行剔除处理以消除部分误差,从下一个定位点重新开始计算。

第二种情况是由于 GPS 定位漂移引起的随机误差。车辆停止运行或低速滑行接近于停止时,理论上车辆定位点应该保持不动或基本不动,然而,由于 GPS 定位漂移引起的随机误差,系统定位模块给出的车辆位置信息,常在以车辆当前实际所处位置为圆心的一个圆形区域内随机抖动。判断发生这种异常的方法是计算当前定位点与其前几个定位点的距离,若它们持续小于 GPS 正常定位时的误差上限,则说明车辆当前基本处于停止或极低速滑行状态。

6.3.2.2 基于相邻定位点数据的目标路段行程车速估计

对于相邻定位数据点,因为缺少更多的信息来帮助判断该时间间隔内的行驶行为,在计算路段的行程车速/时间时,每两个相邻 GPS 数据点之间的交通行为通常简单假设为匀速行驶,称之为“平均分配的车速估计算法”。这种假设在特定情况下将带来一定的偏差,尤其是在有信号灯控制的交叉口附近。

为了改进算法,采用了路段瞬时车速为权值分配路段行程车速,其方法如下:

设

$$\begin{cases}\dfrac{L_1}{V_{T_1}}+\dfrac{L_2}{V_{T2}}=T_2-T_1\\[2mm]\dfrac{V_{T1}}{V_{T2}}=\dfrac{V_{S1}}{V_{S2}}\end{cases}\tag{6-23}$$

则有

$$V_{T1}=\frac{V_{S2}\times L_1+V_{S1}\times L_2}{V_{S2}(T_2-T_1)}\tag{6-24}$$

$$V_{T2}=\frac{V_{S2}\times L_1+V_{S1}\times L_2}{V_{S1}(T_2-T_1)}\tag{6-25}$$

适用条件为 $V_{S1}\neq0$ 且 $V_{S2}\neq0$。式中,V_{S1},V_{S2} 分别表示路段 1、路段 2 的瞬时车速。

当路段行程车速估计值远远大于或小于路段瞬时车速(如 20km/h 时),只取两者差值的一半加上路段瞬时车速作为路段行程车速,用算式表示为

$$\begin{cases}V_{T1}=\dfrac{V_{S2}\times L_1+V_{S1}\times L_2}{V_{S2}(T_2-T_1)},V_{T2}=\dfrac{V_{S2}\times L_1+V_{S1}\times L_2}{V_{S1}(T_2-T_1)} & \max(|V_{T1}-V_{S1}|,|V_{T2}-V_{S2}|)<20\\[2mm] V_{T1}=V_{S1}+\dfrac{V_{T1}-V_{S1}}{2},V_{T2}=V_{S2}+\dfrac{V_{T2}-V_{S2}}{2} & |V_{T1}-V_{S1}|\geqslant20\text{ 或者 }|V_{T2}-V_{S2}|\geqslant20\end{cases}\tag{6-26}$$

经研究人员验证,在路段车流稳定的情况下,该算法精度很高。与原算法相似,匹配路径长的路段的行程车速估计精度远远高于匹配路径短的路段的行程车速估计精度,再次证明 GPS 定位点的位置对单对相邻定位数据的路段行程车速估计精度存在较大的影响。

6.3.2.3 基于探测车的行程时间估计

通过图 6-4 所示的案例,讨论在两个以上的路段上具有多个定位点情况下,推算目标路段行程车速的问题。

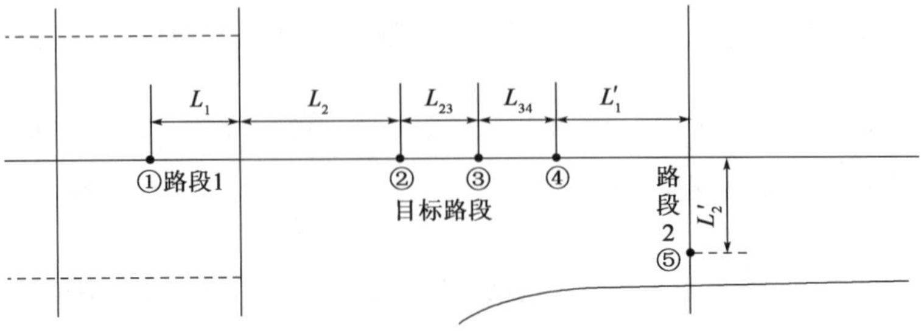

图 6-4 基于探测车的行程车速估计案例

假设单辆浮动车从①号定位点,途经②号、③号、④号定位点到达⑤号定位点。其中,②号、③号、④号定位点定位在目标路段上,①号、⑤号点分别定位在路段1和路段2上。由①号和②号定位点、④号和⑤号定位点组成的两对跨越交叉口的相邻GPS定位点,分别推算出目标路段的行程车速值 V_{ta} 和 V_{tb}。合并目标路段上的多个定位点,取两端的②号和④号定位点计算得路段行程车速值 V_{tc}。

取 V_{ta}、V_{tb} 和 V_{tc} 的加权平均值作为单辆浮动车目标路段的行程车速 V_t。对行程车速值 V_{ta} 和 V_{tb} 的权值分配主要从两方面进行考虑:一是多对相邻定位点之间的权值分配,该部分权值与该对相邻定位点数据有效匹配到目标路段上的路径长度(L_2,L_1')成正比;二是单对相邻定位点匹配到前后两个路段上的权值分配,其值为有效匹配到目标路段上的路径长度与该对相邻定位点之间的匹配路径总长度的商[$L_2/(L_1+L_2)$,$L_1'/(L_1'+L_2')$]。由于②号和④号定位点均匹配在目标路段上,因此,V_{tc} 的权值取值为该对定位点有效匹配到目标路段上的路径长度($L_{23}+L_{34}$)。计算公式为

$$
\begin{aligned}
V_t &= \frac{V_{ta}\times\omega_a + V_{tb}\times\omega_b + V_{tc}\times\omega_c}{\omega_a+\omega_b+\omega_c}\\
\omega_a &= L_2\frac{L_2}{L_1+L_2} = \frac{L_2^2}{L_1+L_2}\\
\omega_b &= L_1'\frac{L_1'}{L_1'+L_2'} = \frac{L'^2_1}{L_1'+L_2'}\\
\omega_c &= L_{23}+L_{34}
\end{aligned}
\tag{6-27}
$$

式中,ω_a、ω_b、ω_c 分别表示 V_{ta}、V_{tb} 和 V_{tc} 的权值。

6.3.3 基于探测车数据的路段行程时间估计

在交通流信息采集中,利用部分车辆上装载的GPS设备,通过接收相应的车辆定位信息,可以计算得到它们的行程时间,称为样本行程时间,并进一步通过样本行程时间估计整体交通流的行程时间。

6.3.3.1 路段平均行程车速的简单计算

假设当前时段内共有 n 辆浮动车匹配到该路段上,则路段平均行程车速的计算公式为

$$
\begin{aligned}
\overline{V}_t &= \frac{\sum_{i=1}^{n}\omega_i V_{ti}}{\sum_{i=1}^{n}\omega_i}\\
\omega_i &= L_{\text{match}}
\end{aligned}
\tag{6-28}
$$

式中:V_{ti}——由第 i 辆浮动车计算所得的路段行程车速;

ω_i——V_{ti} 的权值,取值为该辆浮动车定位数据有效匹配到目标路段上的路径长度(表示为 L_{match})。

$\sum_{i=1}^{n}\omega_i$ 表征了所有可用实测数据的可信度,当路段实测数据可信度不足时,即 $\sum_{i=1}^{n}\omega_i$ 小于阈值∂时,用车速专家库数据(车速经验值)进行补充。专家库的数据是一定样本量历史数据的

均值,其权重与这些样本的方差成反比。

6.3.3.2 采用自适应卡尔曼滤波的路段行程时间估计

考虑在第 k 个时段内,在通过路段 i 的车辆中,有 n_k 辆探测车,它们的行程时间分别为 $t_j(k)(j=1,2,\cdots,n_k)$。设第 k 个时段内路段行程时间为 $t(k)$(待估计数值),$t(k)$服从某种分布,那么,探测车 j 的行程时间 $t_j(k)$可以看作对路段行程时间 $t(k)$的观测或实现。因此可表示为

$$t_j(k)=t(k)+z_j(k) \tag{6-29}$$

式中,$z_j(k)$形成了一个随机过程,代表了探测车样本行程时间对路段行程时间 $t(k)$的偏离,可以看作高斯白噪声,均值为0,方差为 σ_z^2。

对第 k 个时段内经过路段 i 的所有探测车样本的行程时间求和并取均值,得到

$$\frac{1}{n_k}\sum_{j=1}^{n_k}t_j(k)=t(k)+\frac{1}{n_k}\sum_{j=1}^{n_k}z_j(k) \tag{6-30}$$

令 $\nu(k)=\frac{1}{n_k}\sum_{j=1}^{n_k}z_j(k)$,显然 $\nu(k)$是高斯白噪声,均值为0,方差为 $R(k)$,称为观测噪声。

再令 $y(k)=\frac{1}{n_k}\sum_{j=1}^{n_k}t_j(k)$,则有

$$y(k)=t(k)+\nu(k) \tag{6-31}$$

该式可解释为探测车样本行程时间的均值形成了对路段行程时间的观测。将该式作为卡尔曼滤波的观测方程。

两个相邻时间段(第 $k-1$ 个和第 k 个时段)的行程时间存在转移关系,可表示为

$$t(k)=\Phi(k,k-1)t(k-1)+\omega(k-1) \tag{6-32}$$

式中,$\omega(k-1)$为零均值的高斯白噪声,方差为 $Q(k)$,称为系统噪声。

因此,就得到了基于探测车数据的路段行程时间估计的观测方程和状态方程:

$$y(k)=t(k)+\nu(k) \tag{6-33}$$

$$t(k)=\Phi(k,k-1)t(k-1)+\omega(k-1) \tag{6-34}$$

并且,系统噪声与观测噪声是互不相关的零均值高斯白噪声序列,与状态向量初值无关。

$$\mathrm{E}\{\nu(k)\}=0,\mathrm{E}\{\omega(k)\}=0,\mathrm{E}\{\nu(k)\omega^{\mathrm{T}}(j)\}=0 \tag{6-35}$$

$$\mathrm{E}\{\nu(k)\nu^{\mathrm{T}}(j)\}=Q(k)\delta_{kj},\mathrm{E}\{\omega(k)\omega^{\mathrm{T}}(j)\}=R(k)\delta_{kj}\quad \delta_{kj}=\begin{cases}0 & k\neq j\\ 1 & k=j\end{cases} \tag{6-36}$$

$$\mathrm{E}\{t(0)\omega^{\mathrm{T}}(k)\}=0,\mathrm{E}\{t(0)\nu^{T}(k)\}=0 \tag{6-37}$$

显然,路段行程时间估计的卡尔曼滤波是一个时变系统,且为标量卡尔曼滤波。状态转移系数由历史数据来确定,这里的转移系数主要依据相似的时间特征来确定。相似的时间特征包括两个方面,一是相同类型的时间,如工作日、周末或是节假日;二是相同的时段。这里的转移系数取为上一周的同一天的相同时段的路段行程时间之比。

自适应卡尔曼滤波方程可写为

$$\bar{t}(k)=\Phi(k,k-1)\hat{t}(k-1) \tag{6-38}$$

$$\bar{P}(k)=\Phi^2(k,k-1)\hat{P}(k-1)+\hat{Q}(k-1) \tag{6-39}$$

$$G(k)=\bar{P}(k)[\bar{P}(k)+R(k-1)]^{-1} \tag{6-40}$$

$$\varepsilon(k)=y(k)-\bar{t}(k) \tag{6-41}$$

$$\hat{t}(k)=\bar{t}(k)+G(k)\varepsilon(k) \tag{6-42}$$

$$\hat{P}(k)=[1-G(k)]\bar{P}(k) \tag{6-43}$$

$$d(k)=\frac{1-b}{1-b^{k+1}} \tag{6-44}$$

$$\hat{Q}(k)=[1-d(k-1)]\hat{Q}(k-1)+d(k-1)[G^2(k)\varepsilon^2(k)+\hat{P}(k)] \tag{6-45}$$

$$\hat{R}(k)=[1-d(k-1)]\hat{R}(k-1)+d(k-1)\varepsilon^2(k) \tag{6-46}$$

式中：$\bar{t}(k)$、$\hat{t}(k)$——第 k 时段路段行程时间的先验估计和后验估计；

$\bar{P}(k)$、$\hat{P}(k)$——第 k 时段状态向量估计误差协方差矩阵的先验估计和后验估计；

$\varepsilon(k)$、$G(k)$——第 k 时段的信息增益和滤波增益；

$\hat{Q}(k)$、$\hat{R}(k)$——第 k 时段的系统噪声方差 $Q(k)$ 和观测噪声方差 $R(k)$ 的估计；

b——遗忘因子（$0<b<1$）。采用遗忘因子可以限制滤波器的记忆长度，加大新近观测数据对当前估计的作用。b 的选择必须考虑对时变参数的跟踪性能与噪声的不敏感性，一般可取 0.95～0.99。

该算法具有自动修正噪声统计特性的优点。在理想情况下，随着测量估计样本的增加，$\hat{Q}(k)\to Q(k)$，$\hat{R}(k)\to R(k)$。其中，$Q(k)$ 和 $R(k)$ 分别为系统噪声和测量噪声的真实方差阵。要确定系统在第 k 时段的状态，首先必须知道系统的初始状态。对于实际问题，滤波前系统的初始状态难以精确确定，一般只能近似给定。但是给定初值偏差较大会导致滤波结果中含有较大误差，为此需要研究系统初值的合理确定方法。自适应卡尔曼滤波需要确定的初值有4个，它们是状态向量初值 $\hat{t}(0)$、状态向量估计误差协方差的后验估计 $\hat{P}(0)$、系统噪声方差 $\hat{Q}(0)$ 和观测噪声方差 $\hat{R}(0)$。

研究表明，状态向量初值 $\hat{t}(0)$ 对自适应滤波的收敛性影响很小，即滤波对状态向量初值不敏感。状态向量估计误差协方差的后验估计 $\hat{P}(0)$ 可取为略大于估计误差协方差的对角阵。系统噪声方差 $\hat{Q}(0)$ 和观测噪声方差 $\hat{R}(0)$ 的选取在一定条件下将影响滤波器性能，可考虑 $\hat{Q}(0)$ 取适当大的值，$\hat{R}(0)$ 取适当小的值，两者均可取为对角阵。

6.3.3.3 基于数据融合的路段行程时间估计

采用自适应式卡尔曼滤波进行路段行程时间估计时，是利用历史数据来确定状态方程中的转移系数，即取自上一周同一天相应的相邻两个时段的路段行程时间之比，一般情况下可以取得不错的效果。但是仍然存在由于交通状态的随机性以及突发事件影响，使得转移系数出现较大误差的问题。

为解决上述问题，考虑到流量和占有率是行程时间的重要影响因素，可以在确定转移系数时不仅仅依赖于时间特征，而增加利用流量和占有率的判断。

采用K-NN法(也称为K近邻法)，进一步改善转移系数的确定方法。其特点在于仅依靠已经积累的、包含系统潜在关系的大量数据对新问题做出估计，而不需具有关于模拟过程的先验知识，不需建立具体的参数模型。

其计算过程的基本概念：将输入特征向量 $\boldsymbol{x}_c$ 与历史数据库中的特征向量集 $\{\boldsymbol{x}\}$ 相匹配，找出与输入特征向量 $\boldsymbol{x}_c$ 距离最近的 K 个特征向量，并将这 K 个特征向量对应的输出函数作为输入特征向量的输出估计值。

采用K-NN法过程中具体要解决的问题包括：

(1)确定近邻个数 K。由于受历史数据库数据量的约束，故近邻个数 K 不应太大。有研究中采用 $K=5$。

(2)确定特征向量。研究结果表明，对于某特定路段，其流量、占有率与行程时间相关性很大，是影响路段行程时间的两个主要影响因子。故选择相邻两个时段的流量与占有率作为特征向量，即第 $k-1$ 时段的流量 q_{k-1} 和占有率 o_k，以及第 k 时段的流量 q_k 和占有率 o_k，则有特征向量 $\boldsymbol{x}(k)=(q_{k-1},o_{k-1},q_k,o_k)^{\mathrm{T}}$，其对应的转移系数(输出)为 $\boldsymbol{\Phi}(k-1,k)$，即有

$$\boldsymbol{\Phi}(k,k+1)=f[q(k),q(k+1),o(k),o(k+1),z] \tag{6-47}$$

式中，$f(\cdot)$ 表示函数关系，其形式和参数相当复杂，可以认为是未知；z 代表其他因素。

(3)计算距离。采用基于方差的标准欧几里得距离计算方法，则有输入特征向量 $\boldsymbol{x}_c$ 与历史库中的第 i 个特征向量之间的距离为

$$d_{a}^{2}=(\boldsymbol{x}_c-\boldsymbol{x}_i)\cdot V^{-1}\cdot(\boldsymbol{x}_c-\boldsymbol{x}_i)^{\mathrm{T}}=\left\{\begin{bmatrix}q_{c-1}\\o_{c-1}\\q_c\\o_c\end{bmatrix}-\begin{bmatrix}q_{i-1}\\o_{i-1}\\q_i\\o_i\end{bmatrix}\right\}^{\mathrm{T}}\cdot\begin{Bmatrix}\sigma_{\mathrm{q}}^2&0&0&0\\0&\sigma_{\mathrm{o}}^2&0&0\\0&0&\sigma_{\mathrm{q}}^2&0\\0&0&0&\sigma_{\mathrm{o}}^2\end{Bmatrix}^{-1}\cdot\left\{\begin{bmatrix}q_{c-1}\\o_{c-1}\\q_c\\o_c\end{bmatrix}-\begin{bmatrix}q_{i-1}\\o_{i-1}\\q_i\\o_i\end{bmatrix}\right\} \tag{6-48}$$

式中，σ_{q}^2 和 σ_{o}^2 是历史数据库某一特定路段的流量和占有率的方差。

(4)局部估计。当 K 个近邻确定之后，K 个近邻的输出为 $\boldsymbol{y}_1,\boldsymbol{y}_2,\cdots,\boldsymbol{y}_k$，则输入特征向量 $\boldsymbol{x}_c$ 所对应的输出 $\boldsymbol{y}_c$ 是 $y_1,y_2,\cdots,y_k$ 的函数：

$$\boldsymbol{y}_c=f(\boldsymbol{y}_1,\boldsymbol{y}_2,\cdots,\boldsymbol{y}_k) \tag{6-49}$$

函数 $f(\cdot)$ 就被称为局部估计方法(Local Estimation Method)。

考虑到计算的可行性及简便性，选择加权平均法作为局部计算方法，权重系数采用平方权函数，即有

$$\boldsymbol{y}_c=\sum_{i=1}^{k}\omega_i\,\boldsymbol{y}_i \tag{6-50}$$

$$\omega_i=\begin{cases}[K^2-(i-1)^2]/[K(K+1)(4K-1)/6] & i=1,2,\cdots,K\\0 & i=K+1,K+2,\cdots,N\end{cases} \tag{6-51}$$

则有5个近邻的权重，依次为25/95，24/95，21/95，16/95和9/95。

(5)估计转移系数。在完成上面4个步骤之后,就可以进行转移系数的估计。

6.4 异常状态识别与数据清洗

对于交通规划工作而言,主要考虑的问题是系统处于常态条件下的演化规律。因此,需要对历史检测数据进行状态识别,以区分常态与异常态的数据。异常事件会造成事件地点的通行能力明显下降,导致上游拥堵,表现为流量减小、占有率增加、速度降低;而下游由于异常事件对交通流产生阻碍,表现为交通流量降低、占有率减小、速度升高。不过根据实际情况,其表现仍然有很大的差异性。

6.4.1 城市快速路的路段模型

城市快速路由于进出匝道相对密集,车辆合流、分流以及交织对交通流造成的影响比较明显,为此异常事件识别算法不能简单套用传统高速公路的算法。

考虑到快速路的基本结构特点,根据其交通特性,把城市快速路分解为基本路段、车道数不守恒路段、上匝道路段、下匝道路段和交织路段等单元路段,以下对前4种单元路段密度差模型进行介绍。

1)基本路段

基本路段即无车道数变化及进出匝道干扰的封闭路段,上下游断面具有相同的车道数,上下游交通量守恒且通行能力相同。由于没有匝道干扰,基本路段内的交通流状态较为均匀。

基于连续性假设,考虑到测量误差和交通流波动,上下游的交通流密度有如下关系式:

$$k_{l\mathrm{d}}(t)=k_{l\mathrm{u}}(t)-\delta_{\mathrm{t}}(t) \tag{6-52}$$

式中:$k_{l\mathrm{d}}(t)$——t 时刻路段 l 下游交通流密度;

$k_{l\mathrm{u}}(t)$——t 时刻路段 l 上游交通流密度;

$\delta_{\mathrm{t}}(t)$——t 时刻基本路段上下游交通流密度之差,包含交通流密度在空间上的波动和测量误差的影响,是一个随机变量。

同时,有

$$\begin{aligned} k_{l\mathrm{u}}(t)&=\frac{q_{l\mathrm{u}}(t)}{v_{l\mathrm{u}}(t)} \\ k_{l\mathrm{d}}(t)&=\frac{q_{l\mathrm{d}}(t)}{v_{l\mathrm{d}}(t)} \end{aligned} \tag{6-53}$$

式中:$q_{l\mathrm{u}}(t)$、$q_{l\mathrm{d}}(t)$——t 时刻路段 l 上下游交通平均流量;

$v_{l\mathrm{u}}(t)$、$v_{l\mathrm{d}}(t)$——t 时刻路段 l 上下游交通流平均速度。

2)车道数不守恒路段

城市快速路的相邻线圈布设较近,在无匝道的路段中,没有车道数连续变化两次的情况,一般为车道数增加或者车道数减少。由于这种路段上下游具有不同的车道数,但是没有流入流出匝道,上下游交通量守恒。由于车道数的变化,路段中存在交通流分流、合流现象,会对事件检测算法产生影响。

在稳定状态下,路段流入流出保持平衡,上下游断面平均流量的关系为

$$q_{lu}(t)n_{lu}=q_{ld}(t)n_{ld} \tag{6-54}$$

式中：$q_{lu}(t)$——t 时刻路段 l 上游单车道平均流量；

$q_{ld}(t)$——t 时刻路段 l 下游单车道平均流量；

n_{lu}、n_{ld}——路段 l 上下游车道数。

因而，上下游之间存在如下关系：

$$k_{ld}(t)=\frac{n_{lu}}{n_{ld}}k_{lu}(t)-\delta_l(t) \tag{6-55}$$

式中：$\delta_l(t)$——t 时刻路段 l 上下游交通密度之差。

3）上匝道路段

上匝道路段内由于上匝道的影响，进入下游的交通流量增加，这种路段存在合流区而导致车辆汇入时最外侧车道的交通流较为复杂，容易出现常发性拥堵，与异常事件条件下的交通状态变化模式相混淆，因此算法输入的数据应当包括入口匝道断面的检测数据。

在稳定状态下，上下游车道平均流量的关系为

$$q_{lu}(t)+q_{\mathrm{I}}(t)=q_{ld}(t) \tag{6-56}$$

式中：$q_{\mathrm{I}}(t)$——入口匝道流入流量。

路段 l 上下游之间有

$$k_{ld}^*(t)=k_{lu}(t)-\delta_3(t) \tag{6-57}$$

式中：$\delta_3(t)$——t 时刻路段 l 上下游交通密度之差；

$k_{ld}^*(t)$——t 时刻路段 l 有上游流量贡献的下游交通流密度，计算公式为

$$k_{ld}^*(t)=\frac{q_{ld}(t)-q_{\mathrm{I}}(t)}{v_{ld}(t)} \tag{6-58}$$

4）下匝道路段

下匝道路段内车道增加，交通流分流通过下匝道进入其他道路。上下游交通状态在正常情况下就存在差异，但是由于分流，进入下游的交流量减少，两者之间的关系为

$$q_{lu}(t)-q_{\mathrm{O}}(t)=q_{ld}(t) \tag{6-59}$$

式中：$q_{\mathrm{O}}(t)$——出口匝道流出流量。

因而，进一步有

$$k_{ld}(t)=k_{lu}^*(t)-\delta_4(t) \tag{6-60}$$

式中：$\delta_4(t)$——t 时刻上下游交通密度之差；

$k_{lu}^*(t)$——t 时刻路段 l 下游交通流密度，计算公式为

$$k_{lu}^*(t)=\frac{q_{lu}(t)-q_{\mathrm{O}}(t)}{v_{lu}(t)} \tag{6-61}$$

下匝道路段中存在间隔比较近的上下匝道，且除上下游断面检测器外，路段中没有额外的检测器，不能分解成一个上匝道路段和一个下匝道路段的组合。由于分流和汇入的两股交通流交织，车辆换道频繁，交通状态变化复杂。

根据上匝道和下匝道流量的关系，可以把交织路段用上匝道路段和下匝道路段进行近似处理：当上匝道流量明显大于下匝道流量时，即

$$q_{\mathrm{I}}(t)\geqslant\alpha q_{\mathrm{O}}(t) \tag{6-62}$$

式中：α——大于 1 的常数。

等效为上匝道路段，应用上匝道模型；当上匝道流量明显大于下匝道流量时，即

$$q_1(t) \leqslant \beta q_0(t) \tag{6-63}$$

式中：β——小于 1 的常数。

等效为下匝道路段，应用下匝道模型；当下式成立时：

$$\beta q_0(t) \leqslant q_1(t) \leqslant \alpha q_0(t) \tag{6-64}$$

等效为基本路段，应用基本路段模型。有研究中采用 $\alpha = 1.05$，$\beta = 0.95$。

6.4.2 单元路段模型的上下游密度

在没有异常事件发生的情况下，造成上下游密度差 $\delta_i(t)$ 的原因可以分为三类：交通流随机扰动 $r_i(t)$，检测器输出系统误差 $d_i(t)$，以及交通流冲击波的传递过程的影响 $I_i(t)$。因此，$\delta_i(t)$ 可以表示为

$$\delta_i(t) = r_i(t) + d_i(t) + I_i(t) \tag{6-65}$$

可以认为交通流随机扰动造成的上下游密度差数学期望为零，即

$$\mathrm{E}[r_i(t)] = 0 \tag{6-66}$$

由于上下游检测断面在空间上远远大于车辆可以相互影响的距离，可以认为上游检测断面上交通流随机扰动造成的密度变化 $r_{i,u}(t)$ 和下游检测断面上交通流随机扰动造成的密度变化 $r_{i,d}(t)$ 互相独立；同时，由于上下游道路和天气等外部条件基本相同，在时间上比较接近，可以认为 $r_{i,u}(t)$ 和 $r_{i,d}(t)$ 同分布，且

$$r_i(t) = r_{i,d}(t) - r_{i,u}(t) \tag{6-67}$$

因此

$$\mathrm{E}[r_i(t)] = \mathrm{E}[r_{i,d}(t) - r_{i,u}(t)] = \mathrm{E}[r_{i,d}(t)] - \mathrm{E}[r_{i,u}(t)] = 0 \tag{6-68}$$

另外，随机扰动造成的密度差变化与交通状态有关。当交通畅通时，密度差变化范围小；当交通拥堵时，交通流很不稳定，此时密度差波动强烈，即

$$\mathrm{Var}[r_i(t)] = f[C_i(t)] \tag{6-69}$$

式中：$C_i(t)$——广义的交通状态参数。

检测器的检测误差由于检测器标定而各不相同，但是其影响表现在上下游密度差中，可以用线性函数表示，即

$$d_i(t) = C \tag{6-70}$$

交通流合流会造成车辆间互相干扰，引起非正常减速等有规律的扰动，引起交通流密度变化；而交通流分流的影响较小，因此可不做考虑。上匝道交通流合流对上游路段的影响与汇入的流量和上游自身的流量有关，用线性关系近似表示为

$$I_i(t) = \rho[q_1(t) + q_u(t)] \tag{6-71}$$

式中：ρ——系数。

另外，同样可认为交通流合对上下游密度差的影响只是增大其波动范围，不影响其平均值，即

$$\mathrm{E}[I_i(t)] = 0 \tag{6-72}$$

在实际应用中只需要计算密度差，并没有必要分别计算路段密度差各组成部分的大小，因此，把上述变量的确定性部分与随机部分分别合并，路段密度差可以表示为一个由交通状态决定的确定性函数 $x_i(t)$ 和一个随机变量 $\gamma_i(t)$ 的和，即

$$\delta_i(t)=x_i(t)+\gamma_i(t) \tag{6-73}$$

式中，$\mathrm{E}[\gamma_i(t)]=0$，$-\infty<\mathrm{Var}[\gamma_i(t)]<\infty$，不同时刻的 $r_i(t)$ 互相独立。

6.4.3 基于路段密度差的异常事件检测算法

目前，异常事件检测算法的基本假设可以表述为两种：一是异常事件造成上下游交通流的状况差异，上游向拥堵发展，而下游则变得畅通；二是异常事件造成交通状况的可预测性被破坏。本教材介绍第一种方法。

6.4.3.1 路段密度差的统计特性

根据式(6-73)，路段 i 密度差可以表示为一个由交通状态决定的确定性函数 $x_i(t)$ 和一个随机变量 $\gamma_i(t)$ 的和，$x_i(t)$ 由交通状况决定，而 $\gamma_i(t)$ 的数学期望为 0，在不同时刻互相独立。在较短的时间段(若干个检测周期，设为 n)内，在没有异常事件发生的情况下，可以认为交通状况和其他环境因素不发生变化，因此 $x_i(t)$ 不变，$\gamma_i(t)$ 独立同分布，即

$$\forall i,j\in\{0,1,2,\cdots,n-1\}$$

$$x_i(t_0+iT)=x_i(t_0+jT)$$

$$\gamma_i(t_0+iT)\sim P(t_0) \tag{6-74}$$

式中：$P(\cdot)$——某随机分布。

假设 $\gamma_i(t)$ 受多个互相独立的因素影响，且具有有限方差，可以用正态分布来近似这若干个检测周期内的路段密度差，即在短时间内：

$$\delta_i(t)\sim N[M_i(t),\sigma_i^2(t)] \tag{6-75}$$

式中：$M_i(t)$——数学期望；

$\sigma_i^2(t)$——方差。

6.4.3.2 异常事件检测算法

采用正态分布描述短时间内路段密度差，其均值与方差均可利用其平均值与样本方差近似，即

$$M_i(t)\approx\frac{\sum_{p=0}^{n-1}\delta(t_0+pT)}{n}$$

$$\sigma_i(t)\approx\mathrm{Var}\Big(\delta_i(t_0+pT),p\in\{0,1,2,\cdots,n-1\}\Big) \tag{6-76}$$

因此，可以利用正态分布的概率密度函数，计算在相应置信水平下的阈值：

$$\int_{-\infty}^{T_h}f(x)\,\mathrm{d}x=1-\alpha \tag{6-77}$$

上述式中：$f(x)$——相应的正态分布的概率密度函数；

α——置信水平；

T_h——阈值，即当新获得的密度差大于 T_h 时，则认为密度差发生了明显升高；

n——采用的检测周期个数。

本章习题

1. 简述探测车交通数据采集系统的组成。
2. 为什么要对丢失数据进行修补？丢失数据修补常用模型有哪些，其基本原理是什么？
3. 移动通信数据如何应用在交通数据信息采集领域？
4. 简述基于探测车数据的路段行程时间估计方法。
5. 基于数据融合的路段行程时间估计方法有何优势？

第7章

道路交通运行可靠性

7.1 道路交通运行可靠度研究的意义

交通网络系统既是现代化城市及地区赖以生存和发展的重要基础,也是维系城市或地区正常生产和日常生活的纽带。随着我国国民经济的高速发展,机动车拥有量及道路交通量的急剧增加,由此带来交通拥堵、交通事故的增加、环境污染的加剧。道路运行质量的改善已成为刻不容缓的交通问题。而对其进行运行状态尤其是拥阻状态的评价,是改善其运行质量的前提和依据。

国内外对道路交通运行状态的评价方法多限于常态的评价指标,诸如饱和度、拥挤度、平均车速、延误、车道占用率、用户满意度和服务水平等。这些指标均为非概率测度参数,对于交通系统各种影响因素对交通流影响造成的波动考虑不足。

交通系统作为一个大的动态系统,道路的实际容量和交通需求由于各种影响因素的存在是不断变化的,这使得交通系统的运行状态及阻塞的发生也是在不断随机变化的,而饱和度等常态指标值往往仅来自某一次或短期观测结果,以此作为一定时期的交通系统运行状态评价依据,难免具有较大的任意性。而且这些非概率测度参数不能描述和评价未来的路网的运营期望状态并预测阻塞发生的可能性,这将为路网规划、管理带来一定的困难。因此,有必要建立城市道路系统运行状态的概率性评价指标。

同时,路网中的路段或路口具有系统单元的特征。如果交通评价指标只是针对路段或路口单元的,则既不能有效说明单元状态与整个交通系统的运行状态的关系,也不利于路网的系统优化分析及单元重要性分析。尽管有不少基于均值法的系统评价指标,如路网平均饱和度、路网整体适应性等,但这些指标难以直接反映交通系统运行状态是否满足人们要求(如畅通性及快捷性)以及是否满足要求的可靠性。这使得交通规划与管理缺乏明确的目标。同时,因其也是对基于某一时间断面的观测,因此,也具有难以克服的、无法反映交通系统随机性的自身弱点。

道路或者路网交通运行可靠度作为概率性的指标,是对道路交通状况更准确、更全面的评价,它通过评价路段及整个路网一定时期满足预定要求的可靠程度来有效描述系统一定时期的运行状态,预测系统未来的期望状态及阻塞或延误发生的可能性。这给系统中长期的规划及管理所涉及的系统潜在能力分析,以及系统优化分析、单元重要度分析提供了理论依据。从而比以往所采用的非概率指标更具有适用性。

因此,对道路交通运行可靠度的研究具有以下重要意义:

(1)通过道路网络系统可靠度研究,可以找出网络供需矛盾及供需随机性规律,从而采取有效措施,减小由于其随机性带来的阻塞发生概率。

(2)为道路的规划和改造提供决策依据,确保未来路网具有一定的可达性和畅通性。交通规划师可通过调整路网布局或增大路网容量来提高交通系统的可靠度,寻找路网的薄弱环节,确定投资最少而路网的可靠度最高的城市道路建设项目实施排序的最佳方案。

(3)为智能交通系统(ITS)提供技术支持。可靠度分析可应用于信号控制、交通信息系统、动态路线诱导及停车等系统的决策中,以便更合理地控制及引导交通出行,有效减轻交通拥挤,提高路网服务水平。

(4)交通管理者可借助对路网的可靠度分析,确定敏感路段和关键节点,优化管理员配置,预防交通事故的发生,制定城市紧急事件应急预案,采取相应的管理措施,调节交通需求和交通设施,增强城市抵抗各种风险的能力。

(5)实现城市交通的可持续性发展。充分认识城市交通供需矛盾,实现有限资源的合理利用及路网潜力的充分发挥,从根本上解决城市交通问题,最终推动城市交通系统乃至整个城市的可持续发展。

现今,对路网可靠度的研究主要聚焦在3个方面:道路连通可靠度、路网容量可靠度、道路交通运行时间可靠度。

7.2 道路连通可靠度

连通可靠度最早是由日本的Mine和Kawai于1982年提出的。它反映的是交通网络节点两两间保持连通的概率。连通可靠度求解过程中,一般只研究路段或结点的0、1两种状态,即连通或不连通。而且连通可靠度分析假设当两点间只要有一条路径连通,则系统可视为连通可靠的。因该指标没有考虑路网容量限制的问题,即当路网处于连通状态时,即认为路段或路网能够满足所有的交通需求的情况。这与日常交通路网的实际情况是不符的。所以,连通可靠度对日常路网运行状态的评价不太适用。但对地震灾害等极端条件下的路网运行状态,其评价或预测结果还是可以满足精度要求的。

路段 a 的二值状态变量 X_a(0 或 1)表示为

$$X_a=\begin{cases}1 & \text{路段 } a \text{ 连通}\\0 & \text{路段 } a \text{ 不连通}\end{cases} \tag{7-1}$$

路段的可靠度 R_a 由 X_a 等于 1 的概率期望给出,即

$$R_a=\mathrm{E}(X_a)=1\times P(X_a=1)+0\times P(X_a=0) \tag{7-2}$$

网络系统的服务状态 $\boldsymbol{\Phi}_{\mathrm{s}}$ 的结构函数表示为

$$\boldsymbol{\Phi}_{\mathrm{s}}=\begin{cases}1 & \text{系统的起讫点保持连通}\\0 & \text{系统的起讫点不连通}\end{cases} \tag{7-3}$$

道路系统连通可靠度的算法有图论、布尔代数、整数规划等。这些算法差别仅在于计算的效率方面,但总的来说,多数算法在路网连通可靠性的研究中都难以令人满意,原因在于:对于一个复杂的路网系统来说,同一路段的状态变量会在结构函数表达式中出现多次,要获得系统可靠的确定值,必须确定结构函数中所包含的所有路径,并将其不交化,这需要耗费大量的运算时间和内存。

另外,连通可靠度的研究针对的是纯粹的网络,而没有考虑路网中的流量,它反映的是交通网络节点两两间保持连通的概率,连通可靠度求解过程中,一般只研究路段或节点的 0、1 两种状态,这样不仅可能过高估计路网的可靠性,也可能过低估计路网的潜在危险。而且也没对介于两者之间的交通流状态进行合理的研究,并且该指标没有考虑路网容量限制,即当路网处于连通状态时,假定了路段或路网能够满足所有的交通需求的情况。此外,在计算连通可靠度时,采用了网络最大流的计算方法,而没有考虑驾驶员选择路径的行为,这与交通路网的实际情况是不符的。所以,连通可靠度的算法很难应用于对现实路网运营状态的评价。

7.3 路网容量可靠度

7.3.1 容量可靠度的基本思想

路网容量可靠度(Capacity Reliability of Network)的概念是美国犹他州立大学 Anthony Chen 等提出的,其含义是在一定服务水平下,路网容量能满足一定交通需求水平的概率。路网容量可靠度的研究,其实质也是服务于如何确定路网能够承载的最大流量这一核心问题。

就路网而言,每个路段都可以根据道路、交通等条件确定其通行能力(假设为 c_a),而理论上,路网能够承载的最大交通量与每个路段的通行能力、出行者的路径选择行为等因素相关,为此,Anthony Chen 等提出了路网储存容量(Network Reserve Capacity)系数 μ 的概念。这里,路网存储容量是指一个已知需求 OD 矩阵扩大若干倍(比如 μ 倍)以后,将其分配到路网上时既不会大于路段的通行能力,也不会超过预先规定的流量与容量之比。其理论表达式为

$$\mu=g(c_1,c_2,\cdots,c_a) \tag{7-4}$$

式中,μ 不仅表明了路网的状态,还可以利用这个系数计算路网容量可靠度。由此,路网容量可靠度可表示为

$$R(D)=P(\mu\geqslant D) \tag{7-5}$$

式中,D 表示交通需求水平;$R(D)$ 表示路网在需求水平为 D 时的可靠度,路网容量可靠

度的上下界主要由交通需求水平决定，当 $D=0$ 时，$R(D)=1$，当 $D=\infty$ 时，$R(D)=0$。

在理论公式(7-4)中，由于路网的复杂程度非常高，确定 μ 的值并非易事，Anthony Chen 等借鉴了 Wardrop 的路径选择行为，建立了双层规划模型，以求解 μ。其理论模型如下：

上层模型为

$$\max \quad \mu \tag{7-6}$$

$$\text{s. t.} \quad v_a(\mu \boldsymbol{q}) \leqslant c_a \tag{7-7}$$

式中：$v_a(\mu \boldsymbol{q})$——路段 a 上的平衡流量；

c_a——路段 a 的通行能力；

μ——路网存储容量系数；

$\boldsymbol{q}$——现状交通需求矩阵。

底层模型为

$$\min \quad Z = \sum_{a \in A} \int_0^{v_a} t_a(x)\,\mathrm{d}x \tag{7-8}$$

$$\text{s. t.} \quad \sum_{r \in R_w} f_r = \mu q_w \quad \forall w \in W \tag{7-9}$$

$$v_a = \sum_{r \in R_w} f_r \delta_{ar} \quad \forall a \in A \tag{7-10}$$

$$f_r \geqslant 0 \quad \forall r \in R_w \tag{7-11}$$

式中：W——路网中的所有路径；

R_w——OD 对 w 间的所有路径；

Z——用户平衡目标函数；

v_a——路段 a 上的交通流量；

$t_a(v_a)$——路段 a 的走行时间；

q_w——OD 对 w 间的实际交通需求；

f_r——路径 r 上的交通流量；

δ_{ar}——0-1 变量，如果路段 a 在路径 r 上，则 $\delta_{ar}=1$，否则 $\delta_{ar}=0$。

在模型求解过程中，因为上层模型只有一个参数，其可以被看作底层模型中的参数，因此，可以作为单层规划模型进行求解。

7.3.2 案例分析

假设一路网如图 7-1 所示，该路网包括 5 个节点和 7 个路段，交通需求矩阵中包括 2 个 OD 对，(1,4)和(1,5)。其中，(1,4)的需求量为 20，(1,5)的需求量为 25，路段的行程时间函数采用 BPR 函数，Anthony Chen 等应用蒙特卡洛方法求解该路网的通行能力可靠度，其求解步骤如下：

(1)为每个路段初置通行能力分布函数，常规方法是假设为正态分布，以及路段之间的通行能力协方差，同时初始化 $\mu=\mu_0$。

(2)初置仿真次数 $k=1$。

(3)根据步骤(1)设置的分布模型，产生每个路段的通行能力值，$C_k=\{C_1,C_2,\cdots,C_a\}$。

(4)执行 Wardrop 网络平衡算法，其中交通需求设

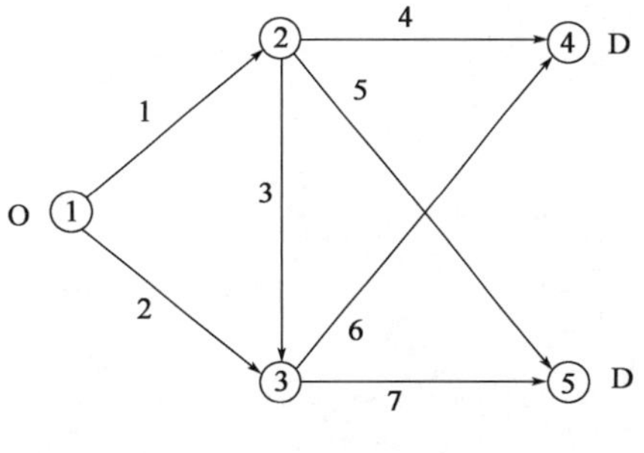

图 7-1 模拟路网

定为μq,通行能力采用步骤(3)的C_k。

(5)应用敏感性分析进行精度验证。为控制蒙特卡洛方法的精度,根据一定的性能度量指标,对仿真结果进行评价。常用的评价方法可以分为以下两种情况:

①第一种情况,当无法求得性能度量指标的函数模型时,可以采用如式(7-12)所示的模型估计其性能。

$$J = \frac{1}{K}\sum_{k=1}^{K} M_k(C_k) \tag{7-12}$$

式中:J——K次仿真结果的平均值;

K——仿真次数;

$M_k(C_k)$——以样本C_k为自变量的性能评价指标。

②第二种情况,当可以建立性能函数的函数模型时,可以采用如下方法计算其仿真结果的精度。

$$\frac{\partial J}{\partial C_k} = \frac{1}{K\Delta C}\left[\sum_{K=1}^{K} M_k\left(C_k + \frac{\Delta C}{2}\right) - \sum_{k=K+1}^{2K} M_k\left(C_k - \frac{\Delta C}{2}\right)\right] \tag{7-13}$$

(6)如果步骤(5)计算的精度满足要求,则根据蒙特卡洛仿真数据计算通行能力可靠度。

(7)如果仿真次数k小于满足精度需求的最小仿真次数K,取$k = k + 1$,返回步骤(3),否则运行步骤(8)。

(8)如果当前计算的μ值达到最大值,则停止计算,否则,增加μ值$\mu = \mu + \Delta\mu$,然后返回步骤(2)。

根据上述步骤,计算各路段的通行能力理论值与仿真估计值如表7-1所示,相应通行能力可靠度如图7-2所示。

示例路段通行能力统计结果 表7-1

路段	上　界	下　界	理论平均值	理论方差	仿真估计平均值	仿真估计的方差
1	12.5	25	18.75	3.61	18.72	3.61
2	12.5	25	18.75	3.61	18.76	3.62
3	7.5	15	11.25	2.17	11.25	2.17
4	7.5	15	11.25	2.17	11.25	2.17
5	7.5	15	11.25	2.17	11.25	2.17
6	7.5	15	11.25	2.17	11.25	2.17
7	7.5	15	11.25	2.17	11.25	2.17

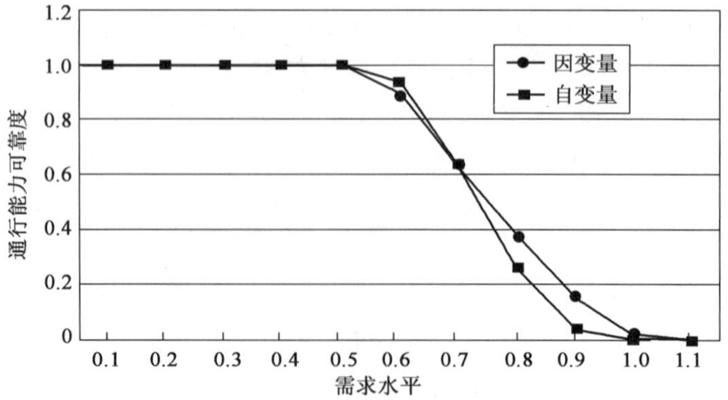

图7-2　不同需求水平情况下通行能力可靠度

7.4 道路交通运行时间可靠度

道路交通运行时间可靠度是评价出行时间稳定性的指标,目前常用的指标有交通运行时间统计性指标、延迟时间指标、预留时间指数指标和交通运行时间可靠度指标。其中,交通运行时间的可靠度是一种概率测度指标,可定义为在规定的时间内,车辆能从起点到达讫点的概率。为计算方便,一般假设路段交通流的出行时间符合正态分布。利用交通运行时间的可靠度对日常非灾害情况下的路网状况的评价很有效。

7.4.1 交通运行时间统计性指标

1)标准差和变异系数法

标准差和变异系数法表征了行程时间的离散程度,可以衡量行程时间的变异性和可靠性,尤其适用于行程时间分布偏斜度比较小的情形。标准差和变异系数表达式见式(7-14)和式(7-15)。

$$\mathrm{STD}=\sqrt{\frac{1}{N-1}\sum_{N}(\mathrm{TT}_i-M)^2} \tag{7-14}$$

$$\mathrm{Cov}=\frac{\mathrm{STD}}{M} \tag{7-15}$$

式中:M——平均行程时间;

TT_i——第 i 位行程时间观察值;

N——行程时间的样本数。

2)偏斜度指数和行程时间分布宽度指数

标准差和变异系数都反映了运行时间在某个期望值周围的分布情况。可是在没有对行程时间分布形态进行假设的情况下,标准差与百分位之间没有密切的关系。然而,直接基于百分比的指标没有这个缺点,也不需要对运行时间分布做任何假设。因此,有研究成果提出了偏斜度指数和行程时间分布宽度指数,具体表达式见式(7-16)和式(7-17)。

$$\lambda^{\mathrm{skew}}=\frac{\mathrm{TT}_{90}-\mathrm{TT}_{50}}{\mathrm{TT}_{50}-\mathrm{TT}_{10}} \tag{7-16}$$

$$\lambda^{\mathrm{var}}=\frac{\mathrm{TT}_{90}-\mathrm{TT}_{10}}{\mathrm{TT}_{50}} \tag{7-17}$$

式(7-16)和式(7-17)的计算结果越大,说明可靠度越低。由于上述两个公式在评价不同路段运行状态的过程中,路段长度对评价结果的影响很大,缺乏可比性,为此,有研究人员提出了一个综合性指标如下:

$$Ul_r=\begin{cases}\dfrac{\lambda^{\mathrm{var}}\ln(\lambda^{\mathrm{skew}})}{L_r} & \lambda^{\mathrm{skew}}>1\\[2ex] \dfrac{\lambda^{\mathrm{var}}}{L_r} & \text{其他}\end{cases} \tag{7-18}$$

式中：L_r——路段长度。

7.4.2　延迟时间指数

延迟时间（Buffer Time，BT）是指出行者为了以第95%分位的行程时间到达目的地，而在平均行程时间上增加的额外时间。延迟时间指数（Buffer Time Index，BI）是指延迟时间与平均行程时间的比值：

$$\mathrm{BI} = \frac{\mathrm{TT}_{95} - M}{M} \tag{7-19}$$

延迟时间指数主要用于出行者决策在交通条件不确定情况下可以允许多少额外的行程时间。举例来说，某段路程的平均行程时间为20min，延迟指数为40%，那么为了确保出行者能以95%保证度到达目的地，出行者应预期28min的行程时间，即延迟时间为8min。

7.4.3　规划时间指数和痛苦指数

规划时间（Planning Time，PT）是出行者预先规划的保证以95%确定性到达目的地的行程总时间。规划时间指数（Planning Time Index，PTI）是规划时间与自由流时间之比。举例来说，如果PTI = 1.6，自由流时间 TT_f = 15min，那么出行者应该预先规划24min的行程时间，确保出行者以95%的可能性到达目的地。

痛苦指数（Misery Index）是指出行过程中最不幸的20%出行者所花费的行程时间平均值与全部出行者行程时间平均值之差。其实质是以第80%位行程时间为界，大于80%位行程时间的所有行程时间的平均值与全部行程时间平均值的差值。

7.4.4　行程时间可靠度

7.4.4.1　行程时间可靠度的理论模型

行程时间可靠度概念最初由Asakura和Kashiwadani于1991年提出，其定义为：在规定的时间内，车辆从起点O成功到达讫点D的概率，其定义用数学语言可以描述为

$$R = P(X < Y) \tag{7-20}$$

式中：X——行程时间随机变量；

　　Y——规定的行程时间阈值。

形式上，式（7-20）与第2章中式（2-2）的表达式不同，但是根据可靠度的概念"可靠性是产品在规定的条件下和规定的时间内，完成规定功能的能力。可靠性的概率度量称为可靠度"，式（7-20）依然是概率可靠度的理论表达式。

式（7-20）因为阈值的取值不同而有不同含义：

（1）如果行程时间阈值为常数，如 $Y = \Phi$，则式（7-20）表示行驶时间小于某一常数的概率，其含义如图7-3所示，图中阴影部分表示可靠度。

（2）如果行程时间阈值为随机变量，并符合某一分布，则式（7-20）表示除去行程时间随机变量分布与行程时间阈值分布交叉部分的值，如图7-4中阴影部分所示。

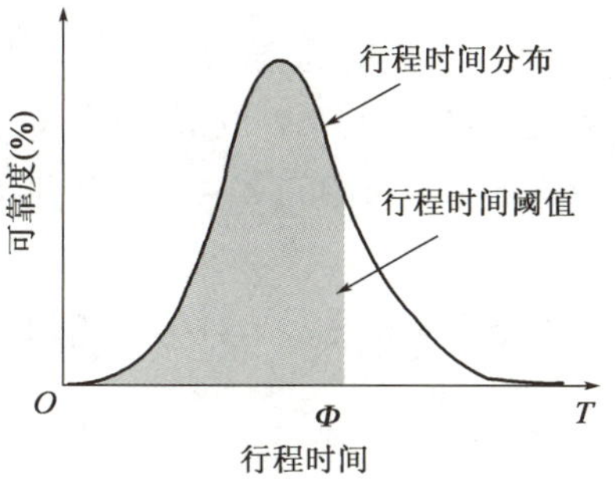

图 7-3 行程时间阈值为常数时的可靠度

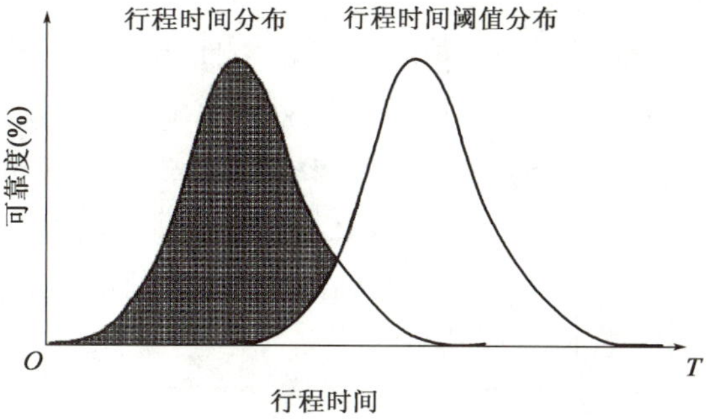

图 7-4 行程时间阈值为随机变量时的可靠度

也有研究成果将可靠度指标表达为

$$R = P\left(\frac{X}{Y} < \theta\right) \tag{7-21}$$

式中：X——实际交通状况下的行程时间随机变量；

Y——预设条件下(如自由流条件、正常流条件等，此条件目前还未有统计的标准)的行程时间随机变量；

θ——行程时间阈值，为某一个常数，目前的研究成果认为其取值应考虑服务水平或评估主体的意图而确定，常用的建议值为1.10、1.20等，但并不绝对。

实际上，式(7-21)和式(7-20)表达的含义相同，因为$X>0$、$Y>0$，所以$R = P\left(\frac{X}{Y} < \theta\right)$可以转变为$R = P(X < \theta Y)$，而$Y$为随机变量，$\theta$为常数，则$\theta Y$也为随机变量。

7.4.4.2 行程时间可靠度的计算方法

行程时间可靠度是可靠性理论的一个分支，其计算方法应与前述章节的内容一致。但是，行程时间可靠度是评价道路交通运行状态的一种方法，其计算方法毕竟有其特殊性，因此，结合已有的研究成果，给出如下两种计算方法。

1)基于经典可靠性理论的计算方法

前述章节中可靠度的计算方法，首先基于式(2-2)的表达式，在获得时间分布的概率密度函数后，可以进一步获得失效率函数，并可以推导出串并联系统及复杂系统可靠度。这种方法有成熟的理论基础，因此，为了便于应用此种方法，可以将式(7-20)做如下变换：

$$R = P(Z = Y - X > 0) \tag{7-22}$$

式中，Z为随机变量X、Y的联合概率密度函数。在获得此联合概率密度函数后，其计算公式及系统可靠度的计算方法与前述章节中的方法一致。

2)基于交通运行特点的计算方法

交通出行追求的是按照预定的或者可以接受的时间到达目的地，因此，交通运行可靠度反映的是实际行程时间小于行程时间阈值的概率，其表达的是实际行程时间(X)≤行程时间阈值(Y)，这一事件发生的可能性。基于此可以应用概率论的方法计算可靠度的值，这实质是根据交通运行可靠度的基本概念进行计算。

当X、Y符合相同分布形式，如正态分布、指数分布和卡方分布时，因为X、Y相互独立，则根据其可加性计算Z的联合概率密度函数，再通过计算此分布的概率，可确定可靠度的值。

举例如下：

设某路段实际行程时间 X 符合期望和方差分别为 14.6 和 0.98 的正态分布，$X \sim (14.6, 0.98)$；设定的行程时间阈值 Y 符合期望和方差分别为 15.07 和 0.67 的正态分布，$Y \sim (15.07, 0.67)$；那么 Z 符合期望和方差分别为 0.47 和 1.65 的正态分布，$Z \sim (0.47, 1.65)$。由此计算出 $R = P(Z < 0) = 0.64$，即此路段的可靠度为 0.64。

当 X、Y 符合不同的随机分布时，则可根据卷积定理、变量变换法等方法计算 Z 的联合概率密度函数，再计算其可靠度。

7.5 道路畅通可靠度

道路畅通可靠度的含义是在工作日的高峰时段内，路网在正常工作条件下，道路交通运营状态能满足畅通状态的概率。根据不同畅通标准，道路畅通度也可定义为在工作日的高峰时段内路网在正常工作条件下，车辆能在畅通的服务水平下行驶的概率，或者车辆在路段（交叉口）上以畅行速度（畅通状态下容许的延误范围）行驶的概率。

根据畅通可靠度的概念，可得其理论表达式为

$$R = P(kC - V > 0) \tag{7-23}$$

式中：C——道路单元通行能力随机变量；

k——对应于某一服务水平反映畅通程度的参数，kC 为畅通通行能力；

V——道路单元的交通需求。

式(7-23)的计算方法与交通运行时间可靠度的计算方法相同，即先确定联合概率密度函数，再计算概率的值。

以上是基于供需随机性分析的路段畅通可靠度的计算方法，可再根据复杂系统可靠度理论求得路径和路网的畅通可靠度。为便于应用，在实际工作中，可采用经验统计的方法评估各路段畅通的概率，即高峰时段对各路段进行多次交通数据采样，根据畅通标准判断是否畅通，则路段 j 畅通可靠度的近似值可表示为

$$R_j \approx \frac{\text{高峰时段路段畅通次数}}{\text{高峰时段路段总观测次数}} \tag{7-24}$$

将某区域内路段畅通可靠度进行加权平均，以各等级道路对路网整体的贡献作为权重，进行路网畅通可靠度评估，计算公式为

$$R_n = \frac{\sum_{i=1}^{4}\sum_{j=1}^{n_i}(L_{i,j}R_{i,j}) \cdot \sigma_i}{\sum_{i=1}^{4}\sum_{j=1}^{n}L_{i,j}} \tag{7-25}$$

式中：R_n——区域路网畅通可靠度；

n_i——i 等级道路的路段总数，$i = 1,2,3,4$，分别对应快速路、主干路、次干路和支路；

σ_i——i 等级道路的权重，已有的研究成果建议用研究范围内各等级道路的车公里数与研究范围内路网总车公里数之比来度量；

$L_{i,j}$——i 等级道路 j 路段的长度。

7.6 道路路网系统可靠度

7.6.1 道路系统交通流的相关性

道路网系统与其他网络系统相较有其特殊性，比如，上游路段的交通流通过交叉口进入下游路段，相交道路左右转交通流进入主线等，那么上下游的交通流特性、相交道路的交通流特性之间是否有关联、是否具有相关性，这些都是需要认真讨论的。目前，关于相邻路段交通流特性之间关联性的研究结果还不统一。

Anthony Chen 等认为将路段之间的交通流特性看作相互独立的是值得商榷的，例如对于某一区域的道路，暴雨可能会影响区域内的所有道路，因此，对通行能力下降的影响有相关性，从而对交通流特性的影响，如行程时间，也产生了相关性。

Meiping Yun 等在定义了链路、路段和路径的关系（图 7-5）基础上，基于南京某主干道的案例数据对链路之间行程时间的相关性进行了研究，并得出如下的结果：

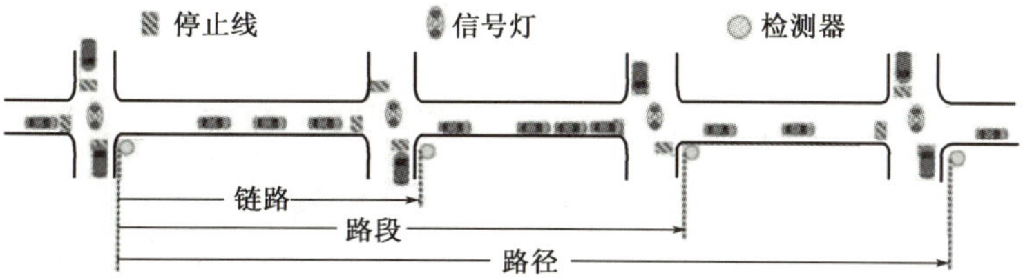

图 7-5 路径的组成

（1）在非高峰时段和高峰时段，链路出行时间之间的关联性普遍较弱，可以在数据分析中发现有正相关、负相关、弱相关甚至不相关的结论，如图 7-6 所示。

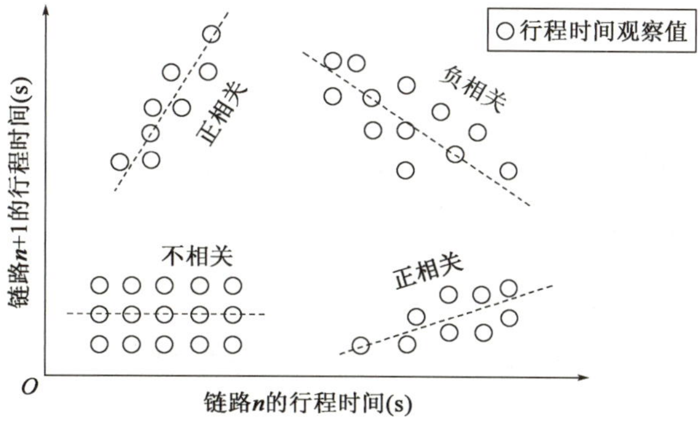

图 7-6 链路之间的相关性示意图

（2）与拥挤条件相比，非拥挤条件下出行时间的变异性更大，这意味着信号控制可能对出行时间的相关性有显著的影响，其影响程度超过交通流的影响。

（3）在交通拥挤的情况下，当交通流较大时，沿路径的行程时间变异性趋于变小，导致相似的路径旅行时间。

Zhang 等基于武汉的案例数据，以速度指标作为度量变量，量化了相邻路段之间的关联程度。其研究过程使用了如图 7-7 所示的路网结构图。

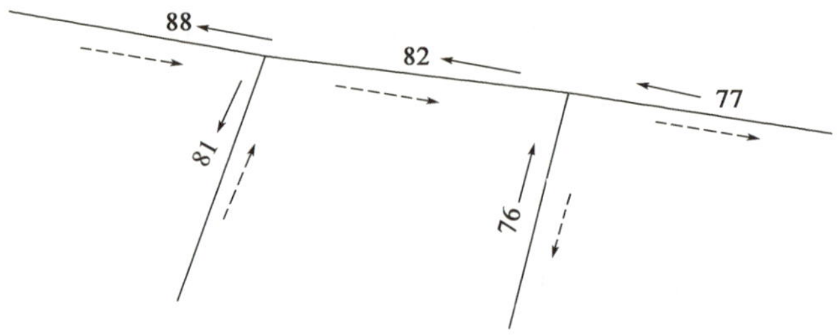

图 7-7　示例路网图(基于武汉道路网)

图 7-7 中,数字表示道路编号,实线箭头、虚线箭头表示不同流向。根据实测数据研究成果给出了如表 7-2 所示的速度相关性统计结果和如图 7-8 所示的链路间速度相关性统计图。

速度相关性统计结果　　表 7-2

链路	星期一	星期二	星期三	星期四	星期五
链路 77 与链路 82	0.755327 *	0.599857 *	0.451914 *	0.575618 *	0.558733 *
链路 88 与链路 82	0.719256 *	0.837093 *	0.762925 *	0.715509 *	0.605603 *

注:* 在 0.01 置信水平下显著相关。

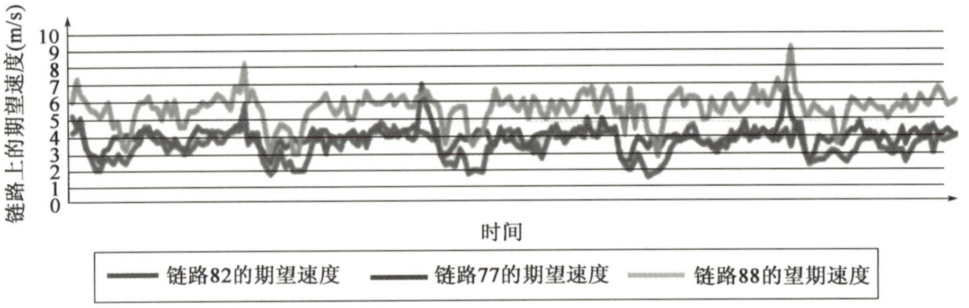

图 7-8　链路间速度相关性统计图

表 7-2 说明链路之间有一定的相关性,图 7-8 显示不同链路在相同时刻的速度波动趋势基本一致,进一步体现了相邻路段间的关联性。

综合以上成果,相邻路段间行程时间的独立性需要具体问题具体分析。

7.6.2　道路系统的路径可靠度

1)路段间行程时间相互独立情况下可靠度计算

道路系统某一路径可看作由各路段(或者链路)单元组成的串联系统,当假定各路段(或者链路)的行程时间相互独立时,则路径的可靠度可以通过如下公式计算:

$$R_{od} = \prod_{i=1}^{n} R_i(t) \tag{7-26}$$

式中:R_{od}——某一 OD 对间一条路径的可靠度;

$R_i(t)$——某一路段或者某一链路的行程时间可靠度。

2)路段间行程时间相关情况下可靠度计算

当考虑路段之间交通流特性相关性情况下,路径的可靠度计算则更加复杂,根据目前的研究成果,主要方法为根据路段或者链路的行程时间分布,估计路径的行程时间分布,再应用行程时间可靠度模型,计算路径的可靠度。

估计路径行程时间的方法已有相关研究,有研究成果将路径(包含两条以上链路或者路段)的行程时间分布拟合为高斯分布混合模型、混合正态分布的多态模型、双因素混合对数模型等。而估计路径行程时间分布的方法列出如下 4 种:基于线性结构的方法、基于协方差矩阵的方法、移动平均方法、基于马尔科夫链和 Pair-Copula 的方法。下面简单介绍基于应用马尔可夫链和 Pair-Copula 的方法。

该路径行程时间分布的确定方法由 Yun 等结合已有马尔可夫链方法和 Pair-Copula 方法提出,概括起来主要分为 3 个步骤。首先,利用聚类和分类算法识别链路的流量状态,即高速流和低速流,构造相邻链路之间的四种过渡状态组合。然后,将马尔可夫路径概率近似为初始状态概率与估计的相邻链路之间的转移概率的乘积,同时将马尔可夫路径分布近似为包含成对连接的相关部分链路旅行时间分布的乘积。最后,路径行程时间可靠度可以表示为以马尔可夫路径概率加权的马尔可夫路径分布之和。其具体计算流程如下:

步骤一,进行 K-medoids 聚类。

首先选取 K 个质心的值(某些样本点的值);再计算各点到质心的距离,将点的类划分为离它最近的质心,形成 K 个簇(Cluster);然后根据分类好的簇,在每个簇内重新计算质心[计算簇内所有样本点到其中一个样本点的曼哈顿距离和(绝对误差),选出使簇绝对误差最小的样本点作为质心];重复上述步骤,直到满足迭代次数或者误差要求。

步骤二,根据朴素贝叶斯分类(Naïve Bayes Classifier)方法对聚类后的样本分类。

首先利用二元高斯分布估计各聚类(簇)的先验概率,包括均值向量和协方差度量。然后计算每个簇的后验概率,公式为

$$P(Z=k|Y)=\frac{P(Z=k)\prod_{j=1}^{N}P(y_j|Z=k)}{\sum_{k=1}^{K}P(Z=k)\prod_{j=1}^{N}P(y_j|Z=k)} \tag{7-27}$$

式中,Z 表示分级变量;Y 表示观察值的向量;$P(Z=k)$ 对应簇 K 的先验概率。再通过每个簇的后验概率对观察值进行分类,即将该观察值分配到产生最大后验概率的类中。

步骤三,转移概率计算。

首先计算第 1 个链路在时间段 t 内的初始状态概率,公式为

$$\pi(t)=\begin{bmatrix}\pi_1^1(t)\\ \pi_1^2(t)\\ \vdots\\ \pi_1^{V_{1,t}}(t)\end{bmatrix}=\begin{bmatrix}\dfrac{N[S_1(t)=s_1^1(t)]}{\sum_{j=1}^{V_{1,t}}N[S_1(t)=s_1^j(t)]}\\ \dfrac{N[S_1(t)=s_1^2(t)]}{\sum_{j=1}^{V_{1,t}}N[S_1(t)=s_1^j(t)]}\\ \vdots\\ \dfrac{N[S_1(t)=s_1^{V_{1,t_1}}(t)]}{\sum_{j=1}^{V_{1,t}}N[S_1(t)=s_1^j(t)]}\end{bmatrix} \tag{7-28}$$

式中,$N[S_n(t)=s_n^j(t)]$ 表示在链路 n 上在时间段 t 内所属于状态 j 的样本数;$S_n(t)$ 代表

链路 n 在时间段 t 内的状态；$U_n(t)=\{s_n^1(t),s_n^2(t),\cdots,s_n^{V_{n,t}}(t)\}$；$s_n^j(t)$ 代表链路 n 在时间段 t 内的状态 j；$V_{n,t}$ 代表链路 n 在时间段 t 内的状态数量。

然后，从初始状态概率开始依次计算转移概率矩阵

$$P_{n-1,n}(t)=\begin{bmatrix} p_{1,1}(t) & \cdots & p_{1,V_{n,t}}(t) \\ \vdots & \ddots & \vdots \\ p_{V_{n-1,1}}(t) & \cdots & p_{V_{n-1},V_{n,t}}(t) \end{bmatrix}$$

$$0\leqslant p_{i,j}(t)\leqslant 1,\sum_{j=1}^{V_{n,t}}p_{i,j}(t)=1 \quad i=1,\cdots,V_{n,t} \tag{7-29}$$

式中，$p_{1,1}(t)$ 代表在时间段 t 内从 $n-1$ 链路的状态 i 到链路 n 状态 j 的转移概率，计算方法为

$$\begin{aligned} p_{ij}(t) &= \text{Prob}[S_n(t)=s_n^j(t) \mid S_{n-1}(t)=s_{n-1}^j(t)] \\ &= \frac{N[S_{n-1}(t)=s_{n-1}^i(t),S_n(t)=S_n^j(t)]}{\sum_{k=1}^{V_{n,t}}N[S_{n-1}(t)=s_{n-1}^i(t),S_n(t)=s_n^k(t)]} \end{aligned} \tag{7-30}$$

式中，$N[S_{n-1}(t)=s_{n-1}^i(t),S_n(t)=s_n^j(t)]$ 表示相同的车辆在时间段 t 内在链路 $n-1$ 上呈现状态 i 并且在链路 n 上呈现状态 j 的样本量。

步骤四，构建 Pair-Copula 模型。

Copula 函数描述的是变量间的相关性，实际上是一类将联合分布函数与它们各自的边缘分布函数连接在一起的函数，因此，也有人将它称为连接函数。相关理论的提出可以追溯到 1959 年，SKlar 通过定理形式将多元分布与 Copula 函数联系起来。初期，Copula 主要用于概率度量空间理论的发展。后来，随着理论的逐渐完善，它又被用于确定随机变量之间的相依性的非参数度量上。Copula 之所以能受到统计学者的青睐主要有以下两个原因：一是 Copula 是一种研究相依性测度的方法；二是 Copula 作为构造二维分布族的起点，可用于多元模型分布和随机模拟。Copula 函数作为一种变量之间相依机制的工具，几乎包含了随机变量所有的相依信息，在不能决定传统的线性相关系数能否正确度量变量之间的相关关系的情况下，Copula 函数对变量之间相关关系的分析很有用，Copula 函数的出现使变量之间的相依性刻画更加趋于完善。自从 Copula 方法被提出来后，Copula 函数在金融资产收益率之间的相依性分析以及金融风险、金融风险管理等方面得到了广泛的应用。

设 N 维随机变量 $X=(x_1,x_2,\cdots,x_N)$，其联合概率分布函数为 $F(x_1,x_2,\cdots,x_N)$，边际分布函数为 $F_n(x_n)$，$n=1,2,\cdots,N$，则

$$F(x_1,x_2,\cdots,x_N)=C(F_1(x_1),F_2(x_2),\cdots,F_N(x_N)) \tag{7-31}$$

式中，$C(\cdot)$ 表示 N 元变量 Copula 函数。由此，相应的联合概率密度函数 $f(\cdot)$ 和 N 元 Copula 密度可以表达为

$$f(x_1,x_2,\cdots,x_N)=c_{1\cdots N}[F_1(x_1),F_2(x_2),\cdots,F_N(x_N)]\cdot\prod_{n=1}^{N}f_n(x_n) \tag{7-32}$$

$$c_1\cdots N[F_1(x_1),F_2(x_2),\cdots,F_N(x_N)]=\frac{\partial C[F_1(x_1),F_2(x_2),\cdots,F_N(x_N)]}{\partial F_1(x_1)\partial F_2(x_2),\cdots,\partial F_N(x_N)} \tag{7-33}$$

式中，$F_n(x_n)$ 表示边际分布函数。

为了反映同一个路段包含多个链路的情形，Pair-Copula 模型更具有实用性，其联合概率密

度分布模型可以表达为

$$f(x_1,x_2,\cdots,x_N)=\prod_{n=1}^{N}f(x_n)\prod_{r=1}^{N-1}\prod_{e=1}^{N-r}c_{e,e+r|e+1,\cdots,e+r-1}(F(x_e \mid x_{e+1},\cdots,x_{e+r-1}),F(x_{e+r} \mid x_{e+1},\cdots,x_{e+r-1})) \tag{7-34}$$

假设 $N=3$，那么式(7-34)可以表达为

$$f(x_1,x_2,x_3)=f(x_1)\cdot f(x_2)\cdot f(x_3)\cdot c_{12}(F_1(x_1),F_2(x_2))\cdot c_{23}(F_2(x_2),F_3(x_3))\cdot c_{13|2}(F_1(x_1|x_2),F_3(x_3|x_2)) \tag{7-35}$$

式中，$c_{12}(\cdot,\cdot)$表示关于 $F_1(x_1)$和 $F_2(x_2)$的 Pair-Copula 密度函数；$c_{13|2}(\cdot,\cdot)$表示其 Pair-Copula 密度函数取决于变量 x_2。

当然，如果假定 x_1 和 x_3 与 x_2 不相关，那么式(7-35)可简化为

$$f(x_1,x_2,x_3)=f(x_1)\cdot f(x_2)\cdot f(x_3)\cdot c_{12}[F_1(x_1),F_2(x_2)]\cdot c_{23}[F_2(x_2),F_3(x_3)] \tag{7-36}$$

步骤五，路径行程时间分布估计。

每条马尔可夫路径的概率估计为第一个链路上的初始状态概率与链路之间的转移概率的乘积，公式为

$$\mathrm{Prob}(S_1=s_1^{j_1},S_2=s_2^{j_2},\cdots,S_N=s_N^{j_N})=\pi_1^{j_1}\cdot p_{j_1,j_2}\cdot p_{j_2,j_3}\cdot\cdots\cdot p_{j_{N-1},j_N} \tag{7-37}$$

每条马尔可夫路径的行程时间分布可以表示为

$$\begin{aligned}&\mathrm{TTD}(S_1=s_1^{j_1},S_2=s_2^{j_2},\cdots,S_N=s_N^{j_N})\\&=c_{1\cdots N}[F_1(s_1^{j_1}),F_2(s_2^{j_2}),\cdots,F_N(s_N^{j_N})]\cdot\prod_{n=1}^{N}f_n(s_n^{j_n})\\&=c_{12}[F_1(s_1^{j_1}),F_2(s_2^{j_2})]\cdot c_{23}[F_2(s_2^{j_2}),F_3(s_3^{j_3})]\cdot\cdots\cdot c_{N-1,N}[F_{N-1}(s_{N-1}^{j_{N-1}}),\\&\quad F_N(s_N^{j_N})]\cdot\prod_{n=1}^{N}f_n(s_n^{j_n})\end{aligned} \tag{7-38}$$

步骤六，计算路径的行程时间分布。

经验证，当前链路与后续第二链路及再后续链路的空间相关性不明显，于是路径的行程时间分布模型可以简化为

$$\mathrm{TTD}_{\mathrm{route}}=\sum_{h=1}^{H}[\mathrm{Prob}\ (\mathrm{Markov\ path}_h)\mathrm{TTD}(\mathrm{Markov\ path}_h)] \tag{7-39}$$

式中，$H=\prod_{n=1}^{N}K_n$，其表示一条路径上的全部马尔可夫路径数；K 为每一个链路对应的簇数。

步骤七，根据行程时间分布模型和设定的阈值计算行程时间可靠度。

7.6.3 路网系统行程时间可靠度计算

1)基于行程时间分布的路网可靠度计算

一般情况下，根据行程时间分布计算链路和路径可靠度，再根据系统可靠度方法计算路网系统可靠度，但是由于道路系统行程时间的关联性非常复杂，因此，计算方法难以统一。Anthony Chen 等提出 3 种指标，以代表系统总体时间的可靠度。

(1)以路网系统所有 OD 对行程时间可靠度的最小值作为系统可靠度的表征，公式为

$$\tau_{\min}(\theta) = \min w\{\tau_w(\theta)\} \tag{7-40}$$

式中，$\tau_{\min}(\theta)$代表路网系统的可靠度；w 代表 OD 对；θ 为行程时间阈值。

(2)以路网系统所有 OD 对行程时间可靠度的算数平均作为系统可靠度的表征，公式为

$$\tau_{\text{avg}}(\theta) = \frac{1}{W}\sum_{w=1}^{W}\tau_w(\theta) \tag{7-41}$$

(3)以路网系统所有 OD 对行程时间可靠度的加权平均作为系统可靠度的表征，公式为

$$\tau_{\text{wgt}}(\theta) = \sum_{w=1}^{W}\tau_w(\theta)\frac{\mu q_w}{\sum_{w=1}^{W}\mu q_w} \tag{7-42}$$

式中，μ 的含义同式(7-6)。

2)无须行程时间分布的路网可靠度计算

Ji 等在其研究成果中提出了无须行程时间分布模型条件下路网行程时间可靠度计算方法，该方法无需考虑相邻路段之间行程时间的相关性，首先计算路网的不可靠度，然后 1 减不可靠度即为系统的可靠度。

其研究中采用了广义矩方法(Generalized Moment Method，GMM)，该方法的基本思想是假设对于连续随机变量 x 的 k 阶原点矩 u_n，$k=0,1,2,\cdots,n$ 已知，则在区间上$[0,\infty)$找到一个正的有界非减函数 $F(x)$，使之满足：$u_n = \int_0^{\infty}x^n\mathrm{d}F(x)$，$k = 0,1,2,\cdots,n$，则 $F(x)$为所求的分布函数。

下面简要论述该方法的计算步骤：

(1)在某路网 $G(V,A)$中，V 代表点集，A 代表链路集，设链路(link)的基数为$|A|$(因链路可数，所以可以理解为链路的个数)，计算路网总的行程时间为

$$T = \sum_{a=1}^{|A|}w_aT_a \tag{7-43}$$

$$T_a = t_aq_a(a \in A) \tag{7-44}$$

式中，$w_a = 1/|A|$代表总行程时间的权重，$\sum_{a=1}^{|A|}w_a = 1$；C_a 代表在链路 a 上的行程时间；q_a 代表在链路 a 上的流量。

并定义道路系统行程时间不可靠度为

$$R(T_0) = P(T \geqslant T_0) \tag{7-45}$$

则道路系统行程时间可靠度为

$$R = 1 - R(T_0) \tag{7-46}$$

式中，T_0 代表预先定义的阈值。

(2)计算道路系统行程时间不可靠度的上界。

$$\max R(T_0) = \max P[f(\boldsymbol{T}) \geqslant T_0] \tag{7-47}$$

式中，$f(\boldsymbol{T}) = \sum_{a=1}^{|A|}w_aT_a$，$\boldsymbol{T}$ 代表总的链路行程时间向量，即 $\boldsymbol{T} = (T_1,T_2,\cdots,T_a,a \in A)$。

(3)最大不可靠度的广义矩问题 GMP(Generalized Moment Problem)模型建模。

根据概率知识，不可靠度问题可以表达为

$$R(T_0) = P[f(\boldsymbol{T}) \geqslant T_0] = \int_S\mu(\boldsymbol{T})\mathrm{d}\boldsymbol{T} \tag{7-48}$$

式中,$\mu(\boldsymbol{T})$代表每个总行程时间向量的概率密度函数,在本方法中不要求此概率密度函数为已知;S代表积分区间,其意义为 $S=\{f(\boldsymbol{T})=\sum_{a=1}^{|A|}w_aT_a \geqslant T_0, t_{al}\leqslant T_a \leqslant t_{au}, a\in A\}$;$t_{al}$代表总行程时间下限;$t_{au}$代表总行程时间上限。

总行程时间不可靠度的上限可以基于GPM方法建模为

$$\max \quad \int_{\Omega} 1_S \mu(\boldsymbol{T})\mathrm{d}\boldsymbol{T} \quad (\text{GMP}) \tag{7-49}$$

$$\text{s.t.} \quad \int_{\Omega} T^{\alpha}\mu(\boldsymbol{T})\mathrm{d}\boldsymbol{T}=\gamma_{\alpha} \quad \forall \alpha \in \Gamma \subset N^{|A|} \tag{7-50}$$

$$\mu(\boldsymbol{T})\geqslant 0 \tag{7-51}$$

式中,$\Omega=\{t_{al}\leqslant T_a\leqslant t_{au}, a\in A\}$;$\gamma_a$代表不同的给定的矩;$1_S$代表指标函数,如果$1_S$在集合$S$内,$1_S=1$,否则$1_S=0$;$a=(a_1,a_2,\cdots,a_n)$;$T^a=T_1^{a_1}T_2^{a_2}\cdots T_n^{a_n}$,$n$为随机变量个数。考虑指标函数$1_S$的意义,可将式(7-48)表达为

$$R(T_0)=\int_{\Omega} 1_S\mu(\boldsymbol{T})\mathrm{d}\boldsymbol{T} \tag{7-52}$$

若给定概率分布的前N阶矩,则式(7-48)的半无限优化问题转换为有限约束问题,公式为

$$\max \quad \int_{\Omega} 1_S \mu(\boldsymbol{T})\mathrm{d}\boldsymbol{T} \quad (\text{GMP/F}) \tag{7-53}$$

$$\text{s.t.} \quad \int_{\Omega} T^{\alpha}\mu(\boldsymbol{T})\mathrm{d}\boldsymbol{T}=\gamma_{\alpha} \quad \forall \alpha \in \Gamma \subset N^{|A|}, |\alpha|\leqslant N \tag{7-54}$$

$$\mu(\boldsymbol{T})\geqslant 0 \tag{7-55}$$

式中,$|\alpha|$代表矩的阶数,$|\alpha|=\sum_{i=1}^{|A|}\alpha_i$。

(4)最大不可靠度模型算法。

该研究认为,在GMP模型中单概率度量$\mu(\boldsymbol{T})$可以拓展为有限个未知的概率度量,每个未知的概率度量具有不同的定义域。据此,式(7-53)~式(7-55)可转变为

$$\max \quad \int_{S} 1_S \mu(\boldsymbol{T})\mathrm{d}\boldsymbol{T} \quad (\text{GMP-De-indicator}) \tag{7-56}$$

$$\text{s.t.} \quad \int_{S} T^{\alpha}\phi(\boldsymbol{T})\mathrm{d}\boldsymbol{T}+\int_{\Omega} T^{\alpha}\varphi(\boldsymbol{T})\mathrm{d}\boldsymbol{T}=\gamma_{\alpha} \quad \forall \alpha \in \Gamma \subset N^{|A|}, |\alpha|\leqslant N \tag{7-57}$$

$$\phi(\boldsymbol{T})\geqslant 0, \varphi(\boldsymbol{T})\geqslant 0 \tag{7-58}$$

再采用半正定松弛,如Lassere(拉萨尔)松弛,则不可靠度函数的上界可以表达为

$$\max_{y,z} y_0 \quad (\text{GMP-Relaxation}) \tag{7-59}$$

$$\text{s.t.} \quad y_{\alpha}+y_z=\gamma_{\alpha} \quad \forall \alpha \in \Gamma \subset N^{|A|}, |\alpha|\leqslant N \tag{7-60}$$

$$\boldsymbol{M}_i(y)\geqslant 0 \tag{7-61}$$

$$\boldsymbol{M}_{i-v_k}(p_j y)\geqslant 0 \quad j=1,2,\cdots,2|A|+1 \tag{7-62}$$

$$\boldsymbol{M}_i(z)\geqslant 0 \tag{7-63}$$

$$\boldsymbol{M}_{i-v_k}(p'_k z)\geqslant 0 \quad k=1,2,\cdots,2|A| \tag{7-64}$$

式中，$y_0=\int_S 1\phi(\boldsymbol{T})\mathrm{d}\boldsymbol{T}$；$y_\alpha=\int_S T^\alpha\phi(\boldsymbol{T})\mathrm{d}\boldsymbol{T}$；$z_\alpha=\int_\Omega T^\alpha\varphi(\boldsymbol{T})\mathrm{d}\boldsymbol{T}$；$\boldsymbol{M}_i(y)$和$\boldsymbol{M}_i(z)$代表矩矩阵；$\boldsymbol{M}_{i-v_j}(p_jy)$代表局部矩矩阵，$p_j$代表一个特定的多项不等式，如特定的上界或下界不等式；$v_j=(d_j+1)/2$，d_j代表多项不等式p_j的次数，$\boldsymbol{M}_{i-v_k}(p'_kz)$和$\boldsymbol{M}_{i-v_j}(p_jy)$的意义一致，$i$代表半正定松弛的阶数。

(5)道路系统可靠度计算

求解上述模型得最大不可靠度y_0，计算$1-y_0$，可得道路系统可靠度下限。

本章习题

1. 研究道路交通运行可靠性的意义有哪些？
2. 什么是连通可靠度？其应用的价值有哪些方面？
3. 路网容量可靠度的基本思想是什么？
4. 道路交通运行可靠度包含哪些计算方法？
5. 道路路网系统可靠度的计算要考虑哪些问题？

第 8 章

道路交通运行可靠度的应用

8.1　基于路网系统交通运行可靠度的土地规划模型

8.1.1　理论模型

由于路网交通运行可靠度与土地利用的关系紧密,有学者研究了基于路网交通运行可靠度的土地规划模型。以下将介绍 Kelvin K W Yim 等的研究成果,该成果考虑当地住宅开发和就业增长对道路网的影响,在考虑网络用户选择行为和资源和成本约束下,通过最大化网络的可靠性(或最小化网络链接超载的概率),来确定最优的居住配置、就业配置和区域容量提升规模。

设有一区域内的道路网,N 代表道路网的点集,A 代表道路网的链路集,P 代表起始小区集,Q 代表终点小区集,H_p 代表小区 p 的住户数量,E_q 代表小区 q 就业吸引数,R_{pq}代表 OD 对 p-q 间的路径集,d_{pq}从 p 区到 q 区的交通需求。假设新开发住宅住户增量为 ΔH,并且 $\sum_{q\in P} h_p = \Delta H$,$h_p$ 为小区 p 住户增量,$h = \{h_p, \forall p \in P\}$;就业增加量为 ΔE,并且 $\sum_{q\in Q} e_q = \Delta E$,$e_q$ 为小区就业增量,$e = \{e_q, \forall q \in Q\}$,则地区的开发潜能设定为 $Z = \Delta H = \Delta E$。

因为新的小区开发,那么新的住户数 H 和工作岗位数 E 相应的转变为

$$H = \{H_p + h_p, \forall p \in P\} \tag{8-1}$$

$$E=\{E_q+e_q,\forall q\in Q\} \tag{8-2}$$

当然,因为用地的开发带来了交通需求的增加,为了满足交通需求,相应的道路通行能力也要做必要的提升。假设路段 a 的通行能力增加 y_a,并且 $y=\{y_a,\forall a\in A\}$,那么路网的通行能力可靠度可以表示为

$$\prod(h,e,y)=\text{Prob}\{x_a(h,e,y)\leqslant C_a+y_a,\forall a\in A\} \tag{8-3}$$

为了在自然资源限制情况下优化土地开发位置和开发强度,并保证路网的最大可靠度,同时综合考虑道路使用者行为,研究者建立了一个双层优化模型。

上层模型建模为

$$\max\prod(h,e,y) \tag{8-4}$$

$$\sum_{p\in P}h_p=Z \tag{8-5}$$

$$\sum_{q\in Q}e_q=Z \tag{8-6}$$

$$\text{s.t.}\quad B_h(h)+B_e(e)+B_y(y)\leqslant B \tag{8-7}$$

$$0\leqslant h_p\leqslant Z\quad\forall p\in P \tag{8-8}$$

$$0\leqslant e_q\leqslant Z\quad\forall q\in Q \tag{8-9}$$

$$0\leqslant y_a^{\min}\leqslant y_a\leqslant y_a^{\max}\quad\forall a\in A \tag{8-10}$$

式中,$B_h(h)$、$B_e(e)$分别代表居住地、工作地的成本函数;$B_y(y)$代表通行能力提升带来的成本函数;B 代表总的可支付预算;$y_a^{\min}$、$y_a^{\max}$ 分别代表花费在通行能力提升方面的最小费用、最大费用。

在式(8-4)的目标函数中,隐含着出行者的路径选择行为,这种路径选择行为可以用底层模型描述为

$$\min_{\bar{x},\bar{d},\gamma,\delta}\quad z(\bar{x},\bar{d})=\sum_{a\in A}\int_0^{\bar{x}_a}\bar{c}_a(\omega;\bar{d}^*,\gamma^*,\delta^*)\,\mathrm{d}\omega+\frac{1}{\beta}\sum_{p\in P}\sum_{q\in Q}\bar{d}_{pq}(\ln\bar{d}_{pq}-1) \tag{8-11}$$

$$\text{s.t.}\quad\sum_{r\in R_{pq}}\gamma_{pqr}=1\quad\forall p\in P,q\in Q \tag{8-12}$$

$$\sum_{p\in P}\bar{d}_{pqr}=\bar{d}_{\cdot q}\quad\forall q\in Q \tag{8-13}$$

$$\sum_{q\in Q}\bar{d}_{pqr}=\bar{d}_{q\cdot}\quad\forall p\in P \tag{8-14}$$

$$\sum\sum\sum\bar{d}_{pq}\gamma_{pqr}\delta_{pqra}=\bar{x}_a\quad\forall a\in A \tag{8-15}$$

$$\gamma_{pqr}\geqslant 0\quad\forall r\in R_{pq},p\in P,q\in Q \tag{8-16}$$

式中,$\gamma=\{\gamma_{pqr},\forall r\in R_{pq},p\in P,q\in Q\}$ 代表路径选择比例向量;$\delta=\{\delta_{pqra},\forall a\in A,p\in P,q\in Q\}$ 代表链路-路径事件矩阵,如果 OD 对 p-q 之间的交通需求通过路径 r 的路段 a,则 $\delta=1$,否则为 0;$\bar{x}=\{x_a,a\in A\}$ 代表链路上的平均流量向量。式(8-11)中:

$$\bar{c}_a(\omega;\bar{d},\gamma,\delta)=c_{a0}\left\{1+\frac{k}{c_a^4}[\bar{x}_a^4+6\sigma_a(\bar{d},\gamma,\delta)^2\bar{x}_a^2+3\sigma_a(\bar{d},\gamma,\delta)^4]\right\} \tag{8-17}$$

式(8-17)源于 BPR 函数模型 $\bar{c}_a(x_a)=c_{a0}\left[1+k\left(\frac{x_a}{C_a}\right)^4\right]$,$c_{a0}$ 代表自由流情况下的行程时间,$\bar{c}_a(x_a)$代表实际流量 x_a 情况下的行程时间期望,σ_a^2 代表链路上流量的方差,k 为 BPR 函数中的参数,该研究成果中 k 取 1.5。式(8-11)中,$\bar{d}=\{\bar{d}_{pq},\forall p\in P,q\in Q\}$ 代表平均 OD 需求矩

阵向量,其数值可以按照双约束重力模型法计算为

$$\bar{d}_{pq} = A_p \bar{d}_{p\cdot} B_q \bar{d}_{\cdot q} \exp(-\beta u_{pq}) \quad \forall p \in P, q \in Q \tag{8-18}$$

式中,β 代表阻抗模型系数;u_{pq}代表远期最小旅行成本;$\bar{d}_{p\cdot} = \sum_{\forall q \in Q} \bar{d}_{pq}$代表 p 区出行发生量;$\bar{d}_{\cdot q} = \sum_{\forall p \in P} \bar{d}_{pq}$代表 q 区出行吸引量,此外:

$$A_p = \frac{\bar{d}_{p\cdot}}{\sum_{q \in Q} B_q \bar{d}_{\cdot q} \exp(-\beta u_{pq})} \quad \forall p \in P \tag{8-19}$$

$$B_p = \frac{\bar{d}_{\cdot q}}{\sum_{p \in P} A_p \bar{d}_{p\cdot} \exp(-\beta u_{pq})} \quad \forall q \in Q \tag{8-20}$$

解此模型可获得在保证一定道路可靠度水平前提下,未来该区域开发的规模,通行能力提升的水平及相应的成本消耗,并可获得区域的新增住户数、交通发生和交通吸引的数量。

8.1.2 基于遗传算法的模型应用

假设某区域的测试路网结构如图 8-1 所示,该路网包含 2 个起点和 2 个终点,共 4 个 OD 对,其每条链路上的自由流时间和通行能力见表 8-1,OD 对的发生量和吸引量如表 8-2 所示。

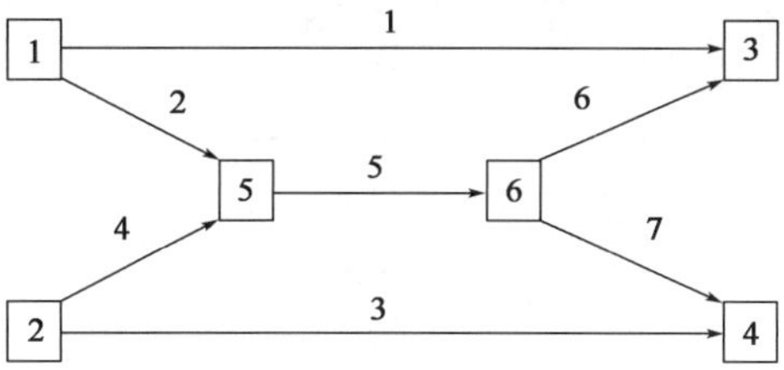

图 8-1 测试路网结构

链路上的自由流时间和通行能力 表 8-1

链 路 号	链路自由流时间	链路通行能力
1	10	78
2	4	23
3	12	23
4	4	43
5	4	93
6	5	43
7	4	43

OD 的发生量和吸引量 表 8-2

起 终 点	发生量和吸引量	起 终 点	发生量和吸引量
起点 1	50	终点 3	50
起点 2	60	终点 4	60

此外，为求解此模型，该研究假设 $\beta = 0.8$，网络中每条链路的通行能力最大可以增加 20%，即 $0 \leqslant y_a \leqslant 0.2C_a$，$\forall a \in A$，交通网络提升预算成本为 $B_y = \sum_{a \in A} 0.3y_a^2$，$\Delta H = 20$ 单位，$\Delta E = 20$ 单位，$B_h = \sum_{p \in P} h_p^2$，$0 \leqslant h_p \leqslant 20$，$B_e = \sum_{p \in P} e_p^2$，$0 \leqslant e_p \leqslant 20$。此外假设该区域的土地开发和路网提升的最大预算为 750。

该研究应用了基于遗传算法的求解方法，求解中结合了对角化算法（Sheffi，1985）与基于起源的算法（Bar-Gera，2002；Bar-Gera 和 Boyce，2003；YIM，2005），示例模型的求解结果如表 8-3所示。

示例模型的求解结果　　表 8-3

指　　标	链　　路	结　　果
可靠度		0.9351
最优预算		749.0574
用于交通网络提升的预算		101.7004
用于土地开发的预算		647.3571
通行能力提升（新的通行能力）	链路 1	12.7247(90.7247)
	链路 2	2.7961(25.7961)
	链路 3	4.6(27.6)
	链路 4	8.6(51.6)
	链路 5	0.1459(93.1459)
	链路 6	0.4047(43.4047)
	链路 7	8.6(51.6)
住宅开发量	起点 1	18.3264
	起点 2	1.6736
就业增长	终点 1	17.3723
	终点 2	2.6277
链路流量（链路上的成本）	链路 1	59.3053(10.2739)
	链路 2	9.0211(4.0090)
	链路 3	25.6462(13.3419)
	链路 4	36.0274(4.1426)
	链路 5	45.0485(5.0410)
	链路 6	8.0670(5.0009)
	链路 7	36.9815(4.1538)
O-D 间的交通需求	1-3	59.3053
	1-4	9.0211
	2-3	8.0670
	3-4	53.6066

8.2 地震震后旅行时间可靠度分析

Shuming Fang 和 Hiroshi Wakabayashi 研究了震后恢复中的旅行时间可靠度问题。其在研究成果中首先分析了通往地震灾区的道路问题,包括道路几何条件的变化和人工交通管理能力的下降,然后讨论了引起旅行时间延误的主要因素,基于此建立了地震灾害发生后灾区旅行时间可靠度模型。

8.2.1 震后旅行时间可靠度模型的建立

1)划分子区

因为地震造成了道路系统的破坏,很难对整个震区的交通网络进行评估,因此需要根据道路破坏程度对整个区域进行再划分,划分为若干个子区,由此将整个交通网络的旅行时间问题转化为若干个子区域之间的连通问题。

设震区 Z 被划分为 n 个子区,$Z=\{Z_1 \cup Z_2 \cup \cdots Z_n\}$,并且用 $d_{ij}(t)$ 表示节点 i 和 j 之间在灾害发生后时间 t 时刻的最小距离,d_{ij} 表示节点 i 和 j 之间在灾害发生前的最小距离。

2)量化道路损害的因素

假设 $k_{ij}(t)$ 代表道路损害指标,指标包含 3 项子指标:道路损坏比例 $p_{ij}(t)$、道路损害形式系数 $f_{ij}(t)$、道路损坏程度 $s_{ij}(t)$。道路损坏比例 $p_{ij}(t)$ 表示在 t 时刻受损道路长度占 i 和 j 之间距离的比例。道路损害形式系数 $f_{ij}(t)$ 是一个综合系数,表示不同形式损害长度与其权重乘积之和占总损害长度的比例,其公式为

$$f_{ij}(t)=\frac{\sum_l \text{form}_l \times \text{length}_l}{\sum_l \text{length}_l} \tag{8-21}$$

式中,form_l 表示第 l 段对应其损害形式的权重,该研究中对其的取值见表 8-4;length_l 表示第 l 段损害长度。

不同损害形式的权重 表 8-4

损害形式	权重	损害形式	权重
塌方	0.5	沉降变形	0.4
滑坡	0.5	挡土墙破坏	0.3
落石	1.0	地表隆起也挤压	0.2
裂缝	0.3	隧道堵塞	1.0
泥石流	0.5	桥梁轻微损坏	0.3
堰塞湖	1.0	桥梁严重损坏	0.6
水灾	1.0	桥梁坍塌	1.0

道路损害程度用式(8-22)计算为

$$s_{ij}(t)=\begin{cases}\dfrac{\sum m_l \exp(\text{Critical}D_l/\text{dis}C_l-1)\,\text{length}_l}{\sum\limits_l \text{length}_l} & \text{dis}C_l \leqslant \text{Critical}D_l \\ 1 & \text{dis}C_l > \text{Critical}D_l\end{cases} \tag{8-22}$$

式中，$disC_1$ 表示从灾区中心至第 l 受灾路段的距离；$CriticalD_l$ 表示从灾区中心至第 l 受灾路段的临界距离；m_l 表示第 l 受灾路段根据受灾形式不同设置的灾害系数。

据此可计算道路破坏系数，公式为

$$k_{ij}(t)=\frac{s_{ij}(t)}{[1-p_{ij}(t)][1-f_{ij}(t)]} \tag{8-23}$$

式中，$k_{ij}(t)$ 表示道路破坏系数，其他参数意义同前。$d_{ij}(t)$ 和 d_{ij} 之间的关系则可以表示为

$$d_{ij}(t)=k_{ij}(t)d_{ij} \tag{8-24}$$

3）交通可达性模型

该研究认为节点之间的旅行时间随着节点之间可达性的减小而增大，因此可达性指标对于评价节点之间的旅行时间很重要。节点之间的可达性公式为

$$A_i(t)=\frac{\sum\limits_{i\in Z_a,j\notin Z_a} w_{ij}(t)d_{ij}}{\sum\limits_{i\in Z_a,j\notin Z_a} w_{ij}(t)d_{ij}(t)} \tag{8-25}$$

式中，$A_i(t)$ 表示节点 i 在 t 时刻的可达性；$w_{ij}(t)$ 表示节点 i 和 j 之间的权重，其计算公式为

$$w_{ij}(t)=\frac{v_{Z_aZ_b}}{\sum\limits_{p\subset Z,p\neq Z_a} v_{Z_ap_b}} \tag{8-26}$$

式中，$v_{Z_aZ_b}$ 表示在 t 时刻从小区 Z_a 到 Z_b 之间的交通量。

4）旅行时间可靠度模型

首先定义节点 i 和 j 之间的旅行时间增加率为

$$C_{ij}[A_i(t),A_j(t)]=\frac{T_{ij}[A_i(t),A_j(t)]-T_{ij}(A_{i0},A_{j0})}{T_{ij}(A_{i0},A_{j0})}\quad i\in Z_i,j\in Z_j \tag{8-27}$$

式中，$T_{ij}(A_{i0},A_{j0})$ 表示在理想交通条件下节点 i 和 j 之间的旅行时间；$T_{ij}[A_i(t),A_j(t)]$ 表示在实际交通条件下节点 i 和 j 之间的旅行时间。

该研究假设最大可接受的旅行时间增加率为 θ_{ij}，那么可以定义如下函数：

$$y_{ij}[\theta_{ij},A_i(t),A_j(t)]=\begin{cases}1 & C_{ij}[A_i(t),A_j(t)]\leqslant\theta_{ij}\\0 & C_{ij}[A_i(t),A_j(t)]>\theta_{ij}\end{cases}\quad i\in Z_i,j\in Z_j \tag{8-28}$$

由此，节点 i 和 j 之间的旅行时间可靠度定义为

$$R(\theta_{ij})=P_r\{[A_i(t),A_j(t)]\mid i\in Z_i,j\in Z_j,y_{ij}[\theta_{ij},A_i(t),A_j(t)]=1\} \tag{8-29}$$

式中，$R(\theta_{ij})$ 表示旅行时间可靠度；$P_r(\cdot)$ 代表概率。

如果计算分区之间的旅行时间增加率，则采用如下公式：

$$C_{ij}[D_{Z_i}(t),D_{Z_j}(t)]=\frac{T_{ij}[D_{Z_i}(t),D_{Z_j}(t)]-T_{ij}(D_{Z_{i0}},D_{Z_{j0}})}{T_{ij}[D_{Z_i}(t),D_{Z_j}(t)]}\quad i\in Z_i,j\in Z_j \tag{8-30}$$

式中，$T_{ij}(D_{Z_{i0}},D_{Z_{j0}})$ 表示在理想交通条件下小区 i 和 j 之间的旅行时间；$T_{ij}[D_{Z_i}(t),D_{Z_j}(t)]$ 表示在时刻 t 实际交通条件下小区 i 和 j 之间的旅行时间。

该研究认为，如果两个子区之间有多个 OD 对，那么子区之间的最大可接受旅行时间增加

率为各 OD 之间最大可接受时间增加率的加权平均值，其公式为

$$\theta = \sum_{i \in Z_i, j \in Z_j} \alpha_{ij} \theta_{ij} \tag{8-31}$$

式中，θ 表示两子区之间的最大可接受时间增加率；α_{ij} 为权重系数，其公式为

$$\alpha_{ij} = T_{ij}(A_{i0}, A_{j0}) / T_{ij}(D_{Z_{i0}}, D_{Z_{j0}}) \tag{8-32}$$

由此可以计算

$$y_{ij}[\theta, D_{Z_i}(t), D_{Z_j}(t)] = \begin{cases} 1 & C_{ij}[D_{Z_j}(t), D_{Z_j}(t)] \leqslant \theta \\ 0 & C_{ij}[D_{Z_i}(t), D_{Z_j}(t)] > \theta \end{cases} \quad i \in Z_i, j \in Z_j \tag{8-33}$$

于是，小区之间的旅行时间可靠度模型为

$$R(\theta) = P_r\{[D_{Z_i}(t), D_{Z_j}(t)] \mid i \in Z_i, j \in Z_j, y_{ij}[\theta, D_{Z_i}(t), D_{Z_j}(t)] = 1\} \tag{8-34}$$

8.2.2 应用示例

该研究以 2008 四川的地震为例，选取什邡市及其关联城镇的数据作为分析对象，结合当地交通局的数据进行分析。研究中将什邡市划分为 4 个子区，见表 8-5。

灾区子区划分结果　　表 8-5

子　区　1	子　区　2	子　区　3	子　区　4
红白镇	八角镇	南泉镇	西南镇
蓥华镇	洛水镇	禾丰镇	寿丰镇
—	湔氐镇	元石镇	南星镇
—	—	隐丰镇	葛仙山镇
—	—	—	敖平镇

根据数据统计结果计算道路破坏系数 $k_{ij}(t)$，其结果见表 8-6。

各子区道路破坏系数　　表 8-6

k_{ij}(5d)	子区 1	子区 2	子区 3	子区 4
子区 1	2.5	2.5	2.5	2.5
子区 2	2.5	2.3	2.3	2.3
子区 3	2.5	2.3	1.4	1.9
子区 4	2.5	2.3	1.9	2.1
k_{ij}(20d)	子区 1	子区 2	子区 3	子区 4
子区 1	1.3	1.3	1.3	1.3
子区 2	1.3	1.2	1.2	1.2
子区 3	1.3	1.2	1.0	1.05
子区 4	1.3	1.2	1.05	1.2

根据实际数据统计各子区之间的交通出行量,见表8-7。

各子区之间交通出行量(单位:pcu/d)　　表8-7

地震前	子区1	子区2	子区3	子区4
子区1	2695	2963	3630	2156
子区2	2963	2230	6358	3215
子区3	3630	6358	7456	8054
子区4	2156	3215	8054	5897
地震后第5日	子区1	子区2	子区3	子区4
子区1	32340	71112	87120	51744
子区2	71112	26760	76296	38580
子区3	87120	76296	89472	96648
子区4	51744	38580	96648	70764
地震后第20日	子区1	子区2	子区3	子区4
子区1	8085	8889	10890	6468
子区2	8889	6690	19074	9645
子区3	10890	19074	22368	24162
子区4	6468	9645	24162	17692

基于此,计算子区之间的可达性指标,见表8-8。

各子区的可达性　　表8-8

子区编号	D_{z_a}(5d)	D_{z_a}(20d)
子区1	0.36	0.76
子区2	0.44	0.77
子区3	0.83	0.96
子区4	0.62	0.91

该研究假设 $\theta = \theta_{ij} = 0.3$,根据当地交通部门提供的数据估计震区各子区之间的交通可靠度指标,见表8-9。

震区各子区之间的交通可靠度结果　　表8-9

旅行时间可靠度(震后5d)	子区1	子区2	子区3	子区4
子区1	0.294	0.163	0.191	0.226
子区2	0.163	0.347	0.265	0.231
子区3	0.191	0.265	0.413	0.298
子区4	0.226	0.231	0.298	0.368
旅行时间可靠度(震后20d)	子区1	子区2	子区3	子区4
子区1	0.682	0.523	0.547	0.558
子区2	0.523	0.709	0.601	0.594
子区3	0.547	0.601	0.876	0.621
子区4	0.558	0.594	0.621	0.775

8.3 旅行时间可靠度在机场巴士路线优化中的应用

8.3.1 机场巴士路线优化模型的建立

1)路段可靠度模型

Danwen Bao 等研究了在保证最大运行可靠度前提下的机场穿梭巴士路线优化问题。该研究将机场巴士运行线路根据站点个数分为 $n-1$ 个路段,每个路段的可靠度计算模型为

$$R_{ij}^{m} = P(t_{ij}^{m} \leqslant T_{ij}^{m}) \tag{8-35}$$

式中,R_{ij}^{m}表示站点 i 和 j 之间第 m 个路段的旅行时间可靠度;t_{ij}^{m}表示站点 i 和站点 j 之间第 m 个路段的旅行时间,包含车辆行驶时间和上下车时间,其计算公式为

$$t_{ij}^{m} = t_{m} + t_{i} + t_{j} \tag{8-36}$$

式中,t_m 为机场巴士在路段 m 上的行驶时间;t_i 表示在 i 站的上下车时间;t_j 表示在 j 站的上下车时间;T_{ij}^{m}表示站点 i 和站点 j 之间第 m 个路段的旅行时间阈值,包含车辆行驶时间阈值和上下车时间阈值,其计算公式为

$$T_{ij}^{m} = T_{m} + T_{i} + T_{j} \tag{8-37}$$

式中,T_m 为机场巴士在路段 m 上的行驶时间阈值;T_i 表示在 i 站的上下车时间阈值;T_j 表示在 j 站的上下车时间阈值。T_m 根据路段长度和行驶速度计算为

$$T_{m} = \frac{L_{m}}{V_{m}} \tag{8-38}$$

而 T_i 和 T_j 则根据开门时间、关门时间和上下客时间计算为

$$T_{i} = T_{\mathrm{o}} + T_{\mathrm{c}} + T_{i}^{p} \tag{8-39}$$

2)巴士路线可靠度模型

研究者认为机场巴士运行路线的可靠度模型可以计算为

$$R_{\mathrm{net}} = \sum_{i \in N} \sum_{j \in N} \sum_{m=1}^{M} \alpha_{ij}^{m} \times R_{ij}^{m} \tag{8-40}$$

式中,R_{net}表示机场巴士路线的可靠度;α_{ij}^{m}表示权重系数,其计算公式为

$$\alpha_{ij}^{m} = \frac{q_{ij}^{m}}{\sum_{i \in N} \sum_{j \in N} \sum_{m=1}^{M} q_{ij}^{m}} \tag{8-41}$$

式中,q_{ij}^{m}表示在路段 m 上的乘客数;M 表示机场巴士路线上的路段总数。

3)机场巴士路线优化模型

结合巴士路线可靠度模型,可建立优化模型为

$$\max R_{\text{net}} = \max\left(\sum_{i\in N}\sum_{j\in N}\sum_{m=1}^{M}\alpha_{ij}^{m}\times x_{ij}^{m}\times R_{ij}^{m}\right) = \max\left(\sum_{i\in N}\sum_{j\in N}\sum_{m=1}^{M}\frac{q_{ij}^{m}}{\sum_{i\in N}\sum_{j\in N}\sum_{m=1}^{M}q_{ij}^{m}}\times x_{ij}^{m}\times R_{ij}^{m}\right) \quad (8\text{-}42)$$

相应的约束条件为

$$\sum_{i\in N}\sum_{j\in N}\sum_{m\in M}t_{ij}^{m}\times x_{ij}^{m}\leqslant T \quad (8\text{-}43)$$

$$\sum_{i\in N}\sum_{j\in N}\sum_{m\in M}q_{ij}^{m}\times x_{ij}^{m}\leqslant Q \quad (8\text{-}44)$$

$$A_{\min}\leqslant\sum_{m\in M}x_{ij}^{m}\leqslant A_{\max} \quad (8\text{-}45)$$

$$\sum_{i\in N}\sum_{j\in N}\sum_{m\in M}l_{ij}^{m}\times x_{ij}^{m}\leqslant L \quad (8\text{-}46)$$

$$\frac{\sum_{i\in N}\sum_{j\in N}\sum_{m\in M}q_{ij}^{m}\times x_{ij}^{m}\times C}{\sum_{i\in N}\sum_{j\in N}\sum_{m\in M}l_{ij}^{m}\times x_{ij}^{m}\times S}\geqslant 1+\varepsilon \quad (8\text{-}47)$$

式中，x_{ij}^{m}表示标记变量，即如果机场巴士路线选择 m 路段则 $x_{ij}^{m}=1$，否则 $x_{ij}^{m}=0$；$A_{\min}$表示机场巴士路线上的最小站点数；$A_{\max}$为机场巴士路线上的最大站点数；C 表示票价；S 表示运营成本；ε 表示预期的利润。

4）模型求解

该研究应用 BP 神经网络方法，以道路纵坡、路段长度、路段车道数、交叉口个数、旅行速度、小汽车百分率、交通饱和度为输入参数，以旅行时间为输出参数建立神经网络模型，预测旅行时间。再应用遗传算法求解该约束模型。

8.3.2 应用示例

该研究以南京禄口国际机场的 6 条巴士路线为例，应用 BP 神经网络和遗传算法计算求解了机场巴士路线的可靠度。这 6 条巴士路线的拓扑结构如图 8-2 所示。

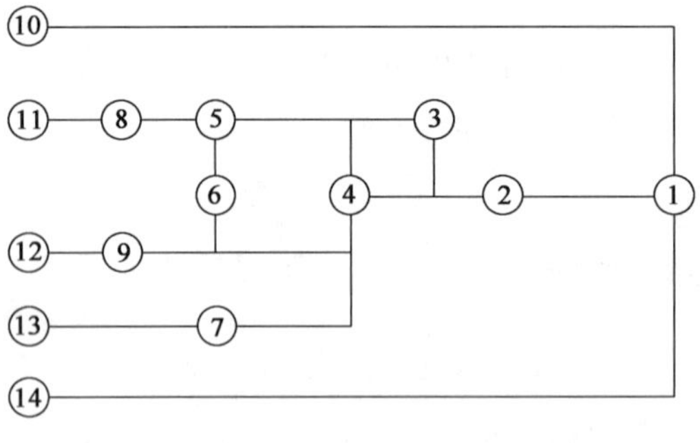

图 8-2 巴士路线的拓扑结构图

通过调查获得每个站点的上下客数量，通过现场调查获得相应的输入参数如道路坡度等，基于车载 GPS 数据获得巴士在站点的停靠时间、旅行速度等数据，将这些数据代入模型，求得的各路段可靠度如图 8-3 所示。

再假设 $M=(1,2,3,4,5,6)$，$N=1,2,3,\cdots,14$，$T=90\text{min}$，$A_{\min}=2$，$A_{\max}=6$，$\varepsilon=25\%$，每个站点最多有 3 条线路，$S=8$，$C=25$，应用优化模型求解后，可得到优化后的机场巴士路径优化结果，如表 8-10 所示。

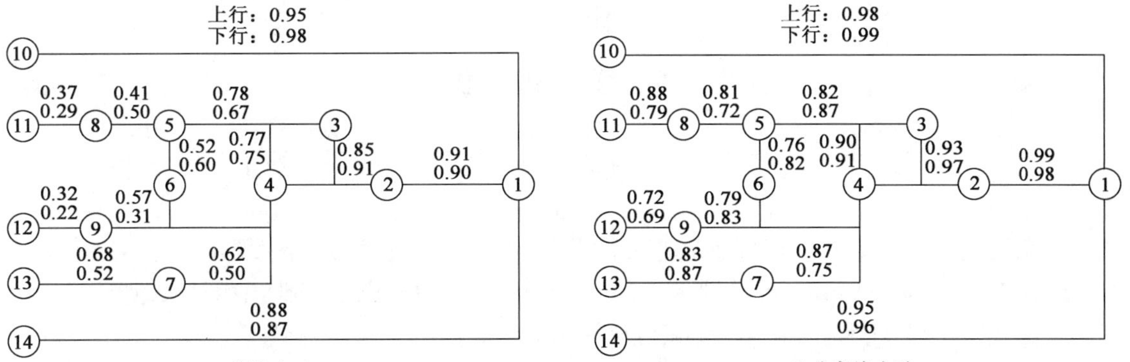

a)高峰小时　　　　b)非高峰小时

图 8-3　巴士路线各路段可靠度

机场巴士路径优化结果　　　　表 8-10

路径编号	优化路径	终点站	目标值(可靠度)
1	1-3-8-11	11	0.86
2	1-2-4-6	6	0.74
3	1-3-5-6-9	9	0.69
4	1-2-9-12-13	12	0.70
5	1-3-4-7	7	0.75
6	1-14	14	0.92

参 考 文 献

[1] 程五一,王贵和,吕建国.系统可靠性理论[M].北京:中国建筑工业出版社,2013.

[2] 杨东援.连续数据环境下的交通规划与管理[M].上海:同济大学出版社,2014.

[3] 杨东援,段征宇.大数据环境下城市交通分析技术[M].上海:同济大学出版社,2015.

[4] ELSAYED A ELSAYED.可靠性工程[M].杨舟,译.北京:电子工业出版社,2013.

[5] 王金武.可靠性工程基础[M].北京:科学出版社,2019.

[6] AI-DEEK H,E B EMAM. New methodology for estimating reliability in transportation networks with degraded link capacities[J]. Journal of Intelligent Transportation Systems,2006,10(3):117-129.

[7] ALI Q E,N AHMAD,A H MALIK,et al. Issues,challenges and research opportunities in Intelligent Transport System for security and privacy[J]. Applied Sciences,2015,8(1964):1-24.

[8] BAO D,J GU,Z DI,et al. Optimization of airport shuttle bus routes based on travel time reliability[J]. Mathematical Problems in Engineering,2018:1-12.

[9] BHOURI N,M ARON,J KAUPPILA. Relevance of travel time reliability indicators:a managed lanes case study[J]. Procedia-Social and behavioral Sciences,2012,54:450-459.

[10] BHOURI N,M ARON,J P LEBACQUE,et al. Effectiveness of travel time reliability indicators in the light of the assessment of dynamic managed lane strategy[J]. Journal of Intelligent Transportation Systems,2017,21(6):492-506.

[11] BYON Y J,J S HA,C S CHO,et al. Real-Time transportation mode identification using Artificial Neural Networks enhanced with mode availability layers:a case study in Dubai[J]. Sciences,2017,7(923):1-17.

[12] CHEN A,H YANG,H K LO,et al. Capacity reliability of a road network:an assessment methodology and numerical results[J]. Transportation Research Part B,2002,36:225-252.

[13] EDRISSI A,M NOURINEJAD,M J ROORDA. Transportation network reliability in emergency response[J]. Transportation Research Part E,2015,80:56-73.

[14] FANG S,H WAKABAYASHI. Travel time reliability for recovery activity immediately after disaster[J]. Procedia- Social and Behavioural Sciences,2011,20:621-629.

[15] HAMDAR S H,H A TALEBPOUR,J DONG. Travel time reliability versus safety:a stochastic hazard-based modeling approach[J]. IEEE Transactions on Intelligent Transportation Systems,2015,16:264-273.

[16] IIDA Y. Basic concepts and future directions of road network reliability analysis[J]. Journal of Advanced Transportation,1999,33(2):125-134.

[17] JANE C C,Y-W LAIH. System travel time reliability:a measure of the quality of service of networks[J]. Quality and Reliability Engineering International,2016,32:805-815.

[18] JHA K,J P WIKANDER,W L EISELE,et al. Estimating freeway route travel time reliability

from data on component links and associated cost implications[J]. International Journal of Urban Sciences,2018,22(3):414-430.

[19] JIN X F,X G BAN,J ZHANG,et al. Moment-based travel time reliability assessment with lasserre's relaxation[J]. Transportmetrica B:Transport Dynamics,2019,7(1):401-422.

[20] KRISTOFFERSSON I,L ENGELOSN. Estimating preferred departure times of road users in a large urban network[J]. Transportation,2018,45:767-787.

[21] LAM T C,K A SMALL. The value of time and reliability:measurement from a value pricing experiment[J]. Transportation Research Part E,2001,37:231-251.

[22] LI R M,H CHAI,J TANG. Empirical study of travel time estimation and reliability[J]. Mathematical Problems in Engineering,2013:1-9.

[23] LO H K,Y K TUNG. Network with degradable links: Capacity analysis and design[J]. Transportation Research Part B,2003,37:345-363.

[24] MAO Z,M D ETTERMA,M DIJST. Analysis of travel time and mode choice shift for non-work stops in commuting:case study of Beijing,China[J]. Transportation,2018,45:751-766.

[25] MOGHADDAM Z R,M JEIHANI. The effect of travel time information,reliability and level of service on driver behaviour using a driving simulator[J]. Procedia Computer Science,2017,109:34-41.

[26] NOLAND R B,K A SMALL. Travel-time uncertainty,departure time choice and the cost of morning commutes[J]. Transportation Research Record,1995,1493:150-158.

[27] NOLAND R B. Commuter responses to travel rime uncertainty under congested conditions: expected costs and the provision of information[J]. Journal of Urban Economics,1997,41:377-406.

[28] RAKHA H,I EL-SHAWABY,M ARAFEH. Trip travel-time reliability: issues and proposed solutions[J]. Journal of Intelligent Transportation Systems,2010,14(4):232-250.

[29] TAYLOR M A P,Susilawati. Modelling travel time reliability with the burr distribution[J]. Procedia-Social and Behavioral Sciences,2012,54:75-83.

[30] TAYLOR M A P. Travel through time: the story of research on travel time reliability[J]. Transportmetrica B:Transport Dynamics,2013,1(3):174-194.

[31] UCHIDA K. Travel time reliability estimation model using observed link flows in a road network[J]. Computer-Aided Civil and Infrastructure Engineering,2015,30:449-463.

[32] UCHIDA K,T KATO. A simplified network model for travel time reliability analysis in a road network[J]. Journal of Advanced Transportation,2017:1-17.

[33] WAKABAYASHI H,Y MATSUMOTO. Comparative study on travel time reliability indexes for highway users and operators[J]. Journal of Advanced Transportation,2012,46:18-339.

[34] WANG Z,A GOODCHILD,E MCCORMACK. Measuring truck travel time reliability using truck probe GPS data[J]. Journal of Intelligent Transportation Systems,2016,20(2):103-112.

[35] WANG Z,A GOODCHILD,E MCCORMACK. A methodology for forecasting freeway travel time reliability using GPS data[J]. Transportation Research Procedia,2016,25:842-852.

[36] WANG J F, C WANG, J LV, et al. Modeling travel time reliability of road network considering connected vehicle guidance characteristics indexes[J]. Journal of Advanced Transportation, 2017:1-10.
[37] YE B L, W M WU, H M GAO, et al. Stochastic model predictive control for urban traffic networks[J]. Applied Sciences, 2017, 7(588):1-17.
[38] YIM K K W, S C WONG, A CHEN, et al. A reliability-based land use and transportation optimization model[J]. Transportation Research Part C, 2011, 19:351-362.
[39] YUN M P, W W QIN, X G YANG, et al. Estimation of urban route travel time distribution using markov chains and pair-copula construction[J]. Transportmetrica B: Transport Dynamics, 2019, 7(1):1521-1552.
[40] ZENG W L, T MIWA, T MORIKAWA. Exploring travellers' risk preferences with regard to travel time reliability on the basis of GPS trip records[J]. European Journal of Transport and Infrastructure Research, 2018, 18(1) SI:132-144.
[41] ZHU X Y, Y X FAN, F. M ZHANG, et al. Multiple-factor based sparse urban travel time prediction[J]. Applied Sciences, 2018, 8(279):1-18.
[42] 陈艳艳,高爱霞,刘小明,等.道路交通运行状态可靠性评价方法综述及展望[J].公路,2003(10):127-131.
[43] 高爱霞.城市快速路运行时间可靠度研究[D].北京:北京工业大学,2003.
[44] 陈玲娟,刘海旭,蒲云.交通事故持续期内行程时间的可靠性研究[J].西南交通大学学报,2013,28(2):376-382.
[45] 杜华兵.基于畅通可靠度的城市道路网改扩建优化[D].北京:北京工业大学,2002.
[46] 李先.城市路网可靠性评价的实证研究[D].北京:北京工业大学,2007.
[47] 裴玉龙,盖春英.公路网络运营可靠度研究[J].公路交通科技,2005,22(5):119-123.
[48] 张勇,白玉,杨晓光.城市道路网络的行程时间可靠性[J].系统工程理论与实践,2009,29(8):171-176.
[49] 朱顺应,王炜,邓卫,等.交通网络可靠度及其通路算法研究[J].中国公路学报,2000,13(1):91-94.
[50] 梁玉冰.道路交通流运行状态可靠度动态评价方法研究[D].长春:吉林大学,2009.
[51] 邵长桥.交通数据统计分析理论与方法[M].北京:人民交通出版社,2012.
[52] 邵长桥.交通调查与数据分析[M].北京:人民交通出版社股份有限公司,2016.
[53] 吴赣昌.概率论与数理统计[M].北京:中国人民大学出版社,2013.
[54] 茆诗松,程依明,濮晓龙.概率论与数理统计教程[M].北京:高等教育出版社,2011.
[55] 周源泉,李宝盛,张正平,等.可靠性统计分析[M].北京:科学出版社,2018.
[56] 魏丽英.城市交通调查[M].北京:北京交通大学出版社,2014.